AF
RYAN GIGGS

团队赋能

LEADING

[英] **亚历克斯·弗格森**（Alex Ferguson）
迈克尔·莫里茨（Michael Moritz）◎著

叶红婷 柴振宇 ◎译

中国友谊出版公司

图书在版编目（CIP）数据

团队赋能 /（英）亚历克斯·弗格森，（英）迈克尔·莫里茨著 ; 叶红婷，柴振宇译 . -- 北京 : 中国友谊出版公司，2020.9

书名原文 : LEADING

ISBN 978-7-5057-4956-6

Ⅰ. ①团… Ⅱ. ①亚… ②迈… ③叶… ④柴… Ⅲ. ①企业管理—组织管理学 Ⅳ. ① F272.9

中国版本图书馆 CIP 数据核字（2020）第 128572 号

著作权合同登记号 图字：01-2021-6681

书名 团队赋能

作者 [英] 亚历克斯 · 弗格森 [英] 迈克尔 · 莫里茨

译者 叶红婷 柴振宇

出版 中国友谊出版公司

发行 中国友谊出版公司

经销 新华书店

印刷 三河市冀华印务有限公司

规格 700×990毫米 16开

19.75印张 266千字

版次 2021年12月第1版

印次 2021年12月第1次印刷

书号 ISBN 978-7-5057-4956-6

定价 55.00元

地址 北京市朝阳区西坝河南里17号楼

邮编 100028

电话 （010）64678009

如发现图书质量问题，可联系调换。质量投诉电话：010-82069336

Leading

—

题献

致我的家人

我从小在戈万长大，过着享有特权般的生活，那是格拉斯哥的一个工人阶级聚集区，当初我的父母亚历克斯（Alex）和莉齐（Lizzie）为我打下的基础我受用至今。我的弟弟马丁（Martin）一直以来都是我最忠诚的好朋友，他跟我一同走在父母所铺设的道路上。

我很幸运地碰上了一位无可挑剔的姑娘，她在过去的50年里一直是我的贤内助。凯茜（Cathy）为我生了3个优秀的儿子，他们都继承了完美的工作理念，这是我们两个人的功劳。我的3个儿子为我们带来的欢乐简直超乎我们的想象，我现在有11个孙子孙女，年龄在5到21岁。

看着他们长大的这些年是一段有趣的旅程，我在他们身上看到了自己家族的特质，这也正是我所期望的。我希望在未来他们也能够像我一样收获成功。祝他们好运！

——亚历克斯·弗格森

致红杉资本的冠军团队。谢谢！

——迈克尔·莫里茨

Leading

—

目录

如果你是一群人中的领导者，那么弄清楚他们是怎样的人是大有裨益的——他们的成长环境如何，能让他们发挥出最佳状态的行动，以及让他们感到不安的言辞。而弄清楚这些的必要手段就是聆听与观察，而这两点的重要性却经常被低估了。

在理想的世界里，我希望选出11位既有天赋又有决心的球员加入我的名单。但是现实并非如此，如果一定要我在下面两种球员中做出选择：一种是天资极佳，但是缺乏决心和对成功的渴望；另一种是比较优秀，但是有着极强的决心和毅力，那么我宁可选择后者。第一种球员也许会在短期内有不错的发挥，但是他们缺乏足够的耐心，不能给球队带来稳定和凝聚力。

第六章　识人有术 _ 145

每当我进行面试时，我希望发现面试者有何雄心、他们是否只是把这份工作当作一块垫脚石。除了他们的素质和资历，我们还希望弄清楚他们的忠诚度。我所寻找的是热情、积极的态度、眼神的交流和个人的勇气。

第七章　专注 _ 161

无论是在阿伯丁还是在曼联，只要阵容上没问题，我通常会把失败或是不尽如人意的结果归结于：我们没能做到什么，而不是我们的对手做了什么。我发现这是一种很好的对待失望的方式，因为这意味着我们还占据着主动，还可以改进。

第八章　传达信息 _ 189

对于球员来说，传达信息的方式很重要。虽然我喜欢对球员发脾气是出了名的，但是当我们在比赛中大比分落后时，我却很少大发雷霆。其次，保持冷静并且确保我的意见是非常明确的，这也很重要。最重要的是我要传达的信息、我对其的把握以及传达的方式。

我的工作是制定非常高的目标。我的工作是让人们相信自己能够做到之前认为自己做不到的事情。我的工作是画出一条之前从未走过的道路。我的工作是让每个人都相信世界上没有不可能。这就是领导和管理之间的区别。

任何一位领导者都是推销员，他必须向自己的集团内部和外部进行推销。任何希望成为优秀领导者的人都需要善于向他人推销自己的想法和愿望。有时你需要劝说别人去做他们不想做的事情，或是向他们推销一些想法，那些他们做梦都感觉做不到的事情。

就像在其他运动中一样，在足球界也有很多数据迷。统计信息固然很重要，我也会去看这些数据，但是这并不能成为我组建球队的依据。数据更适合被用来衡量标准是否得以保持。没有任何一台机器能够告诉你一名球员是否偷懒，态度是否端正。这些证据往往就在我眼前：不在屏幕上，而是在球场上。

你不能根据自己的对手和竞争者定义自己，或是因为他们做了一些事情而改变自己的战略和方式。当你的竞争对手做出不理智的事情时，你也很难保持清醒的头脑。在商界，如果你的对手降低了价格，或是向电视广告投入了大笔的资金，那么你很容易就把这当成了正确的经营途径。

如果一个人从自己曾经负责的岗位上退下来时还与曾经的团队保持联系，并试图保留自己当初握有的权力，这对于他的接班人来说是不公平的。你必须放手，让这位新人和新的管理体制去做他们认为最应该做的事。

MAN. UTD — the brand
SHIELD
CEO
OWNERS
manage risk
'manage up'
consistency helps!
MANAGER
— great at motivating a diverse array of individuals
OTHER COACHES:
Phil Jackson
Coach K
A TEAM
PLAYERS
SELECT & FIRE
STARS
OTHER PLAYERS
— diffusion of star power

Leading

—

前言

我在16岁那年离开格拉斯哥的戈万高中，开始在雷明顿兰德公司做机床维修工，并在女王公园俱乐部（Queen's Park）开始了我的足球生涯。我从没想过55年后自己能够站在哈佛商学院的讲台上，为一班工商管理硕士的学生讲述我的故事。

2012年10月，在哈佛上课的第一天，我站在阶梯教室前方的讲台上，放眼望去，可以看到学生们在层层叠叠的座位上耐心地等待着——他们的桌子上都摆放着自己的名牌——而更多的学生则没有座位，挤在过道里。说实话，这样的场面有点吓人，但是这也是对曼联队魅力的肯定。毕竟哈佛商学院的创意产业营销战略这门课程，其案例研究对象包括时尚品牌零售商博柏利（Burberry）；美国有线电视运营商康卡斯特（Comcast）；好莱坞影城漫威娱乐公司（Marvel Enterprises），其作品包括《蜘蛛侠》《钢铁侠》以及其他电影；特别是音乐巨星碧昂丝和Lady Gaga的商业活动。

当我来到奥德里奇演讲厅，令我感到惊讶的是，这里有来自世界各地不同年龄段的学生，他们都才华横溢。当天在座学生的国籍数量丝毫不逊色于任何一支英超球队的花名册。这里的学生都接受了一流的教育，即将在或者已经在世界上最成功的公司工作。他们都将迎来人生的巅峰时期。此时，我不禁想到，那些善于聆听的人，那些能够吸收一切、海纳百川的人，可能是以后最成功的人。

机缘巧合下，我于2012年10月来到了哈佛校园。这要感谢哈佛商学院安妮塔・埃尔伯斯教授的邀请，她对我经营曼联队的方式以及球队所取得的辉煌成就非常感兴趣。因此，哈佛的案例分析“亚历克斯・弗格森先生谈曼联队的管理”也就应运而生了。安妮塔对我跟我的球队进行了跟踪考察，上午她随我们到训练场，下午对我进行采访，并在考察结束后写出了这个案例。同时，她还邀请我前往波士顿，为她的学生进行演讲。面对这一提议，虽然有些惶恐，但我还是欣然接受了。

回首往事，这次讲座标志着我职业生涯的过渡阶段的开始，这是显而易见的。当时我还不知道几周后的赛事标志着我在老特拉福德球场任教的最后一个赛季的结束，这里留给我太多的回忆。在上一个赛季，我们因净胜球惜败于另一支英超劲旅曼城队，与冠军奖杯失之交臂。但是我们已下定决心卷土重来，在新的赛季有了更优异的表现。就在我飞往波士顿的前两天，我们在圣詹姆斯公园球场以3：0的比分客场击败了纽卡斯尔联队。这是我们最近7场比赛中第5场胜利，并使我们在英超排行榜上跃居第二位，仅落后切尔西4分。欧洲冠军联赛是欧洲足球协会联盟的首要俱乐部赛事，此前称之为欧洲杯。对此项赛事，我们也取得了开门红。

但是此时此刻，我正站在哈佛大学的讲台上，我已经将英超和欧冠联赛的事情抛之脑后，集中精力与在座的各位分享曼联队近来取得的骄人成绩背后的奥秘。首先由埃尔伯斯教授为大家进行一项概述，其内容包括我作为曼联队教练需要处理的人际关系——队员和员工、球迷和媒体、董事会和股东。之后，我会与学生们分享关于领导阶层主体要素的一些想法。然后，我会接受学生们的提问，而这无疑是今天最为有趣的环节，在提问环节产生的话题将在今后几天为我的思考提供素材。在座的各位一定都想知道我如何成为一名领导者，对我的生活态度产生重大影响的人又是谁，我是如何与那些天赋异禀、收入不菲的年轻球员打交道的，曼联队是如何表现出求贤若渴的姿态的，以及其他诸多话题。毫无疑问，我的学生们也一定想知道那些家喻户晓的球星，如克里斯蒂亚诺·罗纳尔多和大卫·贝克汉姆有着怎样的生活习惯。

我花了些时间才完成由球场教练到大学教授的职业转型，但是我逐渐意识到，在教室里教书与足球管理确有相同之处。也许对于这两种职业来说，最重要的一点都是启发一群年轻人，让他们拥有最佳的表现。在所有的社会里，最好的老师总是那些无名英雄。在此，我不禁想起了伊丽莎白·汤姆森老师。她是布伦劳恩路小学的一名教师，是她教我认真对待作业，也正是在她的帮助下，我能够进入戈万高中读书。

我这辈子的大部分时间用来培育年轻人中的精英人士，而今哈佛大学的讲台又为我的这一事业提供了新的机遇。时光荏苒，而我发现我对年轻人的热情和欣赏有增无减。年轻人总能设法实现看似不可能的事情——无论是在绿茵场上、公司里，还是在其他较大的组织团体中都是如此。如果要我运营一家公司，我会经常听取年轻才俊的意见，因为这是一群与现实打交道最多的人，他们与未来的前景也息息相关。

此前，我曾经写过数本关于我对足球的热爱的书籍，书中详述了我曾效力和管理过的球队的竞技、球赛和球队组成等。第一本书是《北部之光：阿伯丁队的7年》（*A Light in the North: Seven Years with Aberdeen*），于1985年问世，这是在阿伯丁队取得欧洲优胜者杯冠军之后的2年写就的。1999年，当曼联队取得三冠王之后——英超冠军、英格兰足总杯冠军和欧洲冠军杯联赛冠军——我出版了《管理我的生活》（*Managing My Life*）一书。2013年，在我退休几个月后，我发行了自传。

但是这本书与我此前写过的书籍不同。在本书中，我尝试对我的毕生所学和作为球队管理者的经验进行总结——首先是在苏格兰的12年时光，我分别执教过东斯特灵郡队（East Stirlingshire）、圣米伦队（St. Mirren）和阿伯丁队。此后，我转战南方，开始了在曼联队长达26年的执教生涯。

通过一个足球赢得奖杯，这固然是一项挑战，但是各大公司，如英国石油公司、玛莎百货、沃达丰、丰田和苹果公司的领导人，或是负责大型医院、大学和全球慈善机构的领导人，则需要面对不同的挑战。然而，对于那些成功人士，或是渴望成功的集团领袖来说，他们都有着某些相同的特点。我在本书中尝试解释我是如何建立、领导和管理曼联队的，以及一些在我看来行之有效的方法。我并不奢求读者们能够很随意地将这些方法运用自如，但是我希望读者们能够从中获得一些想法和意见，并通过模仿和修改将其化为己用。

我并非管理方面的专家，亦非商业巨子，同时我对千篇一律的巡回演说也毫无兴趣。因此我奉劝在座的各位不要指望能听到学术术语或是公式化的条条框框。也不要让我解释什么是复式记账法、如何在6个月的时间内招到500名雇员、矩阵管理的挑战、如何获得一条每天能生产1000部手机的生产线，抑或是开发软件的最佳渠道。对于这些我一无所知，这完全是其他领域的专业知识，因为我的一生都奉献给了绿茵场。这本书讲述的就是我在绿茵场上及场下追求卓越的过程中获得的经验及我的个人观点。

我与美国伟大的篮球教练约翰·伍登（John Wooden）不同，“成功金字塔”陪伴他走过了很长一段时间的职业生涯（从1928年至1975年）。我从不在赛季伊始，为我的球员们提供单页的图表或是大量的指南，并让他们奉为圭臬。我也不喜欢在三五英寸卡片上写满小指令，或是日积月累出来的海量笔记。我的领导方法和管理经验来自一个个赛季。这也是我希望进行总结的经验，并在本书中进行提炼。

我在和迈克尔·莫里茨（Michael Moritz）会面之后，开始写这本书。迈克尔·莫里茨是红杉资本的主席，这是一家总部位于美国的私人投资公司，以帮助各大公司进行策划和组织而著称，这些公司包括苹果、思科系统、谷歌、贝宝和YouTube，近来新增的公司还有WhatsApp和爱彼迎（Airbnb）。在我退休之前，我们就商量过合作出书的事情，但是时间总是对不上。值得庆幸的是，在过去的几年里，我们都能够将一部分精力倾注于写书。迈克尔·莫里茨从20世纪90年代到2012年一直担任红杉资本的主席，他也对曼联队如何在几十年的时间里都能够保持高水平竞技状态感到好奇。在交谈中，我发现他的兴趣来自希望红杉资本也能够保持几十年的长盛不衰。想必大家都知道，红杉资本已经取得了举世瞩目的成就。迈克尔为我的书写了引言，这虽然让我经常感到脸红，但是引言中确实也解释了我们能够成为志同道合的伙伴的原因。

本书是我跟迈克尔两个人多次谈话的结晶，涵盖了诸多领域——其中还有一些是我未曾思考过的。这些谈话使我能够对一些问题的看法进行梳理，而这些问题是任何领导人都有可能遇到的，可是因为公务缠身，我一直没有时间进行整理。我希望读者能够从中发现一些对自己有用的内容。

亚历克斯·弗格森

曼彻斯特

Leading

引言

不一样的亚历克斯·弗格森爵士

迈克尔·莫里茨
（Michael Moritz）

一

退休之后，比赛日对于弗格森爵士来说是一个全新的仪式。曾经，在曼联队赛前下榻的劳里酒店门口，他总会乘坐球队大巴前往老特拉福德球场——这样的日子一去不复返了。取而代之的是乘坐那辆由曼联最大的赞助商提供的雪佛兰越野车去看比赛，然后在比赛开始前去商务套房吃一顿午餐。

现在，弗格森爵士也不会再去教练席上看比赛，而是去了董事会成员包厢。在成长于20世纪40年代的戈万男孩看来，那高高在上的看台是那么遥不可及。在比赛开始时，他会在自己的专座就座，上面写有“为弗格森爵士预留”几个字。正对着的三层北看台（North Stand）是英国最大的足球看台，自2011年起，这个看台上就用大红字标着他的名字。他从不会在比赛过程中嚼口香糖，但是会不时地清嗓子。他总会把想法藏在心中，尤其是曼联队状态不好的日子里，但是每当身着红色球衣的球员发起进攻，他总会喃喃自语：“上吧，孩子，上吧。”

比赛结束后，他会回到自己的套房。他的套房并不像美国的体育馆或阿森纳队在伦敦的酋长球场中的奢华套房那样拥有很多外部标志。它就像一个没有窗户的火车车厢：靠墙放有3张黑色的沙发，沙发的一端放有一个小吧台，靠近天花板的地方是一台电视机。有时在比赛结束后，安保人员会打开屋门，领进来一位新的来访者。

有时在门打开之后会出现一些熟悉的面孔——一位脱口秀主持人、一位电影明星或是一位前球员。有时还会有几位西装革履的人出现，他们在慈善拍卖会上赢得了跟弗格森爵士一起看比赛的殊荣。还有人来索要签名、要求握手或是摆姿势合影留念。饮品分发到位之后大家举杯致敬，亚历克斯爵士会对在场的各位逐一介绍，然后请他们尝尝牛肉馅饼。

最后人群逐渐散去，仅剩下一小拨人，这些人大都认识亚历克斯或者亚力克爵士——他的苏格兰亲戚和朋友们在年轻时会这样称呼他，但是他们现在也已至暮年。在这一时刻，你很难想象这位坐在正位上开一些善意玩笑的人曾是曼联队的教练，且执教长达26年之久。他先是获得了官佐勋章，然后获得了英帝国二等勋位爵士，最后成为亚历克斯·弗格森爵士。在执教期间，他曾带领球队获得38座奖杯，其中包括13次英超冠军和2次欧洲冠军杯冠军。

在弗格森的领导下，曼联队夺得了20个英格兰顶级联赛冠军，让利物浦队创下的纪录也黯然失色，而且，他在卓越的执教生涯结束时，赢得了足球史上最成功的主教练的称号（虽然他是最不愿提起此事的人）。然而这些对于此时还留在房间的人来说都不是最重要的。弗格森的职业生涯、非凡的活力、意志力和领导能力不是吸引这些人来到老特拉福德球场的原因。也许会有一位友人讲道，当他沮丧地躺在医院里接受拯救生命的治疗时，亚历克斯爵士来到他的身旁，花了几个小时让他从忧郁中走出来。也许会有一位前球员的妻子面带满足地跟自己的丈夫坐在一起，因为亚历克斯爵士曾经给她回了信并邀请他们跟他一起共度下午时光。

阿尔伯特·摩根——曼联队长期以来的装备管理员，会自豪地穿着俱乐部外套安静地坐在那里，偶尔扮演一下滑稽角色。弗格森的弟弟马丁经常被称为“历史上最伟大的球探”，他有时也会在场，身边跟着亚历克斯爵士的孙子孙女们。亚历克斯爵士那幽默的姐夫约翰·罗伯特森（John Robertson）是格拉斯哥《先驱报》的排字工人，他会在旁边嘀咕一些搞笑的旁白，然后那充满善意的比赛就开始了，而谈话也进入了熟悉的环节——人们会讲故事、重复很多次的笑话以及那无中生有的尴尬往事。大家可能会为圣帕特里克（St. Patrick）是否威尔士人争论良久。还有人会想起20世纪70年代圣米伦队的首发阵容，很快大家就都积极地参与进来，直到那份已被遗忘的名单被从头到尾讨论一遍。

很难想象我竟是和亚历克斯·弗格森爵士一起讨论队员名单的人，并和他一起写了一本关于足球的书籍。20世纪60年代，当我还是一个10岁的威尔士男孩时，我在足球方面最大的成就就是站在球场边担任“队医”，拿着一块海绵和一瓶水准备照顾可能受伤的同学，同时我还负责看管中场休息时提供给球员的热水瓶和橙子片。

虽然我早在1968年曼联队首次夺得欧冠冠军时就开始追随这支球队，并且像每个英国男孩一样能叫出球队中所有球员的姓名，但我并不是一名合格的铁杆球迷。曼联队的前队长，性格直率又富有对抗性的罗伊·基恩肯定会把我作为“吃对虾三明治”[1]的观众而排除在外。1980年我移居美国，成为《时代周刊》的一名记者，当时我只是偶尔关心一下曼联队，直到20世纪90年代末我才开始更加密切地关注球队——毫无疑问，部分原因在于美国开始播放越来越多的比赛。我被足球比赛吸引的另一个原因是，我喜欢与英超比赛相关的故事和八卦新闻：高价的转会费、鲁莽地解雇管理人员、同城德比的强度，而通常是因为亚历克斯·弗格森爵士的曼联队又赢得了一座奖杯。

1 在英国，这个词用来代指只是为了享受豪华包厢而非支持足球队而观看比赛的观众。

二

在1986年加入红杉资本（总部设在加利福尼亚的私人投资公司）之前，我曾经写过两本关于优秀领导者的书籍。第一本书和巴里·西曼（Barry Seaman）合作，描写了李·艾柯卡（Lee Iacocca）如何在40年前让克莱斯勒（Chrysler）东山再起。第二本书出版于1984年，是一本研究苹果公司早期情况以及史蒂夫·乔布斯影响力的书。

随着时光流逝，我对一个人如何塑造和影响一支团队产生了日渐浓厚的兴趣，尤其是少数几位领导者能够保持对成功的渴望，并且能够让其他人在较长一段时间里保持高水平的发挥。在20世纪90年代中期，我发现自己已经是红杉资本合作伙伴中的领头羊，我越来越能够意识到挑战的存在。正如其他集团一样，红杉资本也需要为其在世界上的地位不断进行努力。虽然我们也喜欢成功，但是我从未认为我们能够像曼联那样。首先，我们的历史就不及曼联那么悠久。直到1974年，来自硅谷半导体行业的经验丰富的唐·瓦伦丁（Don Valentine）才成立了红杉资本，建立了我们第一个投资合作关系。我们的运作在公共监督之外，虽然近年来的公共监督水平已趋于合理，因为现在的硅谷到处都是新闻记者和博客作者。如今甚至有一部很受欢迎的关于硅谷的HBO系列片。

虽然大众对红杉资本负责人的名字不甚了解，但是对于一些企业家来说则并非如此，红杉资本在其公司创办之初就参与进去了，其中成功的公司包括苹果、思科、谷歌、雅虎和贝宝，它们在商业领域就像曼联在运动领域一样成功。对于我们近来的几笔投资也是如此，比如领英网（LinkedIn）和云存储软件Dropbox，或是中国的唯品会和京东。最近10多年来，我们一直是活跃于新技术和消费者行业的投资者，其中如京东、唯品会、美团都凭借自己的力量成为强大的公司。从红杉资本获得第一笔投资的公司总市值高达1.5万亿美元。

在美国电视台开始转播英超比赛之后，我便可以定期观看曼联的比赛了，我对于成功领导者的技巧非常好奇，这也使得我见到了亚历克斯爵士。我非常想知道他是如何在世界上竞争最激烈也是最受欢迎的运动中拿到最多数量的奖杯的。多亏了美国足球基金会创始人之一——查理·斯蒂利塔诺（Charlie Stillitano）的斡旋，他亲自把我介绍给了弗格森。7年前在曼联对阵阿森纳的前一天晚上，在伦敦的一家酒店房间里，我们在喝完了一瓶酒之后（中间被几名要跟亚历克斯爵士私聊的球员打断了几次），开始了我们之间的谈话，也正是这次谈话促成了本书的诞生。

亚历克斯爵士和我讨论的关于领导能力的话题远不限于足球场这么简单。他是如何教育球员们团队合作的价值的——特别是那些高薪又极富竞争性的年轻球员，他是如何向俱乐部灌输对于明天的希望和求胜的欲望的？这支球队在他1986年到来之前已经有20年没有获得过英国顶级联赛冠军了。他是如何开发天才的？他是如何把天才留住的？他如何制定目标？他是如何让人们渴望实现那些不可能的事情的？他何时会放弃年轻球员？他是如何权衡薪资平衡的？他如何解决分心的问题，如何给予惩罚和灌输纪律？他是如何在逆境中振作起来的？他是如何面对媒体的批评或是如何保持生活的平衡的？他如何看待竞争者以及如何应对改变？他是如何将对某些人的个人情感搁置一旁的？他是如何避免自满情绪的？他如何做出准备、计划和沟通？他如何保持自己的那份热情和渴望？

他的很多习惯和方法对那些最优秀的足球队都适用，而对那些渴望追求卓越的集团也同样适用，甚至对那些包括多家商业、活跃于多个大洲的投资关系也是适用的。英超联赛是世界上竞争最激烈的体育赛事。其竞争程度，与从美国旧金山到圣何塞的这片土地的生活有很多相似之处。从旧金山到圣何塞有多远呢？就好比从老特拉福德球场到安菲尔德球场这么远。拿中国举例的话，其激烈程度就好比中国的几大重要城市：北京、深圳、上海和杭州。同时，还有很多人曾把曼联比作大型公司、政府机构、地方医院、童子军或社区中心等。曼联队每年要跟世界上的观众见面50到60次，而这些观众大都认为自己是行家。

对于红杉资本来说，从其他领域或集团的领导那里学来的经验可以分为两类。第一类是用于我们自身的内部投资合作关系，其中我们需要解决的问题是让任何追求最高水平的公司和机构都为之困扰的组织上的挑战。和其他集团一样，我们也需要面对如下问题：招聘、团队建设、制定标准、灵感和动机的问题、避免自满、新来的竞争者、不断地更新自我以及淘汰表现不佳的人。第二类则是面向我们投资的公司。通常情况下，我们是那些30多岁天才企业家的第一个重要的业务伙伴，而他们制订的计划有时会让整个行业都天翻地覆。在第一种情况下，经历了内部争辩和施压之后，我们总能运用相关的经验。而在第二种情况下，我们是小股东，创办和运营这些公司的都是绝顶聪明、极富想象力和内驱力的人，有时他们的感情很脆弱并且喜怒无常。这时我们需要通过劝导、激励、合理建议以及好脾气去帮助他们做事、决策，这方面的智慧可能不会很快显现出来。

世界上没有哪个地方的公司对现存行业的破坏程度会超过硅谷，而我在20世纪80年代初就来到了这里。在这里，几乎每天都会有新的科技公司诞生，它们中的大多数或是破产或是被其他公司兼并。如果说在硅谷注册公司的速度很快，那么跟中国的公司比起来，仅从数量上就相形见绌了。中国的变化速度令西方国家望尘莫及，在诸如半导体、太阳能电池和太阳能板等行业中，一些大型企业已经崛起；在日常消费者更熟悉的技术行业，情况也是如此。曼联、拜仁慕尼黑、皇家马德里或巴塞罗那在第二次世界大战后主宰足球界，而在硅谷能够像这些球队一样伟大的公司少得超出你的想象。在过去的40年里，科技巨头的清单上名字少得可怜。在我看来，能有此资格的公司有：苹果、思科、甲骨文、谷歌、Facebook、英特尔、微软、亚马逊、高通公司、阿里巴巴和腾讯（虽然最后4家公司的总部设在西雅图、圣地亚哥和中国，而不是在硅谷）。

任何一位学过商业、管理或经济学的学生都知道，只有很少的集团能够长盛不衰。试想一下商业街两旁曾经林立的餐厅、酒店、酒吧、面包店和玩具店，那里曾经客似云来，但随着其标准的下滑或是大众品位的改变，这些店也都垮了台。在企业界也是如此，快速查看一下美国的道琼斯30指数就能看到时代的变迁。在1976年存在于道琼斯指数的公司中，如今仅有7家幸存下来。一些企业如轧钢厂和造船厂已经被海外竞争所击垮；零售公司如西尔斯则太过于依赖自己的传统；同时曾经那些涉及不同领域的强势公司——报纸、电影院、电视电台广播、广告、房地产经纪、印刷业，也都已经被科技进步所颠覆、改造或是吞噬了。当然也有很多公司是因为其领导者的错误决断而衰败的，这些领导者认为自己是无懈可击的，最终被自己的无能和虚荣所击败。

对于像红杉资本这样的公司来说，对这种兴衰的循环非常感兴趣，因为我们的业务就是以此为基础的。与其他行业相比，技术领域的领导失败是更不容宽恕的，因为一次突然的根本性变化可以很快让一个年轻的公司占据显著地位，同时为该行业的领导者带来麻烦。技术世界的版图上遍布曾经叱咤风云者的尸体，那些公司曾经不会犯任何错误：迪吉多、康柏、通用数据、克雷计算机公司、硅谷图形、莲花公司、仁科、蓝威龙、太阳微系统公司、王安电脑公司、希柏系统软件有限公司、黑莓、诺基亚——不胜枚举。在中国，国有企业的脆弱和守旧因为一些快速发展的企业（如联想和华为）而被削弱。这些企业在过去的20年里发展起来，如今已经能够从它们的美国竞争者手中分一杯羹。因此，我们非常希望了解是怎样的领导特征把那些所谓的“学院”公司和真正的巨头区分开来的，特别是我一直感觉伟大的领导者和出色的管理者之间是有很大差距的。精明娴熟的管理者可以装一卡车，但是领导者却是最稀有的商品。下面就是我从一位领导者身上学到的——他经常会穿着一件印有“AF”首字母的夹克。

三

这位后来被人称为“AF”的少年，在他成为职业球员之初，他和他的队友们的待遇比那些天赋异禀的体力劳动者强不到哪里去。他们的老板是当地的商人，这些商人除了持有足球俱乐部之外，还拥有轧钢厂、造船厂、连锁店或是诸如路易斯·爱德华兹（1965年至1980年曼联的主席兼最大股东）经营的肉类分销业务。足球协会伦敦总部制定的规则强化了各阶级之间的界限，让这一分化越来越明显。

亚历克斯爵士于1957年首次参加联赛，那时候除了日期不同，比赛仍沿袭两次世界大战期间的模式。那时，参加国际赛事的球员只有在报纸上看到初赛球员名单之后才知道自己入选国家队了。那时，泛光灯还刚投入使用；少数几场有电视转播的比赛也只是黑白的；大多数的英国体育场里还没有广告牌；球迷们也只能站在看台上（只有贵宾和买赛季套票的人才有座位）；那时的足球还是皮革做的，一旦沾了水就会变得非常笨重；那时的球鞋还裹着球员的脚踝；球员们的衬衫和短裤也都是棉织品；球场会在下雨天很快变得泥泞不堪。那时的联赛还仅仅是区域性的比赛。在英国，国际赛事经常意味着英格兰、苏格兰、威尔士和爱尔兰之间的比赛。欧洲足球赛事——欧洲冠军杯和欧洲优胜者杯，还未开始举行，欧洲杯也只有2年的历史；大部分球员的居住地到俱乐部仅有几站公交车的距离。而直到1961年才废除的工资上限意味着，足球队员们的薪水跟工厂工人的薪水相差无几。那时足球还是一项白人的运动，直到1978年才有第一位黑人球员进入英国国家队。

亚历克斯爵士把他的成功更多地归功于他那克莱德河的工人阶级根源。他父亲在造船厂展现出来的勇气和毅力——每周在寒冷而危险的环境中工作60个小时——显得非常重要。除了这种根深蒂固的、喜欢努力工作的性格和那令人感动的提前赴约的习惯，亚历克斯爵士总是把自己视为一名局外人，一位不会去煽动叛乱的反抗者。他会被那些位高权重的浮夸之人激怒，而最令他感到快乐的事情就是被自己的家人和儿时的朋友环绕。虽然他有着强烈的求胜欲而且不会轻易忘记过去的不快，但他绝对不是一个心存恶意之人。他对于那些奋斗的人有着与生俱来的同情并且跟其他教练保持着密切的关系。其中部分原因在于，他们面临着一个共同的挑战：球队老板出乎意料的举措，这些老板随时都可能解雇他们。在他带领球队踢完最后一场比赛之后，在老特拉福德球场做的讲话中提到了曼联的中场球员——达伦·弗莱彻，这名球员在过去的5年里一直在跟溃疡性结肠炎做斗争；中场球员保罗·斯科尔斯在代表俱乐部出战700场之后决定退役。他不喜欢暴露在媒体的聚光灯下，却在球场上有着很大的影响力。亚历克斯爵士的这番讲话完全是性格使然。

亚历克斯爵士也许并不在意自己的标签，虽然他一生都在支持英国工党，但是他的内心却是保守的，有一点点吧。他自力更生，非常欣赏忠诚的人（他也会坦白地报以忠诚），他绝不能容忍偷懒的人、装腔作势的人和自夸之人，对于那些爱占便宜的不速之客——带着随从索要重大比赛最佳位置的免费球票的人，他更是毫不掩饰自己的不屑。虽然他一辈子工作都很努力，但是亚历克斯爵士还是认为自己的生活比矿工、农民、渔夫、油田工人、炼钢工人和造船厂工人轻松得多，这些体力劳动者总要面对艰难和危险的工作环境。亚历克斯爵士还是一位天生的乐观主义者，虽然此前他曾经当过酒吧老板，性格开朗，但是他却不喜欢跟陌生人拥抱，在这一点上他跟自己的弟弟马丁不同。

虽然他喜欢生活中的美好事物，并且在大多数人看来是富有的，但亚历克斯爵士却不贪婪，从不奢望一幢最大的房子（或是一套房屋）或是多辆具有异国情调的汽车。与当今的足球明星相比，他和自己的妻子凯茜过着安静朴素的生活。凯茜近乎本能地保护自己的丈夫免受陌生人干扰——虽然她从不去老特拉福德球场看比赛，但是她对球场上正在进行的比赛了如指掌。

亚历克斯爵士对于数字、交易和人物有着国际象棋大师般的记忆，这使得他的观察力更具权威性。就算你问他几十年前的足球比赛，他不仅记得最终比分和大部分的首发球员的名字，而且能够说出关键性的换人和很多进球的过程。他能够一口气说出下个周末英超比赛的全部赛程表，就像其他人用10分钟完成《泰晤士报》上的填字游戏一样自信。他能够准确地记得某一位球员买入和卖出价格（而每当后者的价格低于前者时，他总会深吸一口气）；他在某一匹马上花了多少钱，比如维京哈里或查普特和沃斯；他花了多少钱去买一瓶1986年的帕图斯葡萄酒或1993年的西施佳雅葡萄酒。但是每当提及他认为自己被骗的投资时，他的表情就会变得僵硬，嘴唇也抿得紧紧的。显而易见，如果当初的命运和环境发生了改变，他也能够在任何行业中取得成功：领导一个工会，经营连锁零售店，指挥一艘航空母舰。如果由于某些原因，在20世纪四五十年代的格拉斯哥和爱丁堡之间也有一处硅谷，他或许还会创立一家公司。

令人惊诧的是，他还记得自己和凯茜去过的酒店的名称，并且能毫不犹豫地、条件反射般地叫出自己朋友的孩子的名字。他不喜欢要求别人给予自己特殊待遇，而每当提及别人的好意、带给他的愉快经历时，他也总会感到局促不安。老球迷们也许会记得他在场边情感爆发时的场景，那些陪伴他整个执教生涯的记者也许会记得自己经常会遭到亵渎和辱骂，但是大部分人未曾意识到他的耐心和数不胜数的善举：他在合影和签名时表现出来的和蔼可亲，在餐厅中跟打断他用餐的人或是在街上拦住他的人客气地聊上几句。他在纽约有一处寓所，毫无疑问他很喜欢那里，因为他在那儿有着相对较低的知名度。

他喜欢赢得任何纸牌游戏（比如Kaluki纸牌）或斯诺克挑战赛。他喜欢红酒，却从来不喝威士忌，虽然那是他故乡的骄傲。在过去的15年里，他在法国南部的同一家酒店度过自己的暑假，他知道那里所有员工的姓名并且对酒店老板备感钦佩，因为这位老板会起个大早去查看自己的酒店。

亚历克斯爵士是多个集团的正式成员——他的家庭、戈万住宅的记忆、格拉斯哥、苏格兰和曼联。最重要的是，他依旧感觉自己属于工人阶级，并且记得他作为一名工具学徒工时为了让自己的手暖和起来，不得不在苏格兰寒冷的早晨把车床的一端缠上破布。

四

在商业界，大部分资格最老的人能获得首席执行官的称号，虽然亚历克斯·弗格森爵士在1986年至2013年担任曼联队的主教练，但他并未获得这一称号。1980年至2000年，这一称号属于马丁·爱德华兹——当时俱乐部最大的股东；2000年至2003年，该称号属于彼得·肯扬（Peter Kenyon）；2003年至2013年，这一称号属于亚历克斯爵士视为亲兄弟的大卫·吉尔。

这听起来也许有些奇怪，但是与很多处在集团顶端取得成功的人不同，亚历克斯爵士很清楚自己的位置。他知道自己只是一位雇佣工人。他不会欺骗自己，认为是他创造了曼联；他很清楚自己当初接手的是一个具有丰富传承的俱乐部，而后来球队所取得的成绩也在很大程度上归功于他的前辈们的工作、付出和努力。在加入曼联时，亚历克斯爵士从未想过有朝一日自己会被塑成铜像，放在体育场外面供人们膜拜。哪怕是在最不为人知的时刻，如果他曾经认为自己要比俱乐部伟大，我也会感到吃惊的。他拥有一种道德指南针，这种指南针在那些独吞大量战利品的领导者身上是不存在的；那些领导者会自吹自擂，用第三人称鼓吹自己的成绩；那些领导者不懂谦虚和礼貌，意识不到自己是站在前人的肩膀之上；他们也不知道自己仅仅是一名托管人；他们的责任是在离去时让集团比他们到来时的处境更好。

弗格森控制着球场上的一切，负责管理俱乐部最大的开销和球队中大部分人的工资单。创收（电视转播权协商、赞助广告销售、球票价格设定、国际旅行）和广告管理、宣传、财务系统管理和人际关系都是俱乐部中“商业部”的专门工作，属于球队首席执行官的管辖范围。当然“商业部”的工作取决于球场上的一流表现和俱乐部的增值，从1989年2000万英镑的资产总值——当时马丁·爱德华兹想过出售自己的股权——到今天的19.3亿英镑，亚历克斯爵士功不可没。虽然他在执教生涯中遭遇过很多挫折，但是他对于所谓的“更衣室”的控制——球员、教练组成员、球场管理员、医务人员和运动科学专员像极了一位专制的君主。很多现在五六十岁的曼联原球员还称他为“老板”，这一称呼是意味深长的。用曾经的美国棒球王者之一雷吉·杰克逊（Reggie Jackson）的话说，亚历克斯爵士就像是那根搅拌饮料的吸管。

其他企业也会像曼联一样进行行政责任分工。试想一家广告公司或时装商店，它们的灵感和追随者来自创意总监的创造和想象，而商业事务则由首席执行官负责。考虑一下不久之前的报纸和杂志，编辑部分的工作由编辑人员负责，而订阅方面的销售工作则由出版商或首席执行官来负责。再来看看电影公司，导演们总会跟那些被称为“高级管理人员”的男人（现在也有女人）发生冲突。在艺术界，包括指挥家、博物馆馆长和负责艺术曲目的剧场总监，他们也需要在首席执行官的监督下工作，这位首席执行官的名字可能不为大众所知，但是由他保证企业的持续运营。如果曼联队是硅谷的一家公司，那么亚历克斯爵士的头衔可能会是首席产品设计师或首席设计师，而大卫·吉尔则是首席商务官。

有些人，特别是来自商界、大型公共机构或是军方的人，他们会认为曼联这家足球俱乐部是很容易运营下去的。如果是这样的话，他们就低估了不断打磨世界级娱乐品牌的难度，因为这一品牌依靠的是一群经常会出现变化、天赋异禀的活生生的球员，而且他们的身体和心理状况也是不可预测的。虽然曼联的名声很大（多亏了电视卫星的普及和移动计算机处理技术，现在到处可见曼联的球迷，包括不丹、吉布提和伯利兹），但是跟硅谷的一些公司或世界上较大的公司比起来，曼联的商业和工资单还是少得可怜。曼联队最近一个财政年的收入为4.33亿英镑，这相当于苹果公司30小时和谷歌4天的收入。曼联只运营着一项业务，其覆盖的范围也不超过一个时区，而不是分散在各大洲的不同时区。除此之外，曼联队的扩张机遇也受到限制。老特拉福德球场拥有75,731个座位，已经是英国最大的俱乐部球场。而且一年中的比赛数量也很难再增加，在繁忙的赛季里，最辛苦的球员要打满38场比赛，包括英超、足总杯、联盟杯和欧洲冠军杯的比赛，更不要说还有赛季前的表演赛、友谊赛、国际赛事、纪念赛和慈善赛等，这些比赛都可能出现在日历上。在英超成立之前，曼联是没有电视转播收入的，而这一收入也随着球队的表现而波动，曼联的其他收入也是如此：门票销售、豪华包厢的租赁、赞助商和销售机遇。正如大部分职业运动联盟一样，曼联队不符合沃伦·巴菲特的任何一条投资标准——球队的表现是不可预测的，球队需要大量的资本支出，并且球队开销是没有上限的。

此外，曼联队和其他英超顶级球队以及其他英国球队之间还存在着很大的差距。观众数量的巨大差异证明了在足球界，亦如几乎所有其他有组织的活动，胜利的果实只掌握在少数人手中。也许曼联队的球场能够在每场比赛座无虚席（这座梦幻剧场就像是一个国际化大教堂），但是往下数15个球队，西布罗姆维奇足球俱乐部（West Bromwich Albion），平均观众人数仅有25,000位；再看英超联赛以下的英冠联赛，观众人数骤降至15,000位。因此，也许曼联队看起来很好运营，但是对于其他球队来说，要想运营好完全是另一回事了。同时，让球队长期保持在一个非常高的水平也需要面对更多的挑战。能够保持这样一种优秀的水平绝非侥幸可为之。

胜者和败者的差异同样存在于技术世界。在技术世界里，市场主导型公司能够占有最多的战利品——客户、红利、自由现金流和市场价值。试想一下巅峰时期出售大型主机的国际商业机器公司（IBM）；当个人电脑涌入各行各业，进入千家万户时的微软公司；当线上拍卖成为最新流行品时的易趣；几乎与“搜索”成为同义词的谷歌，以及在社交领域处于关键地位的Facebook。在中国，阿里巴巴拥有繁荣的市场和缴费业务，腾讯拥有信息服务网络，百度拥有搜索服务。当然还有苹果公司，它虽然不像上述几家公司具有垄断的特性（这也使得它的成绩更加令人震惊），但是苹果公司的成绩比这些公司都要好。

英超赛场上的竞争虽然会很激烈，有时甚至是粗鲁的，但是和技术公司的创办者之间的竞争比起来要绅士得多，也更为有趣。在技术世界，恶意诽谤、诉讼、商业机密盗窃以及对于其他公司薪资的针对性攻击简直是家常便饭。也许这也是很自然的事情，因为技术竞赛的胜利者（从法律观点来看，这些领导者通常垄断了一切）能够获得的不仅仅是部分，还是相当于所有英超球队的电视转播费、门票费、广告费、啤酒和热狗方面的收入（包括番茄酱和芥末酱）。微软、英特尔、亚马逊、彭博资讯（Bloomberg）、谷歌、苹果、Facebook、甲骨文、高通公司、阿里巴巴、百度、腾讯、思科和易趣都证明了这一点。但是如果有人觉得加利福尼亚的竞争环境很激烈，那他们应该去中国看一看，那里的首席执行官是如何应对竞争对手的。这些技术公司的创始人宁愿跟自己的主要对手分享那一品脱的松节油，也不愿意坐下来喝上一杯天娜葡萄酒改善关系。这种葡萄酒也正是亚历克斯爵士的最爱。甲骨文的创办者拉里·埃里森（Larry Ellison）也许只是半开玩笑似的说他想一枪打死仁科（PeopleSoft）的首席执行官，当年他经历了2年痛苦的斗争才于2005年收购了仁科。

虽然亚历克斯爵士和我所在的世界有着不同的氛围，但是在我们合作创作这本书的过程中有两点是很明确的。第一点就是，职业足球队的主教练和喜欢风险投资的投资人有着一个共同的追求——都向往青春永驻。他们在保证自己集团内部井然有序的同时，对于成功和市场领导的追求并不会像技术公司那样最终受到增速放缓的限制，他们所受的限制部分因为规模的大小，更多的则是市场的巨大变革。我们还有另外的优势，对于足球俱乐部来说可以派上年轻的球员，而对于风险投资人来说，则可以不断与那些渴望利用新想法留下自己印记的年轻创办者建立合作关系。无论是足球教练还是投资人，在很大程度上都不必面对产品过时和劳动力老化的问题。我们始终能够与年轻人为伍，这真是莫大的享受。

第二点也很清楚，那就是领导的原则是不受时间影响的，很多管理书籍上那些晦涩难懂的专业术语无非就是一些营销策略。其诀窍并非在于记住领导学的基础知识（任何一个聪明的14岁的孩子都做得到），而是拥有不断将其付诸实践的毅力、知识和技巧。如果让亚历克斯爵士用3个词总结他的领导策略，他会选择：准备、毅力和耐心。如果要求他用一个词来概括，他会选择：始终如一。

五

伟大的领导者身上有很多特点使其与优秀的管理者区分开来。他们的共同点在于：都会把工作放在家人和朋友前面、忍受睡眠不足、一辈子总是在坐红眼航班。但是如果你细心观察的话，就会发现伟大的领导者拥有一种与众不同的重要特点——他会以所有者的姿态，或是企业大股东的角度去思考和运作，虽然无论是从财政角度还是法律角度，他既不是所有者也不是大股东。像亚历克斯爵士这样被公司雇用的人当中，拥有这种特点的人堪称凤毛麟角，虽然在硅谷这种长期所有权的感觉正是那些最优秀的公司创办者的与众不同之处。这类人永远都不会忽视自己业务中的紧急状态，但同时他们脑子中也装着更大的目标。他们的态度和处事方法是其他薪资不菲的企业领导者所不具备的。有时我在想，这些美德在中国比其他地方都更加鲜明。不妨看一下马云和阿里巴巴、马化腾和腾讯、刘强东和京东，很难想象其他人来运营他们的公司会是怎样，直到有一天这些创始人耗尽了他们最后一分气力。

伟大的领导者喜欢大胆的和不可思议的想法，他们也会毫不避讳地做出那些具有争议、不受欢迎的决定，并且对自己的信念抱有不可动摇的信心。他能够明确地感知到自己的终极目标，并且能够将这一目标清晰地传达给他人。他的工作可能很复杂，但是他能够抓住事情的本质。伟大的领导者不会编制出无休止的出发令，他们更喜欢让自己的追随者的眼光盯在不超过两三个目标上。他拥有实现最高理想所需的耐心，同时还能抑制住自己的急躁。他会像临床诊断一样审视自己的同事，无论他们在过去有何贡献，如果严重跟不上节奏的话，他也会毫不犹豫地跟这些人说再见。伟大的领导者乐于相信别人的判断，不畏惧授权，尽量避免微观管理，也不会强迫自己去主宰每一次谈话或是坚持要在辩论中做最后的决定。伟大的领导者明白，大部分成功来自少数的重大决定，而不是试图参与到众多小的选择中。他明白在自己的组织中有的人在某些方面能够做得比自己好。与自己取得的成就相比，他能够从组织取得的成就中得到更多的满足，同时也不会为自己索要离谱的报酬。他会把组织的钱像自己的钱一样看待，却从不需要媒体的聚光灯对他有过多的关注。他会花更多的时间去观察和聆听，而不是去讲话。他会在危急时刻面无惧色。他很清楚自己不了解什么并且展现出一种迷人的谦虚。如果他把工作干得很出色，那么人们会觉得他是严厉且公正的，而不是任性又善变的。他绝不需要人见人爱的感觉。在任期结束时，他知道自己的时代已经画上了句号，优雅地放弃手中的权力，不给自己的继承者带来一丝苦恼。

对比一下伟大的领导者和有能力的管理者，后者得到自己位置的途径往往是通过集团内部的自然减员、政治上的可接受性或作为一名忠诚坚忍的仆人。在苦苦追寻多年后，终于坐上这一位置时，他会集中精力确保在他的监督之下任何事情都不会出问题。他会小心不去冒犯别人，他会为做出一些困难的决定感到难为情。他能够接受妥协所带来的不完美，也能够允许其他人传达他的策略。他会在平和中寻找避难所，并且会追求周围的人对自己的喜爱之情。当他退休时，他所在的集团跟他当初来的时候不会有什么两样，更不会有什么杰出的成就可言。

伟大的领导者还具有两种特质将他们和其他舵手区分开来。其一是痴迷。痴迷者无法想象自己这辈子会去做痴迷的事情以外的任何事。与那些被要求从事某一职业或是所从事的职业并不能牵动自己情绪的人相比，痴迷者总能够在工作中得到更多的满足。对于亚历克斯爵士这样的人来说，他们痴迷于自己的追求，生活和工作之间并无界限。他们主宰着自己的人生，而并非觉得自己必须靠工作博得尊重。与那些在集团中往上攀爬并且在职场的进化论中幸存下来的人相比，痴迷者更容易保持自己对工作的热情。痴迷者很自然地就能够实现努力、决心、内驱力和雄心的统一，这也正是领导能力的基础。当沉浸在自己的工作中时，你就更容易去应对种种失败、逆境和管理上的挫折。而这种感觉是大部分普通管理者很少能够体验到的，甚至是他们从未有过的一种感觉。

让伟大的领导者卓尔不群的第二特质是与人交往的能力。领导者能够让自己的雇员和同僚做出非凡的表现和奉献。其中部分是通过树立榜样实现的，但是大部分情况下是通过对雇员性格的深刻了解实现的，并且在雇员遭遇困境时表现出感同身受。他们能够将亲密关系和雄心结合在一起。

聆听亚历克斯爵士，观察他跟别人在一起时的样子，你就会发现他和曼联队的中流砥柱具有一种不同寻常的韧性，对成功的渴求根深蒂固。这种内在的坚毅来自逆境、苦难、挫折和对失败的恐惧；这种坚毅还得益于局外人、黑马和移民者所习以为常的社会上的不公；来自永不言败的倔强和让同伴失望时的羞耻之感。这些同样也是企业家们所必备的本质上的基础，也是我所敬仰的人所具备的品质。大约在10年前，我在红杉资本的网站上发布了一条信息，对那些我们渴望合作的人进行了总结。这条信息是这样的："创新之精神。黑马。坚决的人。有决心的人。不屈不挠的人。目中无人的人。

局外人。独立的思考者。敢于斗争的人。真正有信仰的人。”现在读起来，我想这正是亚历克斯爵士的曼联队的写照。

在硅谷也有很多这样的例子。雅虎的联合创始人杨致远就是其中之一。他的父亲在他蹒跚学步时就过世了，他在10岁那年和母亲、弟弟一起从中国台湾来到美国，那时他还不会讲英文。谷歌的联合创始人谢尔盖·布林（Sergey Brin）和WhatsApp的联合创始人简·库姆（Jan Koum）虽然来自东方，但是他们与杨致远有着类似的经历。谢尔盖和他的家人为了躲避苏联的宗教迫害来到硅谷，简和他的母亲也由于同样的原因于1992年离开乌克兰。2014年2月简将自己的公司以190亿美元的价格卖给了Facebook，而合同的签署地也颇具心酸意味，那里正是当年山景城（Mountain View）外简和他的母亲每周排队领取食品券的地方。我并不是说童年的贫困是企业家获得成功的先决条件，但是那些来自中产阶级家庭的企业家——微软的比尔·盖茨、Facebook的马克·扎克伯格和Snapchat的伊万·斯皮格尔（Evan Spiegel）——仅仅是成功的技术创业者中的极少数人。那些最成功的创业公司几乎不可避免地雇用着外来人口、第一代美国移民，抑或是那些在公司早期困难时期就出现的人。

当然，在中国，艰难困苦的故事对于每一位公司创始人来说几乎都起着至关重要的作用。有些成长在中国东海岸大都市的人现在还太年轻，他们甚至回想不起来食物短缺、没有供暖、缺少汽车、飞机场和铁路都很简陋的那个年代。然而他们的父母和祖父母则能够很快回想起这些事情，这些记忆依旧是深刻的：用过两到三次的茶叶包；午餐时间灯光昏暗的服务中心里，员工们趴在自己的手上休息；在拥挤的小会场举行的一场场会议；或者是对于很多人来说都要照常上班的周末。

在硅谷，大部分的企业家是自学成才的。他们并非商业院校的产物，而且他们当中的大部分人未曾在大公司里工作，接受他人的塑造。他们自己塑造了自己。他们并非在他人的训练下成就了今天的自己，像亚历克斯爵士一样，他们是痴迷的产物。硅谷有很多娃娃脸的领导者，那是因为他们在世界意识到他们的潜力之前一直走着自己所痴迷的道路。对于这些十几二十岁的年轻人来说，他们在自己感兴趣的领域以不可思议的速度发展着，他们要么被那些大型公司所忽视，要么被当作怪人而不被理睬。这一点适用于个人电脑软件、短信息、文件分享软件、音乐流、用黑车替代出租车和空闲房屋的租赁等领域。这些创始人像亚历克斯爵士一样，在工作中学习如何成为一名领导者，大部分情况下，都是在他们第一次的全职工作中进行学习的。

相比之下，亚历克斯爵士在穿着长裤去上学前就发现了自己的职业道路。他选择了足球，这一领域的变化更为缓慢，而其中的伎俩也广为人知。这就意味着对他（以及其他顶级球队的教练）来说，他们需要更多的时间去积累作为领导者所需的经验和知识，而不是像硅谷年轻的创始人那样在最新的突破还不为人知时迅速崛起。亚历克斯爵士在去曼联之前度过了很长时间的职业球员生涯，而且他在苏格兰执教之前就已经获得了教练资格。为了抓住老特拉福德球场的这次机遇，他准备了足足30年的时间。但是无论是在曼彻斯特还是在库比蒂诺，精通某一领域始终是领导能力的先决条件，因为这是自信的源泉，权威的基础，也是赢得他人尊敬的理由。

硅谷的创始人像亚历克斯爵士一样，他们相信自己的眼睛、耳朵和直觉。他们更渴望根据基本原则把事情弄清楚，并且对所有的传统都不屑一顾。虽然他们对大公司的结构和等级制度充满不屑，但是有朝一日他们自己的公司也会如此。在早期，这些创始人会对深谙某一领域的人提出狂风骤雨般的问题。他们还会翻烂很多书籍，或者是在这个时代搜遍网站的角角落落，在深夜听着TED演讲入眠。随着这些小公司逐渐做大并开始引人注目，这些创始人的界限便得到了扩张。那些老练的经验丰富的人会接听他们的电话或是召见他们。沃伦·巴菲特会在奥马哈市他最喜欢的餐厅款待一些来自硅谷的年轻公司的创始人，这是众所周知的。退休的首席执行官们也很高兴能在佛罗里达或棕榈泉的度假屋里接待这些冒险者。无论采取哪种形式，那潜在的推进剂就是对知识的渴望。

这些人会毫不畏惧地接纳他们认为有道理的事物，同时忽略其他一切，这也就是为什么他们的公司成为他们自己的综合体现（就像亚历克斯爵士带领的曼联队一样）。苹果的产品堪称绝唱；甲骨文是一个渴望卷走所有财富的残忍竞争者；谷歌是斯坦福大学的延伸，这也是显而易见的；全盛时期的英特尔也是工程精度的丰碑；亚马逊更是数学威力的完美阐释。然而它们发展的历程中充斥着很多错误、困惑、很严重的管理失误、失败的产品和与最糟糕的情况的亲密接触。

在自身成长的同时还要建设公司，努力成为一名领导者，这是难以完成的任务。比尔·盖茨、马克·扎克伯格、拉里·佩奇、杰夫·贝索斯、拉里·埃里森、埃隆·马斯克、马云、李彦宏、刘强东、马化腾，还有很多人，他们成为首席执行官时的年龄要比亚历克斯爵士首次在东斯特灵郡担任主教练时小10岁。他们是自己的童年和那些曾经为之痴迷并埋下了职业萌芽的爱好的产物。他们当中不曾有人组建一支管理团队，拜访客户，与供应商打交道或进行合同协商。他们的第一位客户往往是自己（因为他们中的很多人打造出来的产品都是为了满足自己的需要），他们最初的雇员也通常是朋友和校友（因为没有哪个手持优秀简历的人会冒险为那些乳臭未干的孩子打工），他们早期的供应商也都是谨小慎微的，而他们的房东也会要求他们先付清房费。

对于这些想要做自己的创始人来说，一家年轻公司的需求会加剧这一挑战，因为随着公司的发展，事务会变得越来越繁重。因为他们不随波逐流，所以这些人会对那些跟他们志趣不投或时代不同的人持怀疑态度。鉴于他们不具备亚历克斯爵士的那种社交能力和与他人相处时的从容，他们的任务变得更加艰巨。根据迈尔斯–布里格斯性格分类法，他们中的很多人会被分类为内向型人格或是极端内向型人格。对于这些创始人来说，眼神交流、公共演讲和闲聊都是令人苦恼的活动。他们更愿意与电脑、技术论文或书籍为伴，而不是与人为伴。对他们来说，克服自己天生的沉默寡言是众多成就中的第一步。

在硅谷，那些卓然不凡的公司和它们的中国同僚就像曼联队一样，其领导者最享受的事情就是致力于自己的产品。对于亚历克斯爵士来说，这意味着跟曼联队的球员们合作，塑造他们的比赛风格。在加利福尼亚这可能就意味着一位创始人痴迷于代码段的优雅、字节传输的速度、一块硅的物理化学性质、数据存储的空间或是字体的大小。他们也会像亚历克斯爵士一样把那些自己不感兴趣的工作留给他人去做。就像史蒂夫·乔布斯让提姆·库克管理物流和运营，比尔·盖茨也很少为营销活动的设计而担心。

这些公司领导者中的佼佼者还会避免分心的事情，同时精心分配自己的时间。在会议上无休止的演讲、电视访谈、与政客会面或是出席慈善活动，这些都不是他们喜欢做的事情。对于他们来说，精力时时刻刻都应该放在工作上（或是在他们年龄稍长之后，也包括家庭），否则就是错过了良机。让我们看看弗格森年轻时的老照片，照片里的他睡眼惺忪，因为他当时每天晚上只能睡四五个小时，然后再看看每一位年轻的企业家的脸。对于这种将精力集中于自己的事业的强烈欲望，我所见过的最极端的例子就是年轻时候的比尔·盖茨。那时他买了一台电视机来收看教育录像，为了不让那些综艺节目和电影分自己的心，他甚至断开了调节按钮。他还将自己汽车上的收音机拆掉，唯恐在短暂的通勤途中或是来往于飞机场的路上被新闻简报或音乐打断了他对微软的思考。对于比尔和微软来说，能够不受外界干扰的能力让他们受益匪浅。他会乘坐直升机去参加那些不得不去的应酬，每年他也会抽出时间独处，集中精力阅读技术论文和书籍，这些举措都很好地消除了外界的噪声。直到1994年，39岁的他才部分放弃了自己真正的初恋——微软，和梅琳达·弗兰奇（Melinda French）结了婚。

成功领导者的特征总是会表现在那些可以看见的地方——宣传员们精心

的处理、舞台效果或仅仅是他们表现出的沉默寡言的一面。然而成功来自他们不为人知的一面——每天十七八个小时的辛苦工作，一周都没有休息日。亚历克斯爵士是勤勉这一美德的忠实信徒，并且以实际行动做出表率，他从不要求他人表现出比自己更大的决心。亚历克斯爵士的世界呈现在数以百万计的观众眼前，他在扶手椅上表现出来的舒适看起来是那么轻松自然，但这是他精心准备的结果。在每一座奖杯背后，是他在许多个周六的早晨冒着瓢泼大雨视察年轻队员的身影；在每一个英超冠军奖杯背后是数千次的训练；在每一次胜利背后都有一个庞大的、日益发展的国际网络，其职责就是向球队输送年轻球员，这些球员在15年甚至20年后将完成那次关键性的传球和重要的抢断。

六

我知道亚历克斯爵士会对加利福尼亚的年轻公司的工作信条大加赞赏，更不必说它们在中国的同僚了，我感觉跟它们相比，硅谷就像是一处退休社区。这也就是为什么在成立初期，诸如谷歌和Facebook这样的公司都会有自己的“指挥中心”，在那里老虎队的程序员们会被隔离开来，直到他们解决了某个危机，或是“一级防范禁闭”，编码员在解除了某个灾难事件之前不得离开指定区域。

亚历克斯爵士会第一个承认自己的成功得益于自己所处的环境，让他能够找到自我——我猜这也是硅谷不少人走运的原因。亚历克斯爵士指的并非曼联队的历史和早期的成功经验，他指的是他从俱乐部老板和董事会成员那里得到的支持，他们是亚历克斯爵士命运的终极仲裁者——在较小程度上，他还指的是电视市场的发展。

无论是在阿伯丁还是在曼联，亚历克斯爵士都无须应对那些干涉足球事务的老板或董事会成员，抑或是企图篡夺他位置的助理教练。亚历克斯爵士拥有每一名领导者都应得的——塑造自己的命运及其集团命运的权力。拥有足够的时间去打下坚实的基础，逐渐打造长期的繁荣，这是大部分的足球教练和商业领袖所无法实现的奢求。鉴于成功的压力或是每个季度的盈利需求，速战速决的权宜之计几乎是不可抗拒的。亚历克斯爵士不必受到立竿见影的专横要求的制约，这使得他能够在俱乐部的组成方面做出不断努力，而不必担心如果曼联队连输了几场球自己是否会被解雇。他还拥有控制自己领域的自由。在硅谷，公司创始人也非常注重控制力的重要性。如今他们会通过各种法律保护措施将自己的位置奉为神圣，而对于那些弱者来说，这意味着他们为自己和公司帮了倒忙。尽管如此，那基本的冲动跟亚历克斯爵士如出一辙，无论如何，都要坚持他们的方式是最佳选择这一信念。

毫无疑问，曼联队在这个时期所取得的成功部分得益于技术突破，使足球比赛能够通过电视转播。就此而言，曼联队乃至整个英超球队都在计算机和通信成本下降中获得了巨大的利润。卫星转播、远程遥控摄像机、高分辨率显示器、平板电视机、互联网的广泛使用、社交网络和即时通信的兴起，这些让曼联得以登上国际舞台。亚历克斯爵士欣然承认自己大大低估了卫星和电缆传播给足球比赛带来的影响，以及随之而来的大量金钱。然而观众之所以聚集在客厅和酒吧中看曼联队的比赛，是因为他的精心策划。每当曼联队的状态出现下滑，或是没能晋级欧冠决赛，俱乐部的财政收入马上就会受到影响。大规模的电视报道为曼联带来的收入跟球队的表现是分不开的。球队的战绩让曼联队的转播费从1985—1986赛季不起眼的数字，攀升到了亚历克斯爵士执教最后一个赛季的6080万英镑。

虽然技术创新公司有顺风期，但是它们与英超球队一样也不得不面对残忍的打击和命运狂暴的逆转。在我的记忆里，红杉资本合作过的任何一家成功的公司都曾遭遇过灭绝的危险。新闻头条和电视主播喜欢宣告另一名硅谷“一夜成名”的人士即将到来，或是宣布一位年轻的新晋亿万富翁的洗礼。

他们中的很多人都是我们今日称为“独角兽”的人物，终将半途而废。抛开这点不谈，更值得注意的例子是那些击败所有困难的公司。这些公司的创始人具有（在很多情况下也为之困扰）那种推动亚历克斯爵士和他最优秀的球员的内驱力、纪律和渴望。我们来看皮克斯公司（Pixar），它通过16年的实验，经历了企业的动荡、走投无路和裁员，最后才出品了公司第一部动画长片《玩具总动员》。再来看英伟达（Nvidia），这是一家成立于1993年的芯片公司，如今是电子游戏产业的支柱，但是其第一件产品却是一个可悲的失败品，几乎将其埋没。如今有些公司做得风生水起，这让人们很容易忘记在21世纪初亚马逊筋疲力尽地奋战，百视达公司（Blockbuster）曾经甚至拒绝花很少的钱去收购网飞公司（Netflix）。领英（LinkedIn）如今拥有3.64亿会员的强大职业社交网络，当初用了一年时间才攒够10万会员。在所有这些例子中，这些公司无不表现出非凡的内驱力、自律和真正坚持自己道路的信念。

这些靠力量和信念取得的胜利不仅限于小公司。在20世纪80年代中期，英特尔最初的计算机存储设备方面的业务被日本竞争者摧毁，后来微处理器设计师鲍勃・诺伊斯（Bob Noyce）、戈登・摩尔（Gordon Moore）和安迪・格鲁夫（Andy Grove）对其进行了彻底改造。20世纪90年代，路易斯・郭士纳（Lou Gerstner）让IBM实现了惊天逆转，这也展示了一位杰出的领导者在公司生死存亡之际的威力。关于信念的力量最为杰出的例子就是由史蒂夫・乔布斯带领苹果公司实现的逆转，这段故事每分钟都可以载入编年史——这是一项几乎不可能完成的任务。迈克尔・戴尔在1997年就曾经发表过他那著名的言论：如果是他，他会把苹果公司关闭，然后把现金返还给股东。

在技术产业里，除了这些杰出的例子，还有很多公司没能够完成自己的使命，因为这些公司执掌全局的人缺乏成就任何伟大事业所需的内驱力、自律和信念，或是因为这些公司的创始人不明白理论和现实之间存在着巨大的差异。我这里有三个非常典型的例子。以长远眼光来看，第一个例子就是Webvan，这是一家网上杂货零售商，也成为我们最糟糕的一笔投资，因为当时我们违背了常理，盲目追求增长。第二个例子是美捷步（Zappos），这是一家专营鞋的网络零售商，虽然在2008年亚马逊以不到10亿美元的价格将其收购（现在价值60亿美元），但是该公司并未履行其诺言，尽管我们努力劝说其创始人接受建设伟大且经久不衰的公司所需要的一切，但都是徒劳。最后是贝宝，其于2002年被易趣以15亿美元的价格收购，虽然当时埃隆·马斯克和我也曾劝说董事会其他成员不要卖掉公司。不幸的是，现在贝宝价值约400亿美元，这也证明了亚历克斯爵士所说的信念和耐心是珍贵的商品。

知道哪些事情是可能实现的，制定切实的预期目标并将其进行清晰的传递，从而招揽一支跟随自己的团队，在每个人都希望得到立竿见影的结果的大环境下，这是最难的一种领导技巧。人们很容易在洋溢着热情时制定一些难以实现的目标，如果不能实现这些目标，大家就会感觉很泄气。亚历克斯爵士在圣米伦队时就知道了对未来的成功进行大胆的预期会有怎样的结果，此后他会一步一个脚印地去追求成功。那种毫不停歇且纪律严明的努力是一种很难保持的节奏，但是长期的成功纪录（或是一项销售纪录、工程放样或财务成果）来源于一次又一次的成功。坚持使用已经调整好的方法，不因为每次心血来潮而改变，却又有足够的灵活性去吸收和适应那些有用的进步，这正是亚历克斯爵士卓尔不群的特点。曼联队（在亚历克斯爵士执教期间从未依靠压倒性的经济力量）能够很快改变自己的阵容绝非偶然，因为英超允许那些世界上最优秀的足球队员在英国踢球。

亚历克斯爵士会非常谨慎地为曼联制定目标，而年轻的公司作为战斗口号而设定的目标往往会更为大胆。硅谷那些缺乏经验的创始人往往也只能发出那无力而又俗套的呐喊："我们要改变世界"或"我们将会创造不同"。相反，那些想法更周全的人则会给出一些乍一听难以置信的想法。谷歌的联合创始人拉里·佩奇曾向我解释将网络放进硬盘这一想法，当然我在听闻此事时也感觉难以置信，我花了很长时间才明白了他这一想法的深奥和微妙之处。

向工作人员和球员传达自己的预期，这对于亚历克斯爵士来说仿佛是与生俱来的能力。其中部分来自天生的自信，部分来自逐渐积累的胜利，但更多的是因为他非常清楚自己想要什么。他曾执教过的球员都会告诉你，一旦他们熟悉了亚历克斯爵士浓重的苏格兰口音，他们就能准确地知道他想要什么。他的指示简单而明了，因为几乎任何人，无论他们是在医院或是在轧钢厂工作，还是童子军的成员，都不可能记住超过3条指示。冗长的讲话并不能切中要害，而简短的谈话往往能够传达精确简洁的指示。我不由得想起那些我耐着性子看完的数不胜数的演讲，那些首席执行官的用词晦涩难懂，或者他们传达的信息太过油嘴滑舌而丧失了可信度。我所听过的最棒的商务总结来自思科系统的联合创始人桑迪·勒纳（Sandy Lerner）。1986年该公司仅有8名雇员，她被要求传达公司的目标时说过一句话。她的答案就像格拉斯哥人一样简单："我们在网络中建立工作关系。"这句话虽然简单，却是公司在此后的25年里的北极星。亚历克斯爵士的回答可能也正是他对那些初到曼联的人讲过的："我们曼联队希望赢得每一场比赛。"在硅谷，他们会将其称为使命宣言。

不少集团取得了一次成功，有一些则能够屡获成功，但是很少有集团能够让成功成为一种习惯。曼联队在亚历克斯爵士领导下，展示了成功的滋味是如何给予人们信心，并让他们重复成功；制定了最低限度需要完成的标准；作为一支不断扩大的精英团队，这些人体验过成功的滋味并且开始自我延续这种体验。成功者希望跟成功者打交道。这一准则也适用于硅谷，虽然带有地方特点。这里最适合年轻公司早期招募工程师。如果这些羽翼渐丰的公司吸引到了正确的工程师人才，那么其后续影响将持续10年之久。工程师们会用非常尖刻的眼光去审视他人的资质，而且他们只愿意把自己的求职信发给那些符合他们标准的人（这种态度隐约让人想起亚历克斯爵士给予最终褒奖的人“一位真正的专业人士”）。一旦这些年轻的公司招到了自己需要的工程师人才，那么该公司的业务前景将是不可限量的，尤其在这个时代，精心书写的软件能够惠及数以百万计的人才。但是如果招募机噼啪作响地招个不停，或是降低招募标准，那么该公司几乎不可能实现领导者最初的目标。

此外还有员工的保留问题。我无意小觑亚历克斯爵士在其他方面的成就。他激励自己的球员去实现他们认为自己无法做到的事情；在球员中建立起非凡的忠诚度，很多球员在青少年时期就被亚历克斯爵士所发现；始终确保自己的球队拥有最优秀的门将和中场球员。在曼联队中，至少是在亚历克斯爵士执教期间，很少有经纪人劝说自己的球员去其他球队碰碰运气，其中很大一部分的原因在于球队中的大部分球员，如果他们能定期上场比赛的话，他们无法想出一处更好的舞台去展示自己。虽然偶尔会有球员做出言不由衷的转会举动，比如2010年鲁尼的合同快要到期时。但是在大部分情况下，曼联队球员几乎不会考虑去其他球队效力。

然而在加利福尼亚却并非如此，那里的人更趋向于为硅谷工作，而不是为某一家公司工作。中国也是一样，任何企业也同样需要尽可能最好的管理或是工程师团队，但是这一任务会更加艰巨，因为大批的招聘人员会把睡觉以外的全部时间用于从别的公司撬走优秀的候选人。很多情况下是因为丰富的工作机会，在硅谷有非常多有意思的职位可供一流的人才选择，而对于欧洲的六七家顶级俱乐部的明星前锋则并非如此。在硅谷，跳槽这一趋势对于少数人来说是因为他们梦想着自己创业，或是为他们雇主数量的膨胀而感到失望；而对于大多数人来说，则是因为股票报酬机制的诞生。在年轻的公司，早期雇员通常可以获得一部分股份，在4年后兑现。如果公司发展得很好并且股票得到了大幅增值，很多雇员会感到自己的生活很富裕，能够在重复的循环中以低价获得新的股票。对于硅谷最优秀的公司来说，把员工留住往往比招募他们更难。

对于亚历克斯爵士与球员的交往方式，以及他对于球员们的激励和劝勉，我是备感惊奇的——而且随着时光的流逝，他的这一习惯变得更加纯熟。在谷歌的首席执行官中，也许是因为他们中的大部分人太年轻了，他们无法以相当的灵活度去调整自己的风格。亚历克斯爵士则可以同时扮演很多角色：啦啦队队长、励志演说家、精神病学家、忏悔者、钢琴调音师、木偶大师、舞蹈编剧、老师、法官和最高执行者。随着年龄的增长，他越来越擅长调节这些技巧的使用以及如何挖掘出球员们另外5%的潜力——冠亚军之间的差异。他学会了在球员们士气低落时为他们鼓足信心；而当球员们变得骄傲起来时，他也能够很快地让他们保持谦逊。他也会为某些球员的习惯而茫然（比如埃里克·坎通纳喜欢在赛前往自己的袜子中放一些盐，或者C罗为了达到自己对于腿部的覆盖需求会穿两层球袜）。他能够保持球员对于胜利的持续渴望，更重要的是他让每个人都明白（无论他们的薪资是多少，无论他们在广告或杂志上的曝光率如何）球队是更大的存在，比任何个人都重要得多，这是一条残酷的真理，但是在企业和投资公司中却往往被忽略。

虽然亚历克斯爵士跟大多数人一样，很享受那种受欢迎的感觉，但是他从不追求球员们能够喜欢他，当然他也不希望把球员们吓坏。因此，虽然他会努力了解每一名球员，特别是那些在曼联效力多年的球员，但是他始终和他们保持着距离。他想要的，只是尊敬。因为一旦赢得了尊敬，一位领导者就能够很容易地控制一个集团，让它向自己的意志屈服。

亚历克斯爵士还懂得，建立一个经久不衰的集团的关键在于集团内部的建造，在于帮助年轻球员站稳脚跟并获得成功，而不是像大批的雇佣兵领导者一样花费大价钱去加强火力。想要打造一个经久不衰的集团，亚历克斯爵士的做法风险更小且可预测性更高。这种内部开发项目需要极大的耐心并且会花费很长时间，但这种方式也能够酝酿出特殊的关系，这是数年的共同经历才能够提供的——稳定、熟悉、信任和长达一生的忠诚。有些人会说，在这样一个追求快速结果的世界里这种做法是不可行的。但是我却不这么认为。每一个伟大的集团都有能力采用这一方法，只要它们拥有正确的治理结构和领导团队。这是我非常喜欢的一种管理模式，因为在红杉资本我就是这种模式幸运的受益者，而且我们还会继续采用这一模式。我们也尝试着模仿亚历克斯爵士的做法。在执教曼联之后，他不断对球队做出调整，确保球队达到一种完美的平衡，兼顾年轻球员的热情、处在巅峰时期的球员的力量和暮年球员的经验。在对球队组成做出逐步变更时，亚历克斯爵士非常小心，因为大批量更换人员会给球队带来混乱并且会降低士气。

很多领导者都会允许自己的习惯、偏好、共同有过的美好经历或是感情影响他们的判断。人们很容易陷入令人舒适的常规，认为那些在昨天有过贡献的人明天还会继续做出贡献。相比于直面丑陋的处境、宣布令人不快的信息或是要求做出改变，容忍和妥协要容易得多。但是亚历克斯爵士会毫不畏惧地把球队利益放在个人利益之前，他也更重视未来而不是过去的成就，部分原因在于他的天性，部分原因在于在足球场上缺陷很难掩盖（相比之下，在大公司里很多平凡的笨蛋都能够幸存数十年之久）。有些人把这看作冷血无情的做法，尤其是球迷，他们会为自己心爱的球员的离去感到难过。而亚历克斯爵士却认为这是必须之举，他是对的。年轻的创始人应该知道他们所面临的诸多挑战之一就是：他们的公司要想获得巨大的成功，仅仅靠他们最初雇用的销售人员、营销人员或工程师的能力是远远不够的。

七

领导者往往会花费很多时间去关注自己的对手。在足球界更是如此，尤其是俱乐部的老板们，他们会觊觎对手的成功。我并不是说亚历克斯爵士从不关心自己的对手，因为他跟其他教练一样，花费大量时间确保自己能够了解对手的阵容和技战术，并且会非常乐意借用他人的合理策略。但是，他却拒绝根据对手来定义曼联，并且始终认为球队的命运是在老特拉福德球场内部而非别处塑造的。因此他对于其他球队的寡头、中东王子或是其他富有的外国老板的到来都持一种冷漠的态度。对于亚历克斯爵士来说，虽然有时高价的合同确实能带来一些波澜，但是金钱是无法买到成功的。

硅谷的情况也如出一辙。虽然无视他人的发展是愚蠢之举，但是，没有哪个集团是通过不断地就对手的行动做出反应而走向伟大的。你不能通过跟随别人而成为领导者。那些注定永远平庸的公司领导者往往不知道自己想要什么。相比之下，少数几家注定走向伟大的公司领导者心里明白自己想要什么，虽然在开始的时候这可能表现为他们不喜欢什么。在拉里·佩奇和谢尔盖·布林创办谷歌之初时情况当然也是如此。他们对于雅虎、Excite、莱科思（Lycos）、搜信（Infoseek）或远景公司（AltaVista）提供的搜索服务并不感兴趣，于是他们追求更为强大的搜索引擎。当苹果公司的资深设计团队开始着手设计一款他们可以接受的MP3播放器（iPod）或他们喜欢的手机（iPhone）时，情况也是如此。

硅谷成功者的诀窍在于全神贯注于自己所控制的事物上，同时确保他们能够尽可能长时间地远离敌人的雷达，因为这些敌人有摧毁他们的能力。秘密行动是创业者最强有力的武器。激起那些野兽的愤怒或是警觉并没有一点儿好处，特别是当那些野兽是彻头彻尾的垄断者时，它们能够发起猛烈的攻击。许多公司，如网威（Novell）、莲花公司、美国在线（AOL）、奥多比公司（Adobe）、宝兰公司（Borland）、网景公司（Netscape）和赛门铁克公司（Symantec），都意识到了引起巅峰时期的微软公司的注意力所造成的风险。谷歌能够取得成功，很大一部分原因在于它的管理始终非常低调，等到微软发现时（当时还有政府调查的威胁），已经太迟了，它已经无法做出反应或是破坏谷歌的业务了。

在中国，虽然联想、华为或其他年轻的公司曾经在西方绝望地败给了竞争者，但是它们的领导者却具有非常坚定的（有时是非常可贵的）信念，很明确自己的方向。他们的美国和欧洲竞争者也许会抱怨，因为这些中国公司拥有他们所无法获得的优势。某些情况下，这也许有那么一点儿道理，但是对于西方管理者来说，一个痛苦的现实是中国企业在很多方面是令他们望尘莫及的：本地企业对于中国市场的了解、孜孜不倦地学习他人，很多情况下对于失败，他们都会从自己身上找原因。

每当一个企业或服务公司的领导出现变更时，结果总是一团糟。可悲之处在于，无论是哪个领域，很少有公司能够顺利完成管理继承。其中最好的例子也只不过是那些不那么糟糕的公司。在诸如大型石油公司、航空公司、酒店业或大型销售品牌中，领导层会在几年的时间里完成隐形的变更，因为产品目录、原有客户或是长期投资不会在一夜之间发生改变。在技术领域则不尽然，很少有公司能够适应环境的变化和全新的市场机遇。在足球界更是如此，球队领导变更造成的影响，尤其是负面影响，会很快被公之于众。

正如硅谷各公司的雇员和股东们会猜测掌舵者的变更蕴含着怎样的意味，曼联队的球迷们在亚历克斯爵士宣布退休时也纷纷做出了猜测。英国媒体对于老特拉福德球场守护者的变更以及埃弗顿的大卫·莫耶斯（或者后来的路易斯·范加尔）的到来进行了报道，其报道强度堪比新政府上台、皇室成员的标志性事件或是国葬时的报道。然而，曼联队2013—2014赛季初上场的球员几乎与89天前亚历克斯爵士退休前最后一场比赛的阵容相差无几。

曼联的追随者如果知道硅谷领导层的变更也并非完美无缺的，那么他们或许会感到慰藉。比如雅虎，在创立的最初12年里拥有2名首席执行官，而在其后的8年里更换了6位首席执行官。惠普公司也发生了类似的事情，1939年至1978年由其创始人领导，但是在过去的16年里却出现了7名首席执行官。正如我所写到的，Twitter的董事会正在为自己寻找第四任首席执行官——一个并不值得羡慕的任务，并且在公司的历史还不到10年时已经考虑将其卖出。在硅谷，我能够记起来的唯一的在经历了首席执行官的变更还能够变得越来越强大的公司，只有英特尔（在其最开始的30年中）。这里面有其特殊的原因。英特尔最初的3位首席执行官正是1968年英特尔成立时一起合作的三人组，其中第三位是硅谷我最崇拜的安迪·格鲁夫。英特尔的立业精神并未被以下因素削弱：官僚、首席财务官、维权股东、喜欢干涉的股东，或者，最重要的是那些并不是很了解公司产品并且也没有根深蒂固的主人翁意识的领导者。

所有的伟大领袖都具有一个决定性的性格特征，无论是英特尔最初的三代首席执行官，还是亚历克斯·弗格森爵士。这是一种极少数领导者才拥有的特质，也很少有管理书籍对其进行单独描述。事实上，作为局外人往往更容易发现这种冲动，而对于亚历克斯爵士而言，我是从我们之间的谈话和构成本书骨干的多场球赛中发现这一点的。伟大的领导者始终都在竞争，不是跟别人，而是跟追求完美这一想法本身在竞争。无论他们打破了多少销售纪录，击败了多少竞争者，或是引入了多少令人振奋的产品，总会有一个更伟大、更完美的成功在召唤着他们。对于他们来说伟大永远都不是终点。在退休之际，不喜欢多愁善感的亚历克斯爵士非常明智地享受着此生获得的胜利并且从自己的成就中获得了满足，而并没有让自己沉浸在那些失之交臂的奖杯之中。对于职业体育界最为成功的领导者，他为曼彻斯特联队带来的38座冠军奖杯，包括1999年曼联赢得三冠王时夺得的奖杯，堪称旅途上的里程碑，而这旅途拥有一个令人难以捉摸的终极目标，那就是诱人而又可望而不可即的完美。

旧金山

Leading

第一章 成为你自己

如果你是一群人中的领导者，那么弄清楚他们是怎样的人是大有裨益的——他们的成长环境如何，能让他们发挥出最佳状态的行动，以及让他们感到不安的言辞。而弄清楚这些的必要手段就是聆听与观察，而这两点的重要性却经常被低估了。

聆听

一个人怎样才能成为真正的自己？在我年轻的时候，我从不去多想这一问题。然而当我成为一名球员，尤其是成为一名管理人员之后，我开始对这个问题感兴趣了。如果你是一群人中的领导者，那么弄清楚他们是怎样的人是大有裨益的——他们的成长环境如何，能让他们发挥出最佳状态的行动，以及让他们感到不安的言辞。而弄清楚这些的必要手段就是聆听与观察，而这两点的重要性却经常被低估了。

大部分人不能够有效地使用他们的眼睛和耳朵。他们不能够明察秋毫，也不能洗耳恭听。其结果就是，他们错过了身边的大部分信息。我认识一些管理者，他们讲起话来滔滔不绝。在我看来这并非明智之举。上帝给了我们两只耳朵、两只眼睛和一张嘴，这是有原因的。这就是让我们多聆听，多观察，少发表言论。而最妙的地方则在于聆听不需要付出任何代价。

我见过的最好的聆听者是2位电视访谈栏目的主持人。大卫·弗罗斯特（David Frost）在他的一生中用了将近50年的时间进行采访，直到2013年去世。他还曾经采访过美国前总统理查德·尼克松（Richard Nixon）。我初次与弗罗斯特相见是2005年，当时我们同为不动产基金管理人。在此几年之后，他离开了BBC，并在天空体育栏目中采访了我。

大卫和大部分的访谈栏目主持人不同，他从不试图证明他比自己的嘉宾高明。他从不接话茬或是打断嘉宾，但是他又绝非一个轻易被征服的人——这一点可以从1977年他录制的对理查德·尼克松进行的长达28小时45分钟的栏目中得到证明。其中一部分原因可能是他的节目形式。因为大卫做的不是赛后的90秒采访，也没有制作人在他的耳机里大吼大叫，催促他赶紧获得原声采访。同时他也无须在采访过程中东张西望，寻找下一个采访目标。大卫会认真地看着你的眼睛，表现出极大的兴趣，仿佛其他的一切都已不复存在。他是时间的主宰——只需要30到60分钟（而这对于现如今的即时通信和Twitter来说简直就是漫长的等待）就能够让嘉宾感到放松。这正是大卫最伟大的天赋之所在，而凭着这一天赋他也能够从访谈栏目中获得更多的信息，他也因此获得了“大审判官”的昵称。

另一位则是查理·罗斯（Charlie Rose），他也是一位访谈栏目主持人，我对于他并不像大卫那么了解，但是就在几年前，我也曾应邀参加他的节目。当时我心里是有些不安的，因为我将出现在美国的电视荧屏上，这跟我所熟悉的英国脱口秀节目不同。在我参加查理节目的前一天，他邀请我去纽约第五大道的奇普里亚尼意式餐厅喝酒。查理身材高大，他的手掌就像餐盘那么大，我怀疑他会不会用他钳子一样的大手把我抓住。他的开场白是“我身上也有苏格兰血统”，听到这句话，我就知道一切都会顺利进行。查理很精明地让我感到自在，并为我们的谈话找到了共同话题。第二天的节目录制也非常顺利，就像大卫一样，查理也是一位认真的聆听者。但是我还是担心制片人是否需要为本期节目配上字幕，这样才能让他的密西西比和堪萨斯观众理解我的苏格兰口音。

我从未当过电视节目主持人，但是我一直都很重视聆听。这并非意味着我喜欢在碰到事情时打电话给别人求人支着儿。总体来说，我更喜欢自己解决问题。但是我清楚地记得，1984年当约翰·佩顿（John Paton）——格拉斯哥流浪者俱乐部最大的股东——邀请我担任该队的经纪人时，我也曾寻求过别人的帮助。这是流浪者队第二次向我抛出橄榄枝，于是我打电话给斯科特·西蒙（Scot Symon），听听他的意见，因为他在该俱乐部已经有了长达13年的管理经验。事实上我已经对是否要去流浪者队心存疑虑，如果我要离开阿伯丁队，我不确定是否还要加盟另外一支苏格兰球队。我跟斯科特说我还未与流浪者队的最高权威——副主席威利·瓦德尔（Willie Waddell）交谈过，他建议我拒绝邀请，因为他觉得这次邀请仅仅是试探性的，并且很有可能还未经董事会许可。我也确实拒绝了流浪者队的邀请，后来也从未后悔过做出此决定。

很多人都不能够静下心来聆听——尤其是当他们取得成功之后，周围满是逢迎之人，情况更是如此。于是乎他们开始了独白，仿佛突然之间他们无所不知。姑且不论这些狂妄自大之人，聆听总会给人带来收获。善于聆听的人仿佛接受着持续不断的终身教育，不仅无须考试，更能够去其糟粕。这使我想起了几个例子。

数年前，曾有人给过我一套磁带，里面是比尔·香克利（Bill Shankly）（1959—1974年利物浦队的主教练）的谈话。这套磁带是一个回忆录，并非用于广播，但是我在开车的时候听过几遍。里面有各种奇闻，但是这些磁带却讲述着一个不争的事实：那就是香克利对足球的痴迷，这种痴迷深入骨髓。虽然香克利的这种痴迷近乎极端，但是这也再次让我体会到了成功需要何种程度的付出。

还有一次，1992年在我们与利兹联队踢完比赛之后，我跟我的队员一起洗澡——这对我来说非同寻常——聆听他们对比赛的分析。史蒂夫·布鲁斯（Steve Bruce）和加里·帕莱斯特（Gary Pallister）对埃里克·坎通纳（Eric Cantona）赞不绝口。坎通纳是利兹联队从法国尼姆队租借来的前锋。史蒂夫·布鲁斯是当时的曼联队队长，他对坎通纳的能力极为赞赏。这些言论仿佛是播下的一粒种子，此后不久我们就将坎通纳买入了曼联。

即使是我们签约坎通纳时，我也会从我信任的人那里征求意见。当时，我与法国主教练吉拉德·霍利尔（Gérard Houllier）和法国体育记者艾瑞克·贝尔德曼（Erik Bielderman）进行了交流，希望能对我即将买入的球员有更深的了解。我还跟米歇尔·普拉蒂尼（Michel Platini）谈过此事，他告诉我："你应该和他签约，他的才华还没有得到发挥，他需要伯乐。"他们都为我出谋划策，告诉我如何管教这名球员，因为坎通纳来曼联时背负着桀骜不驯的名声——这对他来说是很不公平的。后来的赛季——甚至可以说未来的10年证明，这一决定对于曼联来说至关重要。在坎通纳加盟之前的6场比赛里，我们打进了4粒进球，而在他加盟后的6场比赛里，我们打进了14粒。

当日关于坎通纳的那些评论是非比寻常的，而我也将聆听当成了一种习惯，我会认真听取球员们对对手阵容的预测。在我们拿到对手首发阵容之前，这一直是一个猜谜游戏，而对手的阵容会对我们的战术产生非常大的影响。在比赛的前一周，队员们通常会与圈内的好友进行交流，特别是他们的前队友，因此他们经常会谈论起谁将出现在比赛的首发阵容中。我们经常会针对阵容猜测搞一些小竞赛。不过，尽管我努力去聆听队员们的交谈，但我永远都不能够全部猜中对方的11名首发队员。随着球队人数的增多，猜测的难度也增大了。在我们最后拿到首发阵容信息时，难免与我的预测有所出入，这时我的队员会跟我开玩笑："你又猜对了，老板。"

2012年11月，曼联队在诺维奇失利之后，出于礼貌，我亲自前往对方球队的驻地。克里斯·休顿（Chris Hughton）非常和蔼，但是在他的房间里挤满了庆祝胜利的人们。我不想示弱，因此便表现出一副很从容的样子，听他们交谈——特别是他们点名称赞的球员。我默默地在脑海中记下了所有这些名字，并将其列为我们的重点关注对象。

再进一步回顾，我还记得另一条关键性的建议。1983年在哥德堡，阿伯丁队（我于1978—1986年在此执教）将在欧洲优胜者杯的决赛上对阵皇家马德里队（Real Madrid）。我邀请了乔克·斯坦（Jock Stein）为我出谋划策。

乔克·斯坦是我心中的英雄，他于1967年带领凯尔特人队击败国际米兰夺得欧洲杯冠军，他也是首位获此殊荣的英国教练。乔克跟我说了两点，我至今仍难以忘怀。首先，他告诉我“在比赛当天，确保你的队伍是第二个上去训练的，这样一来你的对手就会认为你已经观看了他们训练”。他还建议比赛那天给伟大的皇马教练迪·斯蒂法诺（Di Stéfano）带一瓶麦卡伦威士忌。当我把那瓶酒送给迪·斯蒂法诺的时候，他果然大吃一惊。这瓶酒让他感觉我们对他心存畏惧——他是大人物，而我们渺小的阿伯丁队仿佛已经输给他们了。我很高兴当时能够听从乔克的意见，因为这两个方法都奏效了。

后来，我在苏格兰国家队担任助理教练，乔克是主教练。我如饥似渴地询问他关于战术和管理方面的问题。他就像是我的管理学导师，我希望吸收他教给我的一切。乔克曾建议我永远不要在比赛后跟球员发脾气，他还说：“等到周一大家都冷静下来再说吧。”这确实是金玉良言，只是这实在不符合我的风格。尽管如此，在威尔姆斯洛我的办公室里挂着的最大一张照片就是我跟乔克的合影，这绝非偶然。直到1985年9月10日威尔士对阵苏格兰的比赛，也正是在那天晚上他与世长辞。

在此我再举最后一个例子：吉米·瑟瑞尔（Jimmy Sirrel），他是诺茨郡队的主教练，也是我1973年在英国丽乐索（Lilleshall）国家体育中心参加教练培训时的讲师。他给我上过很重要的一课。他告诉我永远不要让所有球员的合同在同一时间到期，因为这样他们可能会串通起来对付教练和俱乐部。在此之前，我从未意识到这一点，但是此后，我都谨慎地把队员们合同到期的时间错开。我想当时吉米给出这个意见连1分钟都用不了，但是聆听他的忠告却使我受益终身。这表明，忠告往往是不期而遇的，而不需要付出任何代价的聆听是最值得你做的事情。

观察

观察是另一项经常被低估的行为，且如同聆听一样，不需要付出任何代价。对我来说，有两种观察方式：第一种是细节观察，第二种是整体观察。直到我执教阿伯丁队，并聘请阿基·诺克斯作为助理教练，我才理解了细节与整体观察的区别。在阿基·诺克斯来到阿伯丁不久，我们坐在一起聊天，他问我为什么要聘用他。这个问题让我不知所措，然后他告诉我，因为我坚持要负责每件事情，这让他无事可做。他的态度很坚决，并得到了球队总管泰迪·斯科特（Teddy Scott）的支持。阿基建议我不要参与训练课程，而是应该作为旁观者进行观察和监督。对此建议，我犹豫不决，因为我觉得这会影响我对训练的把握。但是当我跟阿基说我希望再仔细考虑一下时，他依旧坚持己见。因此，我略感不快地答应了。虽然我花了些时间才体会到旁观者清的道理，但是此次决定对于我的管理和领导生涯来说意味深长。当你远离那些纷纷扰扰，就会发现很多惊喜——给自己一些惊喜是很重要的。如果你置身于训练场，嘴边挂着哨子，那么你的全部注意力都在足球上。而当我站在边线上旁观时，我的视野变得更加开阔，我可以对整个训练做到心中有数，并且能够了解到球员的心理状态、体能和习惯。这是我职业生涯中最为重要的一课，我也很庆幸自己早在30多年前就能够领会到这一点。阿基关于观察的意见是我的成功之源。

当我还是一名球员时，我更关注两件事——脚下的球和球场上其他球员的跑位。但是直到阿基给我提出了这条意见，我才意识到：作为一名管理者，我可能会迷失于对细节的纠缠。我只用了几天就领会了他建议中的精髓，自此之后，我既可以细致入微地观察细节，又能够总览全局。

作为一名管理者，你总是需要关注一些细节。你可能会在训练中观察一名球员的腿伤是否痊愈；在青训营鼓励一名12岁的少年；在德国的某个体育馆发现一位明日之星；在午饭时检视球员和教练的行为举止；你还可能在录像带中搜寻线索，关注谈话中的肢体语言以及球场草坪的高度。然后，或许在周六的下午或是周三的晚上，就需要你放开视野，纵观全局。

你要相信你所看到的，这句话说起来简单，但是做起来绝非易事。我们的偏见和先入观念多得可怕，这些都会影响我们对事物的观察，或者更精确地来讲，会影响我们“自以为”看到的事物。如果一名球探告诉我，有一名球员的左脚技术非常出色，那么当我亲自去看他踢球时，我就很难忘记他的左脚——但是与此同时，难免会忽视其他优点，而更严重的是，可能会忽视他的重要缺陷。我当然对别人的意见很感兴趣，但是我更喜欢亲眼看见的感觉，不让别人的意见影响我的判断。

下面的观察经历让我在数十年的时光里获益良多。1969年西德队在基尔马诺克（Kilmarnock）的橄榄球公园球场（Rugby Park）进行训练。我恳请德国足协的卡尔-海因兹·海德格特（Karl-Heinz Heddergot）让我观看他们的训练。当时在场的只有德国球员和工作人员及少数球场管理员。我看了大约有一个半小时。这支德国球队训练时不带门将，而是侧重于控球，当时的教练们大多侧重于长跑训练，这种训练方式则不多见。因此这也给我留下了深刻的印象，我在此后的训练中开始侧重于控球。在我当上圣米伦队的教练之后，我开始进行“禁区训练”——我们让4名球员与2名球员在一个有限的空间里对抗。我们从25码见方的区域开始，让队员在里面训练，以提高球技。随着球员球技的提高，逐渐缩小禁区的范围。这种方式能够提高球员的意识、跑位角度、触球，并最终实现一脚出球。一直以来，我都推崇这种教练技术，直到2013年5月18日我在曼联队进行的最后一次训练。1969年我在基尔马诺克观看的90分钟训练给我上了重要的一课，让我在此后的半个世纪里都受益匪浅。

观察——评估对手，分析局势——这是备战比赛的核心部分。在曼联，我们已经习惯在大赛前仔细观察对手。这一点在拥有先进的录像分析之前尤为重要，当时我们只能快进或者倒带看录像带。这一做法奏效的一个例证就是1991年的欧洲优胜者杯决赛，曼联对阵巴塞罗那（Barcelona）。我们是1985年海瑟尔惨案之后首支进入欧洲赛事决赛的英国球队。我与阿伯丁前球员史蒂夫·阿奇博尔德（Steve Archibald）观看了巴塞罗那与尤文图斯（Juventus）在半决赛第一赛程的较量。巴萨的主要射手赫里斯托·斯托伊奇科夫（Hristo Stoichkov）打进2粒进球，并给我留下了深刻的印象。在都灵（Turin）第二赛程的比赛中，他的肌肉拉伤了，也因此无缘决赛。这使得巴萨的常规阵形受到了极大的冲击。在决赛中，他们以米歇尔·劳德鲁普（Michael Laudrup）作为主要进攻点，从中场推进。而这是我们意料之中的，因为我们曾经观看了巴萨的比赛。我们也调整了技战术，注意不被劳德鲁普拉扯得太远，并最终以2：1的比分获胜。

很多时候，我还会在观察中收获意外的惊喜。2003年，我前往法国观看佩特·切赫（Petr Čech）的比赛，而迪迪埃·德罗巴（Didier Drogba）这位我闻所未闻的球员当时也在场。德罗巴简直就像一个发动机——他是一位强悍的、爆发力极佳的射手，对于进球有着与生俱来的感觉——虽然最终我们还是跟他失之交臂，但是我们也有交好运的时候，比如朴智星（Ji-sung Park）。2005年欧洲冠军杯联赛时，我曾经跑去观看里昂队迈克尔·埃辛（Michael Essien）的比赛，那场比赛里昂队与PSV埃因霍温队打成平手。也正是在这里我看到了满场飞奔、精力充沛得像可卡犬一样的球员，他就是朴智星。此后的一周，我让我的兄弟马丁——当时曼联队的球探，去观察朴智星。事实证明英雄所见略同，于是我们便签下了他。朴智星是少数几名能够为自己打开空间的球员。

这些都是非常特殊的例子。我非常喜欢那种与天才球员不期而遇的感觉。能让人感觉来自外星的球员着实少见（虽然巅峰时期的坎通纳确实能够做到这一点）。这些激动人心的时刻——这些优秀的球员——都是对我始终孜孜不倦的观察的最好回报。他们不是从天上掉下来的馅饼，而是我们在一天24小时不断搜索中收获的结果。

阅读

这些年里，我从书本上收获良多。小时候，我学习不刻苦，这让我的父母很失望（主要是因为当时我就沉迷于足球了），因此我的学校生涯在16岁时就结束了。但是我却一直喜欢阅读。事实上，1958年我就是在格拉斯哥的图书馆里听到慕尼黑空难的消息。多年来，我一直订阅《每日快报》《周日快报》和《独立报》。此外我还喜欢通过《赛马邮报》来保持对赛马信息的关注。但是更重要的一点是，我一直对书籍情有独钟。

我对书籍的兴趣远远超出了足球的范围。我曾经读过一个教练的书，他所执教的领域我一点儿都不了解。他就是加利福尼亚大学洛杉矶分校的著名篮球教练约翰·伍登，他带领自己的球队在12个赛季里夺得了10次全国冠军。魁梧的身材让他看起来更像是一位鼓舞人心的教练，而非战术大师，但是他的领导地位是毋庸置疑的，他绝不能容忍任何队员任性或是偏离他制订的战术计划。我还读过文斯·隆巴迪（Vince Lombardi）的书，他是绿湾包装工队（Green Bay Packers）的主教练，在美国是家喻户晓的人物。他对于美式橄榄球就像我对足球一样痴迷。我跟他的思想很有共鸣，并且我非常喜欢他的那句话："我们并没有输掉比赛，我们只是没有时间了。"

我也曾潜心研究过其他与管理和领导学相关的书籍，但是也许是我的工作太忙了，我从未发现过一本令我痴迷的书籍。体育类的书籍和运动员的自传也是如此。在多数情况下，曼联队球员的自传不过像流水账一样，虽然他们是从另外一个角度来描写我所经历过的事情。我发现我喜欢阅读和我的工作毫不相干的书籍。有时，我会翻阅一些足球类的书籍，如大卫·皮斯的小说《魔鬼联队》（*The Damned Utd*），讲述的是布莱恩·克拉夫（Brian Clough）1974年在利兹联队挂帅执教的44天，对此我实在提不起兴趣。但是我却被另外一本书深深地吸引了，那就是博比·罗布森的自传《告别但不是再见》。我很崇拜这个煤矿工人出身的男人，在他的带领下英格兰队在1990年世界杯打入了半决赛。赛后他卸任主教练一职，又重拾勇气前往荷兰执教埃因霍温队，后来又陆续接过了波尔图（Porto）和巴塞罗那队的教鞭，并最终返回他的故乡纽卡斯尔。在所有球员的自传中，给我留下深刻印象的就是2011年出版的加里·内维尔（Gary Neville）的《红魔》一书。这是一本很有思想的书，帮助读者理解球员所面临的压力和对成功的渴望。

实事求是地说，我在一些军事历史书籍中发现了一些与足球相关的内容。每一位将军都需要学习何时进攻，何时应采取保守策略。无独有偶，我在英国空降特勤队（SAS）学习的课程中也曾重申这一点。这些都解释了如何迂回、牵制两侧的敌人并在中部发动致命打击。有一年赛季间的假期，我带领整个曼联队去SAS位于赫里福郡（Herefordshire）的训练场进行几天的学习。我们尝试了所有项目——直升机索降、打靶以及模拟人质劫持事件。球员们都非常喜欢这些项目。我从SAS学到的重要一课就是战斗阵形的作用——从两翼进攻会削弱中间的防守力量。于是我把这一点应用到了训练场上，并在对阵利物浦队之前按照这个方法训练了一周。我先让队员从禁区的两侧进攻，然后由加里·帕莱斯特从禁区中路突破得分。事实上，帕莱斯特正是运用这一策略在比赛中梅开二度。这更像是一次作战方案的重演——只是没有任何电视评论员注意到这一点。

一直以来，我都对美国历史很感兴趣——无论是军事还是政治方面——而且我阅读了相当数量的关于亚伯拉罕·林肯（Abraham Lincoln）和约翰·菲茨杰拉德·肯尼迪（John F. Kennedy）的书籍，更懂得了三思而后行的价值。我认为多丽丝·卡恩斯·古德温（Doris Kearns Goodwin）的《对手团队：政治天才林肯》是一本非常有吸引力的书；而1962年古巴导弹危机时，肯尼迪的应对策略也堪称决策之典范。随着年龄的增长，我也意识到了经过深思熟虑做出明智决定的好处。在执教的早期，我也很容易冲动——总是急于求成，喜欢在遇到事情时展现自己的权威。“让我想想。”说这句话是需要勇气的。在你年轻的时候，你想到月球上去，并且不想花太多时间。我想这通常是因为年轻人充满着热情，而随着年龄的增长，你学会了利用自己的经验来指导热情。

我意识到，除了聆听、观察和阅读，我们还会受到很多事物的影响。我们无形中会受到父母遗传的影响，我们会受到偶然性的影响，受到我们的成长环境和接受的教育的影响。但与此同时，我们还拥有两套强有力的工具：那就是我们的眼睛和耳朵。观察他人、聆听意见以及阅读，给我的人生留下了最美好的回忆。

SHARP

Leading

第二章

承认你的渴望

在理想的世界里，我希望选出 11 位既有天赋又有决心的球员加入我的名单。但是现实并非如此，如果一定要我在下面两种球员中做出选择：一种是天资极佳，但是缺乏决心和对成功的渴望；另一种是比较优秀，但是有着极强的决心和毅力，那么我宁可选择后者。第一种球员也许会在短期内有不错的发挥，但是他们缺乏足够的耐心，不能给球队带来稳定和凝聚力。

纪律

我在很小的时候就被灌输了纪律的概念。我父亲是一个厉行纪律的人，他在一家造船厂工作，那是一个艰苦残酷的行当。他话不多，很固执也很聪明。他在14岁那年离开学校，此后一直坚持自学并且酷爱读书。父亲希望我跟弟弟能够学一门手艺，并且直到我的模具工人生涯结束前一直反对我成为职业球员。他在我们很小的时候就让我们懂得了什么是纪律。在上学时，他每天早上6点就会把我叫醒。而他自己也会在6点45分准时出门，因为他希望在院门打开时就能出发去上班。也许这也就是为什么数十年后，我作为主教练每天都会在送奶工人来之前去上班。在我开始靠踢足球赚钱时，每周六晚上都会去踢球。而我父亲并不喜欢这一点，在他看来这样的生活太随意了。所以我们长达半年都没有说过话。我们父子俩在这方面真的是太像了。

在我14岁那年，我开始在德鲁姆扎佩尔业余俱乐部（Drumchapel Amateurs）踢球，这是当时苏格兰最大的一支业余球队。由道格拉斯·史密斯（Douglas Smith）一手经营，他家里有一个船只拆卸厂，比较富有。他和位于格拉斯哥市中心的里德茶馆有关系，因此球员们可以在那里吃一顿免费的午餐。史密斯手下总共有5支球队——其球员分别小于18岁、17岁、16岁、15岁和14岁。每周末他都会带领我们前往位于格拉斯哥市外的邓巴顿郡的场地，他会带着我们穿过他的猪圈，然后让我们在草地保龄球场上进行5人足球赛。如果他的球队输了球，他会坐立不安，满头大汗并且满脸的愤怒。他有着极强的纪律意识和很强的求胜欲。

1974年至1978年，我在圣米伦队执教，纪律是我执教第一天就开始强调的问题。在我抵达目的地那天，当地的《佩斯利每日快报》派来了一名摄影师，希望给球员和他们的新教练合一张影。第二天我在报纸上看到了我们的照片，我发现队长伊恩·里德在我的头上摆了一个兔子耳朵。在我们首战失利于考登比斯队（Cowdenbeath）之后的周一，我把里德叫进了办公室。他告诉我那个兔耳朵只是一个玩笑，而我告诉他“这不是我喜欢的玩笑类型”。另一位出色的年轻球员约翰·莫厄特（John Mowat）在我们训练时和我顶嘴。此后，我便将这2名球员列入了我的黑名单。此外还有一名球员告诉我他不能参加训练了，因为他要跟女友参加一场流行音乐会。我问他是不是每天晚上都有音乐会。他告诉我说不是的。于是我说：“如果你想去就去吧，只是去了就别再回来了。”我只是想告诉球员，不要破坏我的纪律。他们后来也都领会了我的意思。

作为一名教练，我的职责之一就是灌输纪律的概念。在圣米伦队中有不少兼职球员，但是我们还是会一起乘大巴车去客场比赛。有一次，有一名球员决定周六自己开车前往东法夫郡（East Fife），比赛前我在更衣室里狠狠地教训了这名傲慢的球员，并告诉他他不能参加比赛了。但是我马上又意识到自己没有可更换的球员了，所以那一次只能放他一马了。

当我来到阿伯丁郡，我发现这是一个比格拉斯哥更安静的城市，于是我想到我应该给球队注入一些格拉斯哥式的严格和纪律。我并没有踟蹰不前，我是一个有进取心、高要求的人。虽然我知道不是每个人都喜欢这样，但是我的球员确实因此变得更加男人，球技也越来越精湛。

在阿伯丁队有3名球员在我看来简直是讨厌至极。他们不重视训练，所以我只能每天下午让他们再次进行训练，让他们去替补席，并且让他们在周二和周三晚上去彼得黑德球场踢球。最后我索性炒了他们鱿鱼。

或许数十年前，灌输纪律这一概念的另一原因是当时的球队看起来似乎是一成不变的。很难想象替补席这一做法直到20世纪60年代中期才被采纳（尤其是在你看到英超联赛的替补席上坐着7名候补队员时）。在我小时候，球队阵容几乎在整个赛季都不会做出改变，因此直到现在我还能叫出20世纪50年代雷斯流浪者队（Raith Rovers）球员的名字。当时，球员待在球队里也是出于经济方面的考虑，因为只有这样才能得到奖金。

在我年轻的时候，由于过于追求纪律严明，我也做过很多令自己后悔的事情。比如，1983年阿伯丁队从瑞典捧得欧洲优胜者杯冠军之后，在荣归故里之际，我们有一场游行，目的地是我们的皮托德里球场，那里早已是人山人海。球迷们都希望看到球员们举着奖杯在球场里欢呼。阿伯丁队的中锋马克·麦克格赫（Mark McGhee）非常希望能够举杯给球迷们看，但是我觉得他已经出够了风头，因此我说了他两句，不让他继续举杯了。然而很快，他的母亲就出现在更衣室中，这让我感到自己的行为真的很恶劣。于是第二天早上，我打电话给麦克格赫，向他道歉，并邀他同往港口处共同举杯迎接从哥德堡坐船返程的球迷。我再也不希望发生此类事情了。

在我的执教生涯中，纪律总是伴我左右的一个问题。1986年11月，在我接受曼联队的邀请之前，在我跟马丁·爱德华兹的谈话中，他暗示我球队中存在球员酗酒的问题。他还告诉我，曼联队之所以对我感兴趣，其中一个主要原因就是我在教练中以纪律严明、不容忍球员的不良行为而著称。

在我刚到曼联时，球员对于很多事情都持松懈态度，包括在前往比赛的路上的穿着。球员们通常会穿赞助商提供的运动服——锐步、彪马、阿迪达斯等。那场面简直是一片混乱，于是我马上要求他们穿法兰绒裤、俱乐部外套并打上领带。当门将法比安·巴特兹2000年从摩纳哥队转会到曼联时，他也不得不迎合我们的着装要求。当时他会在前往比赛场的途中，在车上更换服装。赛后，他会把所穿衣物一并交给管理员阿尔伯特·摩根。有一次在市政厅举办的招待会上，埃里克·坎通纳没能遵守我们的着装要求，他穿着一身带有长流苏的麂皮夹克，背后还印着一张印第安酋长的画像。然而第二天他就向我保证以后不再犯此类错误——我也相信了他，因为他告诉我说他以为是一个很随意的场合，在法国就是如此。

球员们总是会犯这样那样的错误，给予教练鞭策他们的机会。但是你大可不必常常做出惩罚。比如，我从不认为对训练迟到的球员给予罚款处罚是有用的手段。在曼彻斯特，尤其是冬季，交通事故或道路维修经常会造成交通堵塞，球员们也经常会因此而迟到。如果只发生一两次，那么我不介意。但是如果某位球员总是迟到，那么我就会建议他早出门10分钟，并且会告诉他，迟到会让自己的队友感到失望，这是每一名球员都不希望看到的。我印象里因为迟到而被罚款的球员只有马克·博斯尼奇（Mark Bosnich）一位，他迟到的次数实在是太多了。

对于某些球员所谓的私人空间，诸如发型和珠宝，我也会毫不畏惧地干涉。为什么球员们在追求舒适利落的同时还要留长头发？这是令我感到费解的。留着几绺头发简直没有任何意义。对于这一问题，最先跟我发生分歧的球员是卡雷尔·波博斯基（Karel Poborsky），1996年他从布拉格斯拉维亚队转会到曼联。他的发型看起来更像是效力于齐柏林飞艇乐队，而不是曼联。我曾经试图劝说他把长发剪掉，但是他头发的长度还是经常让我感到不悦。还有些球员戴的项链上挂着的十字架比耶路撒冷十字架苦路上的朝圣者佩戴的都要沉。我只得下令禁止这些行为。然而，对于文身我却有点无能为力，因为我不得不承认，它们确实不会增加球员的负重。坎通纳引领了这一热潮，有一天早上当他出现在更衣室，我发现他左胸上文着一个印第安酋长的头像。因为曼联队的球员都很崇拜他，所以有不少球员都争相模仿。但是，克里斯蒂亚诺·罗纳尔多从未这样做过，这一点让我感到很惊讶。这也充分证明了他的自律。

领导者还会对犯错误的人做出判决。那些缺乏经验、常常会感到不安的领导者经常会给任何罪行都判处死刑。这也无可厚非，只是在你决定把一个人绞死之前，一定要确定你确实没有其他选择了。我也是逐渐领会到"量刑判罪"的智慧的。我作为法官、陪审团和刽子手，需要对很多"罪犯"定刑。而其中最简单也最为致命的刑罚就是沉默，也是我最常使用的。我无须进行任何公开羞辱和斥责，因为每个人都有自尊，那些受到我"沉默"惩罚的人心里很明白自己做错了事。我经常会对球员处以罚款作为惩罚，并敦促他们好好为球队效力。我对球员处以罚款的情况如下：在场上愚蠢的举动，如向裁判抗议或动作粗野而吃牌，或是在场下不合时宜的举动。罚款的数目在英超联赛期间会与日俱增，但是其罚款的原则——一到两周的工资——保持不变。在2007年那场糟透了的圣诞狂欢之后，一线队员和替补队员都受到了扣发一周工资的处罚。

对于那些渴望入选的年轻球员，我只要不让他们跟主力球员同行，就足够让他们郁闷了。而对于球队的正式球员，我也有几种方法教育他们什么是违反纪律的代价。其中一种就是让这名球员坐冷板凳，而更严酷一点儿的手段则是让他穿便服，坐在看台上看球。这对于足球队员来说，好比是公开绞刑，大家都怕这一手。

最后，最为严厉的处罚方式——停赛和转会。也许你会认为转会是更为严厉的处罚，但是我并不这么认为。每当我们决定让一名球员转会，那是因为他不再符合曼联队的需要，或是在某些情况下，如C罗，我们只是为了兑现承诺。在我看来，停赛惩罚是最为严厉的，因为这项惩罚需要由球员和俱乐部双方来承担。1995年1月，坎通纳被曼联禁止参加该赛季最后4个月的比赛，并被英国足协（FA）处以额外4个月的禁赛。

每位球员都不喜欢离开首发阵容的感觉，而那种失落感随着球员年龄的增长，以及巅峰时期的逝去而变得更加明显。然而，我从不会因为个人情感影响队伍的选拔，尤其是在大赛中。1994年，我将布莱恩·罗布森（Bryan Robson）排除出了足总杯的决赛阵容。这是布莱恩在曼联辉煌的13年的最后一个赛季，而我却低估了对于他来说第4次赢得足总杯冠军的重要性。回首往事，我多么希望能够让他在决赛中出现，哪怕是比赛临终的那点儿时间也好。

虽然我的球员都知道我是暴脾气，但是一般情况下我是不会发作的。除非有球员在球场上没能做到自控、自律。如果他们脑子一热得了黄牌，甚至红牌，那么无疑将会给整支球队带来苦果。不只是因为，我们不得不10人应战，同时我们还要承担其停赛所导致的后果。彼得·舒梅切尔（Peter Schmeichel）、保罗·因斯（Paul Ince）、布莱恩·罗布森、罗伊·基恩、马克·休斯（Mark Hughes）和埃里克·坎通纳都是好斗分子。而这对我们的球队有百害而无一利。因此，在他们因为愚蠢的行为被驱逐出场时，我必须明确地表达出自己的不快。

但是，总会有些球员对纪律视而不见。比如，阿根廷中场球员胡安·塞巴斯蒂安·贝隆（Juan Sebastián Verón）。我想方设法让他融入我们的团队，可是都是徒劳。不得不承认他确实是一位天才球员，拥有极强的个人能力，但是他就像一匹脱缰的野马。我让他踢右路，他偏偏去左路。他缺少最基本的自律，因此我们在2年后就将他卖出了。要知道你无法用一群快乐自由的家伙组建一支球队。

当然也有一些球员会严格按照指示踢球。我们的韩国中场朴智星就是这样一位球员。如果我给了他一个命令，他就会像狗叼着骨头一样——绝不放松。2010年在欧洲冠军杯联赛上，我们对阵AC米兰，我让他盯防对方的中场球员安德烈亚·皮尔洛（Andrea Pirlo）。皮尔洛是AC米兰的指挥者，然而朴智星有效地限制了他。

虽然我将纪律置于至高无上的位置，而事实上我们也确实为之付出了不少代价。如果要我重复做一件事的话，我一定会一丝不苟地坚持原则，因为一旦你放弃了纪律，你必将与成功失之交臂，还会陷入一片混乱之中。2011年圣诞节后不久，我就发现节后第一个工作日有3名球员没有来训练，到城里寻欢作乐去了。于是我罚他们做额外的训练，并将这3位队员剔除出了即将对阵布莱克本的阵容。当时我们已经伤兵满营，虽然此举会让我们雪上加霜，但是我认为我做得没错。后来，我们以2：3的比分输给了布莱克本，让我们失去了宝贵的3分，最后在净胜球上输给了曼城队，从而丢掉了奖杯。很多年以前，在1995年，坎通纳在被罚下场之后与一名水晶宫球迷斗殴，因此我们决定将坎通纳停赛，禁止他参加赛季余下的比赛，这使得我们无缘欧冠联赛冠军和足总杯冠军。在我们决定给予坎通纳停赛处分时（后来英国足协又对他进行了加罚），我们距离胜利已经非常近了，我可以肯定如果让坎通纳打完赛季剩下的比赛，我们可以以10分的优势胜出，而不是功败垂成，1分惜败于布莱克本队。但是从长远来看，纪律比眼前既得利益更为重要。

如果你能让11名才华横溢的球员专注于每一次训练项目，注意控制他们的饮食和身体状况，保证睡眠，按时出席球队活动，那么你的球队距离奖杯就已经不远了。但是让人惊讶的是，很多俱乐部往往做不到这些。

在1996年足总杯决赛上，我们以1：0战胜利物浦队。在此之前，当我们的对手进行赛前场地视察时，我就感觉我们能够战胜他们。整支利物浦队除了教练和助理，都穿着由时装设计师提供的白色西服。我从中看出了这支球队松散的纪律，他们已经被浮夸的时尚分散了注意力。我跟球队管理员诺曼·戴维斯说了自己的想法。事后证明我是正确的，坎通纳在比赛结束哨声响起前几分钟打进了制胜球。另外一个例子发生的时间更早，在1985年9月，阿伯丁队在伊布罗克斯公园球场对阵流浪者队。上半场，对方就有2名球员被罚下场了，对方总想着仗势欺人，其球员也已经失去理智，场面一片混乱。在下半场比赛期间，我们不得不在更衣室躲一阵子，而警察则在球场上驱逐狂热的球迷。这便是我们的对手自己走向毁灭的一个典型例子。

我一直感觉我们取得的骄人成绩无非是对纪律的坚持践行。很多时候，成功的奥秘就在于：不得意忘形、不挑战不可能以及不冒风险，而这对于很多人来说是不可思议的。我有一个习惯，就是在1月翻看本赛季的赛程表，不只是曼联队的，还包括我们的主要对手。同时还会计算每支球队能够获得的分数。我从不追求大比分获胜，而事实也证明了1：0这种不够风光的比分是多么重要。在这些比赛中，我们追求密集型中场，而不是追求得分。其中有一场比赛深深地印在我的脑海里：2007年3月，我们在米德尔斯堡待了3个月，其间我们从赫尔辛堡租来了瑞典射手亨里克·拉尔森（Henrik Larsson），对他我不能有太多的要求。但是面对压力，他主动放弃了自己的进攻，退回到中场协助防守，只是为了得到那个理想的比分。当比赛结束，亨里克出现在更衣室时，全体球员和工作人员都对他报以掌声，因为他在自己不熟悉的位置上付出了巨大的努力。在赛季末，尽管他未满足当时打满10场才能获得奖牌这一要求，但是我们还是专门为他申请了一块英超冠军奖牌。

工作投入度

我的父母工作很忙。我父亲在格拉斯哥的一家船厂工作，而我母亲先是在一家电缆厂工作，然后去了飞机配件厂。我父亲是个硬汉，他可以一周工作60个小时，简直是一个冰冷而又可怕的存在。格拉斯哥的纬度跟莫斯科一样，因此克莱德河冬季的船厂环境堪称残酷。他通常每年休息两周。在1955年，他每周会工作64个小时，赚7到15先令（相当于现在的189英镑）。1979年，他得癌症去世了，此后我母亲开始做清洁工。我父母对工作的痴迷也许正是因为当时根本就没有什么社会保障体系，安全标准更是无稽之谈，也几乎没有什么健康福利，也不存在以可怜的证据进行可笑的索赔的律师业。我甚至不知道我父母有闲下来的时候。暑假里我们经常乘车去索尔特科茨

（Saltcoats），我和弟弟会在那里踢足球、下棋。

由于我的父母都是工作狂，因此冥冥中我也认为工作是我改变命运的唯一途径。这一观念深深地植根于我的脑海。我是一个根本闲不下来的人，同时我也对那些不肯付出时间而浪费天赋的人感到懊恼。当你全力付出时，尤其是当付出带来回报时，你会感到非常满足。我想这也就是为什么我在结婚那天，和我第一个儿子出生那天都去球场参加了比赛。事实上，在曼联执教的1500场比赛中，我仅仅错过了3场——第一次是1998年，因为我弟弟的妻子去世了，我去格拉斯哥陪他；第二次是2000年，我的大儿子在南非结婚；第三次则是在2010年，我去看大卫·德赫亚（David de Gea）的比赛。

我在圣米伦和阿伯丁执教时，总是尽可能多地去观看比赛。我经常会跟阿伯丁的助理教练阿基·诺克斯一起去看。诺克斯的父母是农民，他在邓迪城外的一个农场长大，因此他的工作时间跟农民很像，并且与我的工作理念不谋而合。我们两个经常一起去看球，如果是去格拉斯哥，那么去的路上他开车我睡觉，回来的路上则轮到我开车，他打盹。往返的路程大约需要花费6个小时。每当我们想偷懒少看一场球时，我们就会告诉对方："如果错过了格拉斯哥的一场比赛，我们就会错过两场比赛。"

在大部分的足球俱乐部，教练的工作非常辛苦，甚至超出了人们的想象。在英超期间，需要承担极大的压力，而英超踢完之后，就没有那么多资金雇用帮手了。当然，我在刚当教练时，也遇到了这种情况。在圣米伦队时，我只有4名工作人员：助理教练、预备队教练、队医和一名兼职装备管理员。在阿伯丁时期，泰迪·斯科特身兼装备管理员和预备队教练，可谓球队的一块砖，哪里需要就往哪里搬。他还负责清洗和熨烫球衣。他经常会睡在斯诺克台上，因为他总是赶不上最后一趟车。甚至在来到曼联之后，最初我也仅有8名雇员。

在阿伯丁，有时甚至是学徒和主席都要跟我们一样，早上6点起床，去球场铲雪。1980年3月，当时我们正准备第一次冲击英超冠军。第一天早上我们就不得不去铲七八英尺厚的雪。那场比赛，我们以1：0击败了慕顿队（Morton）。那场比赛是当天苏格兰唯一的比赛。

所有的顶级教练，卡尔洛·安切洛蒂（Carlo Ancelotti）、何塞·穆里尼奥（José Mourinho）和阿尔塞纳·温格（Arsène Wenger）都有着令人敬畏的工作信条。然而我最崇敬的却是那些无名英雄——那些虽然未受到命运的眷顾，没能够执教顶级球队，却依然永不放弃的教练。在苏格兰，我经常会在一些很荒凉的地方碰到亚历克斯·史密斯（Alex Smith）和吉姆·麦克林（Jim McLean），那些下着雨的夜晚，想必坐在电视机前会更舒适些。亚历克斯在苏格兰北部地区执教将近40年，而吉姆在邓迪联队执教了22个赛季。列尼·劳伦斯（Lennie Lawrence）和约翰·拉奇（John Rudge）是两个足球圈以外很少有人知道的名字，但是列尼是少数几名带领俱乐部打够1000场比赛的教练，他执教过的俱乐部包括查尔顿竞技（Charlton Athletic）、布拉德福德（Bradford City）、卢顿（Luton Town）和格林斯比（Grimsby Town），而约翰则在维尔港队执教长达16个赛季，此后又在斯托克城（Stoke City）担任足球经理。这些教练都从未放弃，他们将一生都奉献给了足球事业。我经常能在我们预备队的比赛中看到他们的身影。

在绿茵场上，一些球员的意志力和坚毅跟以上这些教练不分伯仲。其中有3名球员我最为佩服，他们分别是阿森纳队的托尼·亚当斯（Tony Adams）、曾效力于切尔西的吉安弗兰科·佐拉（Gianfranco Zola）以及利物浦的杰米·卡拉格（Jamie Carragher）。我一直认为亚当斯是曼联的球员，只是他穿错了队服。酗酒这一恶习毁了太多的球员，甚至剥夺了他们的生命。在曼联，乔治·贝斯特（George Best）的故事无疑是我们记忆中挥之不去的悲剧。因此，在20世纪90年代，托尼·亚当斯敢于直面自己酗酒的恶习，这是非常令人钦佩的。但是真正吸引我的是他在场上的表现，他以专业的态度弥补了天赋上的不足。他本是个很普通的球员，但是通过努力与勤奋，终于成为一名杰出的领袖。他有着很强的求胜欲，未曾辜负乔治·格拉汉姆（George Graham）和阿尔塞纳·温格的厚望。

我认为佐拉是足球技艺的完美典范。他总能给我们制造麻烦，而且永不放弃。即使面对比他高8到10英寸的强悍后卫队员，他也毫无惧色。他脑子非常灵活，极富创造力而且意志坚定。他对待比赛的态度跟我的理念颇为吻合。

杰米·卡拉格年轻时曾经跟曼联队一起训练过，当时他是一名中场球员，表现平平。然而在他签约利物浦之后，便成长为球队的核心和灵魂。在我执教的最后一个赛季，有一场比赛他作为替补出场，当时我们比分领先，我低声对他说："就一个小小的要求，不要踢到我们的小伙子。"而他却回答说："他们每个人我都会'照顾'到的。"在我退休之后，跟他接触过一段时间，令我印象颇为深刻。在我看来，如果未来的某一天他当上了利物浦队的教练，一点儿都不足为奇。但是他首先要决定是否愿意离开电视演播室，重新接受足球场上的挑战。

曼联队同样也拥有很多求胜欲很强的球员。当胜利成为一种生活方式时，真正的赢家会不遗余力地追求胜利。虽然这听起来可能有点儿陈词滥调，但是那些顶尖球员都是不断挑战自我、追求极致的。像C罗、贝克汉姆、内维尔兄弟、坎通纳、斯科尔斯、吉格斯和鲁尼这些球员，如果你不把他们拽下训练场的话，他们是绝不会停止训练的，他们都有一颗追求卓越的心。比如加里·内维尔，他训练得非常刻苦，因为他知道他不像有的队友那么天赋异禀。我从不担心他周五晚上会去哪儿疯，因为即使是年轻的时候，他晚上9点30分就会去睡觉了。

大卫·贝克汉姆也是一个杰出的例子。当他加入曼联时，住在球队的公寓。他不满足于每天只训练上午和下午，因此晚上也会跟学生们一起训练。在每个赛季开始前，我们都会为队员进行英格兰式的"体能测试"，以了解他们的有氧适能水平，而贝克汉姆每次都能超指标完成测试。C罗也是如此，他有着成为世界上最伟大球员的梦想，并下定决心为之努力。他还非常注意营养，而这可以追溯到他来英国之前了。现如今，他仍旧严格坚持每场比赛完洗冰浴，为的是能够在下一场比赛中保持最佳体能状态。他从不喝酒，并且将自己的体重保持在标准体重以下3公斤，因为他发现30岁之后，这样可以保持他的奔跑速度。

在理想的世界里，我希望选出11位既有天赋又有决心的球员加入我的名单。但是现实并非如此，如果一定要我在下面两种球员中做出选择：一种是天资极佳，但是缺乏决心和对成功的渴望；另一种是比较优秀，但是有着极强的决心和毅力，那么我宁可选择后者。第一种球员也许会在短期内有不错的发挥，但是他们缺乏足够的耐心，不能给球队带来稳定和凝聚力。

我上面讲述的这些教练和球员的工作信条适用于任何一项体育运动中的佼佼者。他们对工作有着令人肃然起敬的热情，同时还拥有极强的自律能力。就拿托尼·麦考伊（A.P.McCoy）来说，他是著名的障碍赛马骑师，赢得过4000多场比赛。在他的职业生涯中，他的每一条肋骨都曾折断过，其他部位的骨折更是数不胜数。他的标准体重是75公斤，但是25年来，他始终保持在63公斤。当他宣布退役时，他的妻子感慨道她终于要学会如何炖土豆了。曼联后卫内马尼亚·维迪奇（Nemanja Vidić）的朋友，网球冠军诺瓦克·德约科维奇（Novak Djokovic）对自己的要求也是相当严格，当你知道他的健身计划和饮食方案时，只能膜拜。

同样，世界上的顶级足球运动员也一样是非常严于自律的。虽然偶尔会传出他们在迪拜的海滩上晒太阳，在夜店跟年轻姑娘在一起的照片，那就另当别论了。他们需要不懈的努力，而这不仅仅是因为他们要成为顶级球员，他们明白球队中时刻都有人准备取代他们的位置。这也解释了几乎所有足球队员都来自“工人阶级”。

一般来说，中产阶级家庭会让自己的孩子上大学，或是学习一门技能，这也就意味着在这些家庭，足球是不会受到重视的。在这个世界上，只有那些不太可能继续接受教育，只能靠努力提高球技来改变生活的孩子才会被足球所吸引。我们今天所谓的“工人阶级”与几十年前的含义大不相同，大部分的曼联球员来自我们今天所谓的“低收入家庭”。我不想表现得像个老顽固，但是如今球员的成长环境确实优越了很多，他们从小就能够享受到热水、电视、电话、电脑、汽车和廉价航空，物质生活条件比我小的时候好太多。一直以来，我都对那些工人阶级出身的球员情有独钟，我认为这些球员能够克服生活中的种种困难。

我麾下几乎所有的英国球员都有一个共同点：足球是他们改变悲惨处境的一扇门。瑞恩·吉格斯的童年很艰苦。他出生于加的夫城，那年他母亲才17岁，由于他爷爷来自塞拉利昂，因此吉格斯很小的时候就要面对种族歧视者的嘲弄。当他的父亲，丹尼·威尔逊（Danny Wilson）离开英式橄榄球联合会去英格兰北部当职业球员时，年幼的吉格斯也不得不离开威尔士。后来他的父亲抛弃了他们母子俩，由母亲把他抚养成人。吉格斯的母亲林妮·吉格斯（Lynne Giggs）出生在索尔福德，这也是吉格斯的足球启蒙地。他母亲做着两份工作——一个是酒吧招待，一个是护士助理。然而尽管如此，作为单身妈妈，她还是无法给吉格斯买最好的球鞋，但是她却给吉格斯灌输了刻苦工作的思想。她母亲是个非常高尚的人，吉格斯对她崇敬有加，以至于后来他改随母姓。

大卫·贝克汉姆来自东伦敦的一个普通家庭，他的父亲是一名水暖工。保罗·斯科尔斯小时候生活在兰利的廉租房内，而尼基·巴特来自戈顿——在这两个地方的停车场里，你绝对找不到一辆宾利轿车。韦恩·鲁尼来自利物浦的一个贫困地区，曾经考虑过去当职业拳击手。丹尼·维尔贝克（Danny Welbeck）和韦斯·布朗（Wes Brown）都来自朗塞特（Longsight），那是曼彻斯特城附近的一个城市，黑帮活动猖獗。布莱恩·罗布森的父亲是一名卡车司机。里奥·费迪南德（Rio Ferdinand）来自伦敦最穷的地方佩卡姆（Peckham）。这样的例子不胜枚举。

多年以来，我越来越擅长判断出身背景对英国球员的影响，因为我们可以了解到球员的家庭背景和其曾经就读过的学校。然而当我们开始从南美和东欧挑选球员时，想要对他们的特点和个性明察秋毫是一件非常困难的事。在20世纪90年代以前，球队里的年轻球员还需要知道队里的长幼尊卑制度。他们需要清理球鞋上的泥，打扫更衣室，还需要负责“球和球衫”——收集球员们散落在训练场上的球和球衫。这些年轻的小家伙还知道，一线球员的更衣室是绝不能随便闯入的。然而正是这些规矩让他们对成功变得更加向往。

在我当教练的最后10年里，在一些年轻的海外球员身上，我也经常能发现英国球员的一些特点。C罗当然知道艰苦奋斗的感觉，他出生在马德拉群岛一个穷人家，由母亲一人把他抚养大。蒂姆·霍华德（Tim Howard）曾经代表曼联出场77次，他在美国新泽西州长大，他母亲带着他从匈牙利移民至美国，在父母离异之后，他的母亲需要做两份工作补贴家用。达·席尔瓦兄弟也是很好的例子，他们出生于巴西的彼得罗波利斯，他们有着令人惊讶的工作信念。拉斐尔·达·席尔瓦会在曼彻斯特最冷的日子里穿着半袖短裤出现在训练场上，而其他球员，包括我在内都裹得严严实实的。在赛季结束时，我告诉两兄弟，让他们在暑假里好好歇歇。然而我发现，他们的父亲在家乡已经为他们建了一座球场，供他们每天跟伙伴们踢球。

大部分的海外运动员也视足球为未来的通行证。那些顶级球员似乎有着与生俱来的勤奋，并且直觉告诉他们，如果把天赋和勤奋结合起来，他们将收获颇丰。在我小时候的那个时代，我的父亲会为我制作圣诞礼物，而我怀疑这对不少外籍球员来说简直是奢求。我们签下的大部分外籍球员的成长环境基本上比本土球员好不到哪里去。阿德南·贾努扎伊（Adnan Januzaj）在2011年3月与我们签约，当时他年仅16岁。他的父母从前南斯拉夫逃难至比利时，后来生下了他。另一位来自厄瓜多尔的选手安东尼奥·瓦伦西亚（Antonio Valencia）也出身贫苦。安德烈·坎切尔斯基（Andrei Kanchelskis）在20世纪90年代效力于曼联，他在苏联长大。卡洛斯·特维斯

（Carlos Tévez）来自布宜诺斯艾利斯毒品猖獗的阿帕奇要塞。昆顿·福琼（Quinton Fortune）来自南非遭受种族隔离的小镇。

然而可悲的是，有一些球员，他们虽然有着与吉格斯和C罗类似的遭遇，也同样才华横溢，但是他们就是意志不够坚定，无法走出童年时的阴影，也克服不了自己的心魔。拉维尔·莫里森（Ravel Morrison）也许是最悲剧的一位。在我签下的所有年轻人中，他可谓最有才华的那一类，但总是不停地制造事端。2012年将他出售给西汉姆联队（West Ham）是令人非常痛心的，因为他本可以成为一名非常出色的球员。然而，这几年里他在场外不断地惹麻烦，因此我们只得忍痛割爱。此后，拉维尔毫无成熟起来的迹象，西汉姆联队也在2015年和他解约。

对于那些有着艰苦成长经历的球员，他们身上所表现出的那种渴望和能动性对我来说是用之不竭的。每当曼联队遇到挫折，大家需要鼓励时，在比赛开始前鼓舞士气，我总是会提醒我的队员："你们都来自工人阶级，小时候都吃过苦。"我还会告诉他们，他们的祖父、祖母或其他家人可能辛辛苦苦工作一整天仅仅是为了谋生，而他们仅需努力踢个90分钟球，就能大赚一笔。现在想来"工人阶级"一词对于一些球员来说，尤其是外籍球员来说可能并没有什么共鸣，但是他们肯定都认识一些经历过磨难的人。我们大家都会在某些时候感到自己是一个格格不入的人，这时人们往往会有两种选择：要么感到自己被世界遗弃，负面情绪爆棚，抱怨生活的不公；要么借助这种被孤立的感觉，逼迫自己奋斗，就像特洛伊人一样努力。我经常这样告诫我的队员："如果我们不比其他球队更努力，那么我们就不是曼彻斯特联队。"

能动性

多年以来，我一直试图弄明白为什么有些人的能动性要高于其他人。对此问题，与30年前相比，我可能还是一头雾水。但是我确实学会了如何驾驭这种能动性，也正如我之前所说，如果在能动性和才华两者之间，我只可取其一的话，那么我无疑会选择前者。对我来说，能动性意味着：努力工作的意愿、刚毅的性格、高度集中的注意力和永不言败。

在曼联队中，有不少球员都表现出了那种成功所必需的能动性。其中值得一提的是布莱恩·罗布森、罗伊·基恩、史蒂夫·布鲁斯、马克·休斯、布莱恩·麦克莱尔（Brian McClair）和帕特里斯·埃弗拉（Patrice Evra）。一名球员的能动性往往能够给球队带来很大的影响——而对于成功的能动性，就像一剂魔法药水，可以传遍整支球队。布莱恩·罗布森来自达勒姆郡的切斯特勒斯特里特区，那是英国北部的煤矿区，在其他球员畏首畏尾的时候，他总是一马当先。他也因此经常坐在伤病席上，而这也使他成为难得的领袖人物。在他的职业生涯中，除了胳膊脱臼的那几次，他每天都坚持做1000个俯卧撑。我经常会给球员们看罗布森防守角球时的一张照片。他的眼神几乎凝滞，那一刻他已经忘记了整个世界，他只想着怎样才能成功地防守这次角球。

罗伊·基恩的不懈努力也是颇为鼓舞人心的。史蒂夫·布鲁斯在曼联出赛414场，他是防守的核心，优秀的组织者，且从不畏惧，但是他在速度上还是有所欠缺。然而像托尼·亚当斯这样的球员，他会以一种深入骨髓的斗志去弥补自己的短处，以赢得胜利，这种精神颇具感染力。

大卫·贝克汉姆和尼基·巴特都对成功有着极度的渴望，后者曾代表曼联出场387次，是一名当地的小伙子。来自贝里（离曼彻斯特不远）的内维尔兄弟和来自科克郡的丹尼斯·埃尔文（Denis Irwin）都有着杰出的能动性。他们身上具有一些类似的特点：他们都全身心投入俱乐部；都是极为可靠的球员，80%的比赛中都会有他们的身影；他们都能够以自己的意志力影响到其他队员。这几位球员没有人愿意接受失败。幸运的是，这些年来我们的首发阵容中这样的队员越来越多了。

我称赞这些球员并非有意贬低球队中的其他球员。我之所以拿他们来举例子，是因为他们不像休斯、科尔、坎通纳、贝隆、斯科尔斯、吉格斯和C罗那样天赋过人。我将他们作为能动性的典范，是因为他们依靠纯粹的意志力、无所畏惧的勇气和决心所散发的光芒已然掩盖住了天赋上的不足。

但是有些时候，球员们的这种能动性也会失控，而这时我不得不介入其中。有一次我们在米德尔斯堡进行比赛，我的球员们像一群狗一样追着裁判理论，为此我大发雷霆。但是，在这样做的同时我也是十分谨慎的，尽量不让他们产生消极情绪。一旦你干涉得太多，就会抹杀一个人的能动性。相信我，抹杀一个人的能动性远远比激励那些生来就缺乏能动性的人容易得多。对于有些球员，他们阴差阳错地没能够在小时候养成优良的个性，这时候通常你无法将一些优点强行灌输给他们。但是，有一个案例却经常能给人以希望。此刻我想到的是奥莱·索尔斯克亚（Ole Gunnar Solskjaer），他出生于挪威一个寂静的小渔村，当他23岁那年来到老特拉福德球场时，看起来就像个14岁的唱诗班少年，十分柔弱。是曼联队让他首次品尝到了胜利的滋味。他也逐渐爱上了这种感觉，变成了一名锐意进取的球员，并且形成了自己的信念。

信念

大部分人的内心是缺乏信念的，他们的信心很容易动摇，他们经常举棋不定，心中充满各种疑惑。我不相信一个缺乏坚定信念和信仰的人能够成为优秀的领导者。当我还是一名球员时，我的信心也曾动摇过。当时流浪者队决定抛弃我，并希望我能答应一项转会协议，来交换另外一名球员。但是我下定决心绝不能让他们说服我。在每次训练前，我都习惯去打9洞高尔夫，让自己的头脑变得清醒，准备迎接一天的挑战。在这件事情上，我始终未向他们妥协，至于1969年他们把我卖给了福尔柯克队（Falkirk），那也是我自己的意愿。

当我确实举棋不定，或至少没能坚持自己的原则时，有时需要其他人助我清醒过来。早在1991年，我初到曼联，有一次流浪者队的前教练乔克·华莱士（Jock Wallace）给我打电话，说他会去南安普顿看我们的比赛。乔克当时虽然身患帕金森病，但是还像当年那么精明睿智，赛后我们一起去吃饭时，他对我说："这不是亚历克斯·弗格森的球队。什么时候你能让球队拥有你的风格，那就对了！"这是一条非常棒的建议，因为一直以来我都没能够完全坚持自己的信仰。我知道有些队员不够好，但是我不愿意卖掉他们，我总是试图转变他们，让他们达到力所不能及的水平。西汉姆联队的主帅约翰·莱尔（John Lyall）也对我说过与乔克类似的话。他说："一定要让你的球队表现出弗格森的风格。"此二位都在暗示我要坚持自己的信仰和信念。今天，我也喜欢用这句话鼓励别的教练。

在我的记忆中，自从离开阿伯丁之后很少会感到不自信。从我入行足球到离开苏格兰为止，这29年间我一直在努力学习足球各方面的知识，并且在阿伯丁获得了极大的成功。这些经历让我更加坚定了自己的信仰，也对自己的信念更加自信。当我刚接手曼联的工作时，我感到非常自豪，并且对自己的判断力和能力非常自信。但是，当我来到老特拉福德球场之后，面对包括酗酒在内的种种问题，我真的感到有点儿慌乱。我想知道，我到底是到了一个什么鬼地方。在1989年到1990年上半年，曼联队可谓诸事不顺。24场英超联赛，我们仅赢了6场，并且从1989年11月末直至1990年2月初的11场比赛中，我们一场都没有赢。那简直是糟透了。事实上，在我们1989年11月12日打败诺丁汉森林队（Nottingham Forest）之后，直到1990年3月3日对阵卢顿队，在此期间我们一场球都没赢过。球迷们变得焦躁不安，而当地媒体也磨刀霍霍准备抨击我们。这种情形跟我在阿伯丁取得的辉煌成就相比，对我是一种莫大的冲击。我儿子杰森当时才十几岁，吃饭的时候经常在餐厅里哭着问我，他是否可以回阿伯丁。当时我告诉他："不可以，我们要坚持下去，一切都会好起来的。"

对自己的能力感到自信是一码事，而要想给予他人信心，则是一项完全不同的挑战。每位球员都在暗地里为自己的位置而竞争。如果他们从足球学校毕业，顺利通过预备队的考核而进入一线阵容，这时在青训队中或是转会市场上也许会有更优秀的球员出现。在每个赛季末，一线阵容中总会有不少球员不能确定暑假过后的8月自己是否还会出现在首发阵容中，自己能不能保住自己的位置。同时，年轻队员还经常会从老队员那里感到威胁，毕竟他们是和自己儿时的偶像在一起踢球，而老队员则需要与年龄和伤病做斗争。虽然受伤并不意味着一定要停赛，或者更糟的是彻底告别足球生涯，就像1994年的本·索恩利（Ben Thornley）那样，但是伤病还是会对球员的信心和精神造成打击。

很多球员，尤其是年轻球员，把自己的身体视为理所应当的可靠伙伴。然而一旦受伤，他们很快就要直面一个人的凄凉，从此不再跟球队一起出行，一个人去康复中心，也不得不面对自己是否会恢复这一问题，或是俱乐部是否会购买新球员取而代之。有些球员甚至会觉得自己没有做任何贡献还拿工资，感觉受之有愧。这时我想起了两个例子：当费尔南多·雷东多

（Fernando Redondo）从皇家马德里转会至AC米兰时，首次训练中他便遭遇了严重的膝伤，他更是为此拒绝接受俱乐部的薪水，直至能够上场比赛。另一位是马丁·巴肯（Martin Buchan），他在为曼联效力了11年之后，于1983年转会至奥尔德姆竞技，并且得到了一笔相当可观的签字费。在他转会的第二个赛季，他觉得自己不再适合职业足球联赛，于是他找到了主教练，退回了自己的签字费。这便是2位荣誉感极强的人的故事。

事实上每一名球员的自信心都会在比赛中受到冲击。他们可能会遇到倒霉的一天，他们不希望球滚向自己这里，不管你信不信，他们甚至暗地里希望自己被换下场。在这方面，我发现射手和守门员最容易怀疑自己，而且一旦他们的自信心受到冲击，他们就像变了一个人一样。当一名射手无法进球时，他会觉得自己再也不会进球了，而当他进球得分时，他认为自己绝不会丧失任何进球良机。我的所有射手都是如此，包括马克·休斯、埃里克·坎通纳和范尼斯特鲁伊。马克·休斯近年来担任教练一职，此前他曾在1983年至1986年和1988年至1995年为曼联效力。他是一个性格坚毅、魄力十足的角色。他是天生的球星，你可以在最重要的比赛上对他委以重任。但是进球荒也会对他产生很大的影响。

范尼作为一名球员，进球得分就是他的全部。如果哪场比赛他没能进球，即使我们赢了球，他也是愁云满面。他以一种加尔文主义的态度对待足球，即：如果他没能进球，他就会觉得他不值得被球队雇用，也不配得到他的薪水。毫无疑问，在我执教过的所有射手中，他是最真诚的。他的一切都以进球为核心。2003年，当我们击败埃弗顿获得英超冠军后，范尼径直跑向更衣室，他想知道他和蒂埃里·亨利谁获得了金靴奖（该赛季英超进球最多的球员可获此殊荣）。事实上，当年的金靴奖也非他莫属，他也终于可以好好过一个暑假了。

就门将来说，蒂姆·霍华德在2006年离开曼联前往埃弗顿之后，其事业可谓风生水起。虽然当年我们从美国将他买入之后，他在曼联的第一个赛季取得了开门红，但是从2004年，由于他的失误导致我们被波尔图队淘汰之后，他似乎再也无法找回自信了。那次失误对他影响颇深，虽然他后来又回到了赛场上，但是再也不像以前一样坚不可摧了。我真的很同情门将，因为每当他们丢了球，全场的人都会把目光投向他们。然而，大家很容易忘却的则是那些不合时宜的抢断、糟糕的传球和拙劣的回传，而这些往往是丢球的真正原因。

2011年当大卫·德赫亚加盟曼联之后，他的任务绝非美差，因为他接替的是荷兰人埃德温·范德萨（Edwin van der Sar）坚守了6年的门将位置。那时德赫亚仅有20岁，虽然身材高大，但是他的肌肉力量还不足以与英超联赛中的硬汉们抗衡。他来曼联的第1个月就遭遇了窘境，球迷和媒体都跟他过不去。在一场比赛过后，我看出来他很沮丧，但是我没有单独找他谈话，而是选择对整个球队说两句。我告诉我的队员们，德赫亚是曼联精神的完美体现，他初来乍到，甚至不会讲一句英文，也没有驾照，每周还要经受来自敌方前锋的狂轰滥炸。我观察到，当我讲完话，他确实振作了起来。他如今已经成长为全世界优秀的门将之一，这多亏了门将教练埃里克·斯蒂尔（Eric Steele）和其他队员的帮助。

彰显球员自信水平的另一个场合是点球大战。有些球员，比如帕特里斯·埃弗拉，在训练时踢点球的表现可圈可点，但是一旦到了比赛场上，他却非常惧怕罚点球。保罗·因斯也是如此，还有我们后防线上的中流砥柱韦斯·布朗，一听到要罚点球，就赶紧打赤脚逃避。我想他肯定一直在祈祷，在轮到他射点球之前，比赛就能结束了。当然还有一些自信爆棚的球员。坎通纳几乎不会错过任何罚点球的机会，他脸上的表情告诉这个世界："我怎么可能罚丢呢？"我猜，在他看来罚丢点球是完全不可能的事情。丹尼斯·埃尔文、史蒂夫·布鲁斯、布莱恩·麦克莱尔、范尼斯特鲁伊、罗宾·范佩西（Robin van Persie）、鲁尼，这些都是享受点球的球员。其中鲁尼在压力下更能有出色的发挥。2011年5月，我们0：1落后于布莱克本队，我们在积分榜上尚需1分才能赢得英超冠军，在距离比赛结束还有17分钟时，我们获得了点球机会。鲁尼干净利落地把球罚进了球门上角。在鲁尼上场之前，他就已经知道如果获得点球机会，他将如何罚球。我想这正是他罚球时胸有成竹的原因。

在规定的比赛时间快要结束时，如果我感觉到我们要踢点球来决胜负，这时我就会在脑海中对球员进行筛选。2008年欧洲冠军杯决赛时，我就是这么做的。当时我让来自巴西的中场队员安德森来踢点球。当时他仅有20岁，但是拥有非凡的信心，最终不负众望打进了第6粒点球，帮助我们击败切尔西，第三次获得欧洲冠军杯冠军。

然而面对巨大的压力，有时就连经验最为丰富的球员也承受不来。你可以想象一下，球员面对的压力来自职业生涯中最为重要的一场赛事。让他们无视外界的压力、不受噪声的干扰、不去理会热火朝天的体育场观众，把决赛——特别是欧洲冠军杯决赛——当成一次普通的训练，这是不切实际的，也是违背自然规律的。1991年，我们在荷兰鹿特丹与巴塞罗那争夺欧洲优胜者杯冠军，23岁的保罗·因斯当时极度紧张。虽然由于等待球迷进场推迟了开场时间，但是这于事无补。保罗昏昏沉沉地踢完了上半场，布莱恩·罗布森也一直在批评他，中场休息时，我对他说："因斯，你只要专心去踢就行了。忘记比赛前的一切，你会交好运的。放松地去踢，去享受比赛吧！"下半场，他的表现果然有了很大起色，并且与罗布森配合得很完美，为我们提供了坚实的后防。

在一些极特殊的情况下，有些球员会主动提出要求，自讨苦吃，这也无形中增强了其焦虑程度。1995年的欧洲联盟杯上（UEFA Cup）就发生了这一幕，我们在老特拉福德球场被伏尔加格勒（Rotor Volgograd）淘汰出局。当时，我让约翰·奥凯恩（John O'Kane）担任右后卫。他是一位天才球员，但是仅仅在首发阵容中出现过几次。在开场前10分钟，我们刚交上去球员名单，他就告诉我他想踢左后卫。显然，他非常紧张，但是我已经别无选择了。他的这一要求可谓自寻死路，因为他即将面对的是一个速度奇快的边锋。我让菲尔·内维尔打右后卫，让奥凯恩打左后卫，但是比赛开始不到半小时，我就不得不把他换下场来，他当时已经快崩溃了。

有些我们控制不了的事情会动摇球队的信心和决心，这种事情时有发生。在这些时候，鼓舞球队的信心是非常重要的。当曼联队员得知曼城队开出天价抢购球员时，他们肯定会感到震惊，这是很自然的事情。而2012年在英超最后的6场比赛中，我们本应该拿到18分，却只拿到了10分。最终我们在净胜球上输给曼城，将英超冠军拱手让出，更让球员们的信心雪上加霜。我知道人们会误解我下面所说的话，或者说我吃不到葡萄说葡萄酸，但是当年曼城确实没有赢得冠军，只是我们失去了冠军而已。

在我们失去冠军后的那个夏天，我经常用曼城队的英超冠军头衔来鼓舞我们队员的士气。在我们重整旗鼓准备冲击下一个赛季时，我一再重申：曼联队希望赢得每一场比赛。无论我们的对手是本届英超冠军、欧冠冠军或是足总杯中抽到的丁级联赛球队，我不停地向球员灌输这样一种观念，没有任何球队比曼联更伟大——即使一些球队的老板掌握着整个波斯湾的石油或是俄罗斯的所有煤矿。

AF
AIG

Leading

第三章

化零为整

要想运作出一支优秀的球队，首先需要建立优秀的团队组织，并且组织中的全部要素都要各司其职。当我对曼联进行了整体评估之后，我决定对整个俱乐部进行重建，而不仅仅是球队。虽然你可以花钱砸出一支球队，赢得短期成功，但是这并非长久之计。一支球队的建设是需要耐心的，需要建立一个完整的组织团队。

组织

我意识到足球俱乐部中的系统并不像设计核潜艇、生产5000万台手机或是对新药进行临床试验那么复杂。然而，足球俱乐部也如所有组织团体一样，需要精心运作，并且需要确保我们的系统是根深蒂固的。我们的产品不是汽车或者洗衣机，而是一支球队，而我们存在的理由就是确保我们产品中的所有零件——个性不一的球员们——能够团结在一起。

我一直认为如果一个俱乐部缺乏良好的组织，那么就不可能运营出一支优秀的球队。大部分的球队老板和经理会毫无原则地参与到球队选拔中来，并且非常不耐烦，总想要立竿见影。要想运作出一支优秀的球队，首先需要建立优秀的团队组织，并且组织中的全部要素都要各司其职。然而这是需要时间的，尤其是在经济学课本里所谓的“周转期”。在曼联，我的职责就是负责球队，而俱乐部的总裁们——从我加盟曼联直至2000年，主要是马丁·爱德华兹，此后是我商业上的伙伴大卫·吉尔——负责其他事情。

我初到曼联时，这里有四五个部门和85名员工，包括球场管理员、洗衣工、厨房员工和行政人员。那时俱乐部的收入来自赛季套票和门票。如果我们有幸能上电视，那么就能从实况转播中获得一小笔4位数的款项，但是要知道在20世纪80年代，电视转播足球是很少见的。当我对曼联进行了整体评估之后，我决定对整个俱乐部进行重建，而不仅仅是球队。我相信，只要我们有一个好的开端，大家都有足够的耐心，那么我们终将打造出一支优秀的球队。还有一点也是很明确的，那就是我们不可能一夜成名。

现如今，曼城和利物浦都拼命地挖掘优秀球员。而曼城不具备利物浦的优良血统和历史，总是跟着曼联的脚步在走，堪称全力以赴。在2008年谢赫·曼苏尔（Sheikh Mansour）买下曼城之后的第二天，该俱乐部花费3250万英镑将罗比尼奥（Robinho）招致麾下，此后又花了6亿英镑用来购置球员。但是我怀疑这笔巨款也仅仅是买了几个球员而已，并没有给整支球队带来长久的动力，并且曼城这台豪华机器已经在上个赛季末出现了磨损的迹象。虽然你可以花钱砸出一支球队，赢得短期成功，但是这并非长久之计。一支球队的建设是需要耐心的，需要建立一个完整的组织团队。

准备

在俱乐部的整个体系中，最重要的一个环节就是训练。其实球队在周六下午比赛的状态，全部来自训练场。如果再让我当一次教练的话，我最注重的将会是球员们在训练课上的态度。如果他们认真对待训练，又具有必要的天赋和决心，那么成功是水到渠成的事情。如果他们在训练中非常怠惰，那么长远来看，就不会有什么发展。我们的训练场是最需要下真功夫的地方。我们有着自己的训练节奏，并严格遵守。比赛完第二天，所有的球员都需要到训练场进行放松训练、接受按摩和泡浴按摩。在星期一，我们会进行全面的训练，如果在周三还有比赛的话，则会在周二进行赛前准备，周四为恢复日，如此循环往复。我们非常重视球员的体能恢复——球员们不仅在每一场球赛之后需要休息，在经历完重大赛事之后也是如此。比如，我们为参加世界杯的球员提供28天的假期用来恢复。我还经常会在12月给一些老队员放假一周。在1998—1999赛季，我就曾让彼得·舒梅切尔去度假，让他好好晒晒太阳，休息一下。有时，我也会让年轻球员去度假。1998年世界杯之后赛季伊始，我让加里·内维尔去马耳他歇了一周。因为我看得出来他非常疲惫。这么做既能帮助他们恢复状态，又能保证他们在赛季余下的比赛中有优异的表现。

我为训练制定了基本原则，并且希望我的训练理念能够付诸实践。当1999年史蒂夫·麦克拉伦（Steve McClaren）负责球队训练之后，我跟他进行了详谈。他将负责球队的训练，但是我明确地告诉他我对训练的要求，训练要有强度、队员们要全神贯注，并且全身心投入到每一次训练中来。我告诉他，如果他对训练效果不满意，他可以选择重新进行训练，直到满意为止，也可以择日再让球员们训练。日常训练是绝不容忽视的。

我只是不想有人把我的训练系统搞砸而已。当卡洛斯·奎罗斯（Carlos Queiroz）开始负责球队训练时，有几名球员对训练的意见很大，因为他们觉得训练中重复的内容太多了。于是，我在一次训练中叫了暂停，然后对他们说："当我还是一名球员时，我多么希望卡洛斯能够当我的教练啊。我们今天在训练场上所重复的一切都将成为赛场上的习惯，要知道在赛场上你根本没有时间去思考。"

我们所做的全部计划和准备，都是为了在比赛最激烈的时候防止球员做出一些愚蠢的本能反应。当比赛不尽如人意时，球员们，尤其是年轻球员，很容易失去理智，意气用事。而这是我们最不愿意看到的。但是不要忘记，足球同样是一场情感游戏，会有凶狠的抢断或恼人的判罚，这些都会影响到球员。对胜利的强烈渴望固然是可喜的，但是这种渴望一定要由冷静的头脑来支配。90%的情况下，大部分的球员不会出什么问题，但是有些时候原始的冲动会占据上风。我们在训练场上进行的所有训练、全部的战术讨论以及对对方球队进行的分析，这些都是为了让球员们铭记：一切都要按计划行事。让一个充满求胜欲望的球员变得耐心，这绝非易事。但是我们的胜利往往就来自比赛的最后几分钟，当我们将对手的精力榨干之后，我们的机会就来了。足球比赛就像生活一样，关键在于伺机而动。

光阴荏苒，我的这一套系统在曼联已经耳熟能详，我的助理们再也无须一遍遍重复了。这同时也得益于很多在曼联效力多年的老队员，如维迪奇、埃弗拉和费迪南德。而其中最值得一提的便是那些对曼联情有独钟的老队员，比如斯科尔斯、吉格斯和内维尔兄弟。我的球员们逐渐懂得了我的价值观，老队员会自然而然地将这种价值观传递给年轻球员和新球员。这种价值观会生生不息地流传下去。

在训练场上你总能发现惊喜，尤其是与那些追求上进、敏而好学的人在一起时。安迪·科尔就是一个杰出的例子。他在23岁那年加盟了曼联，在此之前他曾效力过阿森纳、布里斯托尔城和纽卡斯尔联队。初到曼联时，他只是喜欢在点球区附近游荡，等着别人给他传球得分。但是经过3个月的训练，他取得了惊人的进步。他的脚法越发精湛，整体足球水平也有了很大提高。而我发现这种令人惊喜的改变不仅发生在年轻人身上。2007年在瑞典休赛期间，我们租来了亨里克·拉尔森，他是一名30多岁的前锋球员。当时，所有的人都说："他要是从小就在曼联踢球就好了。"他几乎可以吸收我们告诉他的一切，但是后来他还是回了瑞典，因为他曾承诺自己的家人和原俱乐部——赫尔辛堡，他会回去。无独有偶，当我们签下迈克尔·欧文（Michael Owen）时，他已经快30岁了。他仅代表我们出场了52次，在此前他曾效力于利物浦、皇家马德里、纽卡斯尔联队，并且已经在英格兰国家队踢了10年。然而即使如此，在他来到老特拉福德球场之后还是渴望提高自己。

当卡洛斯·奎罗斯离开曼联之后，雷内·穆伦斯丁（René Meulensteen）再次成为我们的教练，这一过程相当顺利，因为他曾经在曼联工作过几年。

在不少球员年轻时，穆伦斯丁就曾帮助过他们提高球技，包括丹尼·维尔贝克、汤姆·克莱维利（Tom Cleverley）和克里斯蒂亚诺·罗纳尔多。穆伦斯丁传承了卡洛斯的交叉跑位和防守训练，同时也融入了自己的特色。他还是伟大的荷兰教练古弗仁（Wiel Coerver）的忠实崇拜者，当年古弗仁率先强调了踝关节灵活度的重要性，及其对控球能力的影响。因此，穆伦斯丁也为我们的球队做了不少贡献。在一个球队的体系中成长会让人受益良多，迈克·费兰（Mike Phelan）就是一个很好的例子。他曾经在我的俱乐部踢过球，后来我把他买入作为青训队的教练，此后他逐渐成长起来，并于2008年成为助理教练。

一直以来，我都没有机会帮助曼联的顶级球员成为教练，并最终成为足球经理。但是我认为正是因为如此，我才能保证球队在老特拉福德球场始终有优异的表现。瑞恩·吉格斯、保罗·斯科尔斯、加里·内维尔和尼基·巴特都有这方面的潜力，但是我绝不会给他们这样的建议："别踢球了，去做教练吧。"我真心希望内维尔能够加入教练行业，但是他已经跟天空体育签了合同，进军电视界了。对此，我感到很失望，因为内维尔的个性和态度都能够使曼联获益良多，而保罗·因斯是球员中最为优秀的比赛评论员。没能将他们留在曼联，实在是莫大的损失。

在我的执教生涯中曾经无数次被人指责运气太好，或是在曼联主场落后时给裁判施压，要求延长伤停补时的时间。而幸运女神确实也经常眷顾曼联队——足球比赛中总会有运气成分。然而我们的成功更多来自充分的准备，而非总是靠运气。

生活中充满着各种意外，因此追求卓越的过程也包括降低意外的发生率。这也是我们在童子军、青训队和无数次训练中所强调的。但是有时我们会做额外的功课，因为我们感觉准备得不够充分。例如，在比赛前我习惯了解一下对手的状况。但是我刚来曼联时，我对甲级联赛的球队和其球员知之甚少。于是我让约翰·莱尔把我们即将对阵的球队的资料整理好并发给我。

他在这方面独具慧眼，对我的帮助也很大。

坚持做好准备工作，虽然这看起来有些枯燥乏味，但是这确实是曼联的建队理念。下面就是一个非常好的例子，1999年我们在欧冠决赛上对阵拜仁慕尼黑，赛前我们做了充足的准备。对于每一场比赛，我们都希望弄清楚对方教练会做出怎样的战术调整。当然，这是很难预测的，但是周密的赛前准备能够告诉你哪名球员将被换下场。在那年的决赛上，拜仁的前腰马里奥·巴斯勒（Mario Basler）拥有一脚任意球绝活，在开场不久就打进一球。亚历山大·齐克勒（Alexander Zickler）是拜仁边路的绝对主力，那天晚上出现在了左路。我们已经预测到巴斯勒和齐克勒都会被换下场。我并非靠占卜得知此消息，而是通过观看拜仁的比赛录像分析出来的。果不其然，齐克勒在第71分钟被换下场，而巴斯勒在第87分钟被换下场。这两次换人大大减轻了我们后防线的压力，因此我们可以让更多的球员压上，寻找进球的机会。多年之后，2008年，我们在欧冠半决赛对阵巴塞罗那，卡洛斯·奎罗斯在球场上让球员们看阵形图，告诉他们各自应该负责的具体位置——之后他又展示了几张阵形图，其中都强调了他希望斯科尔斯和卡里克能够控制住对方中场的进攻。事实上，巴萨在那场比赛中左右两路都没能够得分。

在比赛前36小时，我们会进行有规律的赛前准备。在训练前，我们会让球员观看一些对手的比赛视频，然后当我们回到酒店，也就是比赛当晚时，我们会向球员重申赛场上的注意事项。我们会尽量控制视频的时间，因为大部分队员，尤其是年轻队员，他们的注意力是有限的。我喜欢钻研对手的弱点，而不是他们的优点。虽然在视频中研究对方的得分手是很奏效的策略，但是单纯靠防守是无法赢得比赛的。赢得一次战斗、一场战争和一场比赛的方法是进攻并压倒对手。因此，我才会经常研究对手的弱点——一方面是为了分析他们，另一方面是启发我自己的球员。如果你过于强调对手的强大，就好像在你自己的球员心中埋下了不自信的种子。

在比赛当天，我会把首发阵容定下来，并且会把战术再精确地讲述一遍。此外，我也会注意一些小细节。我通常会找出对方球队中哪些球员是首次来我们的主场踢球，我们习惯给这些球员施压——这也算是我们对新人的一种欢迎吧。还有一件事情我会格外留心，那就是对方球队中那些不是很卖力的天才球员。这些球员往往会在比赛的最后20分钟内有所建树，因为他们不像其他球员，已经将体能耗尽。马修・勒蒂西埃（Matthew Le Tissier）就是这种类型的球员，他曾代表南安普顿打了500多场比赛。在比赛的大部分时间里，他可能都在漫无目的地奔跑，但是当大家都筋疲力尽的时候，就在一眨眼的工夫他就能毁掉我们一下午全部的努力。担当这种角色的球员就是所谓的"自由人"，在西班牙和南美洲，这种球员通常身穿10号球衣。他们在中场和锋线位置徘徊，你永远不知道他们会出现在左路还是右路，或是中路。大卫・席尔瓦（David Silva）效力于瓦伦西亚时就是这样的角色。这种球员的跑动位置非常灵活，他们擅长节省体力，在自己球队控球时发力。鉴于他们可能出现在球场上的任何位置，且不受任何限制，因此我们对这种球员不能有丝毫懈怠。

在我们自己的球队中，那些最优秀的球员基本上都是在赛前准备中对细节一丝不苟的人。这也是他们成为伟大球员的原因之一。大卫・贝克汉姆、瑞恩・吉格斯、克里斯蒂亚诺・罗纳尔多和韦恩・鲁尼都会在训练结束后留下来，进行任意球练习。他们绝不会在训练后把大把时间放在泡澡按摩上，或是跑去做什么汽车代理。这些球员会在每次训练结束后再练30分钟的任意球，他们会尝试让球画出弧线，绕过模型人墙和守门员，最后飞进网窝。这也就是为什么贝克汉姆能够成为任意球大师，可以在距离球门25到30码的距离射门得分；吉格斯更擅长在18到23码处得分；鲁尼则更喜欢在靠近禁区处射门。至于C罗，即使是让他在月亮后面踢任意球，他也能进球（暗示弧度之大）。

大部分人把贝克汉姆在1996年对阵温布尔登队时在中场线上的射门视为奇迹。但是事实并非如此，要知道他对于这样的任意球已经在训练中试验了上百次，因此当机遇降临时，他才能把握住。曼联队很多球员的得分都来自平常的刻苦训练。正是在训练中数百个小时的练习，成就了他们赛场上的得分。

我对很多教练心怀敬意，因为他们所执教的球队中没有曼联这么多的天才球员，而他们需要面对的挑战就是让自己的球员做出优异表现。山姆·阿勒代斯（Sam Allardyce）就是一个杰出的例子，他曾经在博尔顿和普雷斯顿踢球，后来执教博尔顿、纽卡斯尔联、布莱克本和西汉姆联队，带领这些球队参加了英超联赛。在山姆执教博尔顿时，凯文·戴维斯（Kevin Davies）是球队的射手。但是他的速度实在不敢恭维，而且非常笨拙。

在山姆执教博尔顿时（1999年至2007年），他努力开发像戴维斯这样的球员。他的方法就是通过赛前准备和技术层面所能提供的一切帮助。他知道什么样的球会给对方的禁区制造最大的麻烦，他甚至会把固定式健身脚踏车搬到教练席上，供替补球员热身，让他们随时待命。虽然山姆的做法很少被认可，但是他对赛前准备的情有独钟已经给他带来了回报。尽管如此，对于他是如何用一群平凡的球员打造一支优秀的队伍这一点，许多他曾执教过的俱乐部的老板仍毫不知情。

我们也曾遭遇过很严重的挫折，这使得我不得不重新审视我们的整支球队。当切尔西夺得2004—2005年英超冠军后，我重新回顾了一下我们的赛季前准备。切尔西在那个赛季碾压了其他球队，获得95分，阿森纳83分，而曼联仅有77分。这简直是莫大的耻辱。我们花了一整个赛季去追赶，但还是失败了。我真心不希望这种事情会重演。

在切尔西夺冠之后，我更加注重赛季前备战的强度。在2004—2005赛季，切尔西的竞技状态比曼联好得多。于是我们重新制订了2006—2007赛季的备战计划，目的是让我的球队状态更佳、更具竞争力。在那些曼联球迷很多的国家，让队员们有精彩的表现，这是很重要的。虽然我们的门将巴特兹可以踢前锋，但是真让他踢这个位置去哗众取宠，也是没有任何意义的。所以，我们做出了很多重大变革。就算是踢一场比较有挑战的表演赛，也比去泰国随随便便踢个10：0要好得多。这对于我来说是重要的一课，那就是不要墨守成规，而要与时俱进。

虽然切尔西夺冠了，但我也不希望在随后的赛季准备中操之过急。我想让自己的球员以一种放松的状态慢慢进入下个赛季的节奏中。那些优秀的运动员总是会对自己要求过高，或是训练过度。而其他运动员往往会担心自己的身体状态会受损，进而影响他们在球队的位置。在赛季前准备中，我们更重视球员机动性的训练，但是我们会避免剧烈的身体碰撞或严酷的间歇性训练。我们也从不会针对上个赛季给球员做长篇大论的报告，或是做长达数小时的录像分析。我们会对球员进行一系列的医学检查。我们会在体育馆内设立15个医疗站，并配备医生和护士，对球员们进行一系列的检查。借此，我们对球员的伤病及身体状况有了更准确的了解。此外，我们还对球员进行特殊的心脏检查和血液评估；进行肌腱超声检查，并确保球员接种的是最新的疫苗；我们还会对球员的灵活性、机动性和平衡性进行详细检查；进行眼部检查和认识评估，作为整个赛季脑震荡检查的参照标准。这些检查几乎是全身性的，同时，球员们也会找自己的牙科医生和足病医师进行检查。通过这些检查，我们能够发现哪些球员更容易受伤，并把他们的易受伤程度分为高、中、低三类。然后我们为每一名球员在赛季的第一赛程制订健身计划。

然而我们对赛季前准备工作的变更不会很快奏效。在2005—2006赛季，切尔西第二次夺得了英超冠军，但是这次的领先优势已经被缩小到了8分。到了2006—2007赛季，我们球员的身体状态已经调整得非常好，也顺理成章地取得了英超冠军——这次我们领先切尔西队6分。

足球运动和其他运动一样，有时候最为周密的计划也不起作用，一些即兴而为之的举措往往会有奇效。这种情况时有发生。我经常会在比赛期间或是中场休息时做些小变动。此时，我想起了一个例子，那是在2011年4月曼联对阵西汉姆联队，当时距离赛季结束还有几周的时间。此前，西汉姆联队曾经在英格兰联赛杯中4：0大胜我们，虽然当时我派上去的是年轻球员。在比赛快要结束时，西汉姆联队的教练沃利·唐斯（Wally Downes）对正在准备替换乔尼·埃文斯（Jonny Evans）上场的韦斯·布朗说："难道你想上去逆转比赛吗？"这句话让我记忆犹新，令我难忘的还有西汉姆联队球迷的嘲讽，在赛后我去停车场时，他们表现得极为不友好。我当时告诉他们："我们4月还会回来的，准备好迎接降级吧！"然而，就在比赛那天，上半场结束时，我们却以0：2落后，这可跟我的承诺大相径庭。于是我把之前的计划抛之脑后，把帕特里斯·埃弗拉换下场，因为他在那一周已经代表法国队踢了一场比赛，状态不佳。让吉格斯去踢左后卫。最后我们以4：2反超获胜，而且鲁尼还完成了帽子戏法。这场比赛之后不久，西汉姆联队果然降级了。

2009年，在我们的主场也发生过类似的情形，上半场比赛结束时，我们以0：2落后于托特纳姆热刺队。下半场时，我用阿根廷前锋卡洛斯·特维斯换下了纳尼（Nani），这一换人获得了奇效。特维斯就像一只上了发条的老鼠，只是你永远不用给他上劲儿。他简直是不知疲惫的一个存在。他上场之后就开始不断冲击对方防线，完全改变了比赛的节奏，同时还将观众的情绪带动了起来。那场比赛我们最后以5：2获胜，并在后来赢得了英超冠军。现在想来，这样一次小小的变动堪称神来之笔。

但是，有时我们也会被对手的智慧所击败，对于同一场比赛，他们运用了更为巧妙的战术并且准备得更为充分。1996年，纽卡斯尔联队在圣詹姆斯公园球场5：0横扫曼联。凯文·基冈（Kevin Keegan）是当时纽卡斯尔联队的主教练，他将很多极富进攻性的球员纳入了阵容，包括阿兰·希勒（Alan Shearer）、莱斯·费迪南德、彼得·比尔兹利（Peter Beardsley）和大卫·吉诺拉（David Ginola）。那场惨败最令人不堪的一幕是最后一粒进球，由对方的比利时中后卫菲利普·阿尔伯特（Philippe Albert）打入，他从20码外吊射，球绕过舒梅切尔飞入网窝。我们当时简直就是被羞辱了。

当然，我们也会输在自己缺乏纪律性上。如果球员们忽略了既定计划，那就真的要出问题了。我们两次在欧洲冠军杯决赛对阵巴塞罗那都遇到了这样的问题。我们输掉了这两场决赛，因为我们球队中有两三名球员没有按计划行事，而是自顾自地踢了起来。要知道，你的对手可是由佩普·瓜迪奥拉（Pep Guardiola）执教的巴塞罗那，这是一支控球能力极强的球队。通常情况下，在一场球赛中曼联的控球时间能够达到3/4，因此当我们备战巴塞罗那时，我们就知道鉴于对手的控球能力，这场比赛将不同于往日。

有时我们也会输在球场环境上。有两个足球场让我们最为苦恼——利物浦的安菲尔德球场和利兹联的埃兰路球场（我们总会在比赛中碰到这两支球队）。我们对阵利物浦时，派上的是最佳阵容，但是赛场的观众对客队非常不友善，并且对于他们不满意的判罚也持不容忍态度，他们所营造出来的球场氛围侵蚀了我们球员的信心，让他们根本无法专心踢球。在足球场上一刻的不留神就会让几个小时的努力功亏一篑，但是此时作为教练，我却帮不上我的球员。一场足球比赛就像一盘国际象棋，足球队中有前锋、门将和中后卫，而国际象棋中则有后、车、象，只是足球队员是血肉之躯，会有自己的感情。

另一项值得一提的准备工作就是我对待风险的态度。在一些旁观者看来，曼联的很大一部分成功来自我们愿意去冒不必要的风险，对于这种想法，我已经见怪不怪了。当老特拉福德球场传来“进攻！进攻！进攻！”的呐喊声时，很容易让人想到，曼联已经将小心谨慎抛之脑后了。然而事实并非如此，因为作为一名球队领导者，我的职责就是尽可能地减少风险。因为我喜欢赛马和扑克牌，所以很多人认为我就是一个赌徒，他们简直是大错特错了。在私底下，对于每一笔用于买马或是赌马的资金，我都会精打细算，对我的足球事业则更是如此。我不希望冒任何风险。在中场休息时，我无数次地告诫球员们一定要耐心，等待时机，而不要铤而走险。我愿意冒险的情况只有一种，那就是距离比赛结束还有15分钟，而我们还落后一球。在这种情况下，丢一个球和丢两个球都是一样的，此时我才会选择去冒险。

通常情况下在我们比分落后时，对方球队会选择加强防守，而这正中我们下怀。他们可能会让一名防守球员换下锋线球员，而这可能会改变赛场的平衡。突然之间，我们可以肆无忌惮地闯入他们的禁区，而不用担心会被打防守反击。我们的对手也许会认为他们采取防守态势可以降低丢球的风险，但是宏观来看，此举也会降低我们进攻时所承担的风险。这样做的结果就是，我们通常会进球得分。最后时刻的进球总是美好的，它为更衣室里的球员们带来欢庆，更是球迷们在家中和酒吧里乐此不疲的话题。

有些批评家会说，我们靠的就是运气，或是给裁判施压，把比赛拖到“弗格森时间”。而事实上，我们的成功源于精心的准备和对风险的深思熟虑。

储备

当你负责运营一个团体组织时，你必须尽可能地把眼光放长远。但是如果你负责的是曼彻斯特联队，那么你的眼光就要不时地做出变化。有时，你可以预见到几年后的事情，而有时你完全不知道下一个挑战是什么；而对于我们来说，就是下一场比赛。但是为俱乐部制定一个长远战略是非常关键的，在曼联队，我们经常不得不去思考未来几个赛季球队的组成。只有这样，我们才能保证始终有优秀的球员为我们效力。

每一场球赛都需要11名首发球员和7名替补球员，我们的任务就是设计出自己的球队阵容。一直以来，我都热衷于为自己的球队挑选出最近3年可能招募到的球员人选。而相比之下，从小培养一名球员，开发他的潜质，并带他走上成功之路，这样做要容易得多。

然而这也并非易事，因为这意味着你要从数以百万计的小球员中挑选出合适的人选。这意味着你要观看数千场比赛——很有可能是在瓢泼大雨中，或是在荒凉破败的场地里。斯蒂夫·科贝尔（Steve Coppell）在1975年至1983年曾效力于曼联，此后他去当了教练，他最近说过一句话："这就好像南太平洋沙滩上的小海龟，成千上万的小海龟被孵化出来，但是仅有几个能够顺利爬进大海。"斯蒂夫说得很对，只是在曼联我们对那些能够漂洋过海的"小海龟"更感兴趣，而不是那些仅能到达海边的小家伙。

1978年，我来到阿伯丁时，我们仅有2名球探；而在我离开时，队里已经有17名球探了，他们的任务就是在苏格兰发现那些前程无量的小球员。此举给阿伯丁队带来了非凡的收获。1983年，阿伯丁队在欧洲优胜者杯决赛上面对皇家马德里队，当时我们派上了8名本土球员，他们都是青训队上来的。当时的阵容中仅有3名球员是买来的［其中有一名球员戈登·斯特拉坎（Gordon Strachan）是在我入队前买入的］。

执教戈登的经历更加坚定了我培养年轻球员的信心。在我刚来阿伯丁时，球队正准备将他卖出，这是前任教练的决定。我暂停了对戈登的出售，因为我希望亲自对他的能力做出评估，我崇尚眼见为实。于是，我们将他留了下来，帮助他提高技术——特别是使用整个场地让他进行训练，以便找准他自己的位置。此后他的足球生涯风生水起，曾先后效力于曼联队和苏格兰队，此后又当上了主教练，其巅峰时期还曾执教苏格兰国家队。

在20世纪80年代中期，曼联拥有许多球探，覆盖整个英格兰和爱尔兰地区，但是我们的球探系统还存在很大的空缺。在大曼彻斯特地区和城区，仅有4名球探，在整个曼彻斯特地区也仅有两人负责。为了弥补这一短板，我们改变了青训队的系统，注入了新的活力，由莱斯·克肖（Les Kershaw）领导，他还有两个帮手，诺比·斯泰尔斯（Nobby Stiles）和布莱恩·基德（Brian Kidd），此二人都是1986年欧洲优胜者杯夺冠球队的队员，对比赛了如指掌。莱斯对球队来说实在是一个了不起的发现，他曾经在曼彻斯特城市大学教化学，同时兼职阿森纳队的球探，后来是博比·查尔顿（Bobby Charlton）推荐了他。莱斯把科学实验室里的超然观察力带到了老特拉福德球场，并对后来我们培养青训队骨干力量产生了很大的影响。当时的球探是兼职员工，于是我们建立了一种奖励机制。他们每周会有固定薪资，如果有年轻小球员跟我们签了合同、跻身一线球员或是代表国家队出战，还会给他们奖金。同时如果他们招来的球员能够在俱乐部效力多年，也会对他们进行奖励。

回首往事，1999年曼联赢得三冠王，这是对年轻人力量的最好证明。当时球队里的30名球员中，有15名是25岁以下的。其中就包括贝克汉姆，他就是青训队政策的杰出代表。我们最初对他有所耳闻是1986年，我们的球探马尔科姆·费吉恩（Malcolm Fidgeon）发现了年仅12岁的贝克汉姆。1986年贝克汉姆加入了曼联的足球学校，并且见到了博比·查尔顿，这对他来说意味深长。无独有偶，1986年也是我们发现吉格斯的那一年。这2名球员都在年仅17岁时跻身曼联一线球队。在加入一线球队时，尼基·巴特和加里·内维尔也是17岁，菲尔·内维尔是18岁，保罗·斯科尔斯是19岁。

我们的青训队系统大放光芒是在1995—1996赛季，当时我们输给了阿斯顿维拉（Aston Villa）。我使用的13名球员中，有6名来自曼联青训队。当时电视评论员艾伦·汉森（Alan Hansen）查看了结果之后，当晚做出了以下结论："想要靠一群孩子赢得比赛是不可能的。"然而，我的看法却和他截然相反——如果没有年轻人，你将一事无成。

年轻人可以给球队注入一种精神上的活力，并且年轻人永远都不会忘记那个曾经给过他表现机会的人或是俱乐部。他会以终其一生的忠诚来报答这知遇之恩。对于年轻球员来说，没有什么是不可能的，他们会撕破敌人的密集防守，而年龄稍长一些的球员则喜欢寻找突破口。每一代球员都会把足球比赛推向一个新的高度，因为他们站在上一代人的肩膀上，拥有更多的支持。在当今时代更是如此，因为有了电视媒体的传播，还有俱乐部明察秋毫的球探体系。全世界的男孩子都能通过电视看到里奥内尔·梅西（Lionel Messi）和克里斯蒂亚诺·罗纳尔多。我可以肯定会有无数的孩子正在模仿梅西的假动作和C罗的过人技巧。在世界上的某个地方，有一群孩子会勤学苦练足球技巧，而有朝一日，他们也会激励下一代的小球迷，将足球运动推向新高。

我想，我们对待年轻球员的方式就像大型集团内对雇员进行培训，使其取得进步。我们有着明确的组织层次、结构和清晰的成功之路，这就像一名大学毕业生进入企业进行培训，梦想着有朝一日能够成为副总裁、总经理甚至是CEO。在曼联，我的组织层次为年轻球员训练营、B队、A队、预备队和首发阵容。英格兰青年足总杯之所以重要，其原因在于：年轻球员可以借此体验到激烈的竞争和一线球员的生活，同时感受到身为胜者或败者的滋味。

当我们刚接手那些才华横溢的小伙子时，我们总是会努力讨好他们。我们为这些年轻人安排周密的训练，并且不厌其烦地告诉他们具体应该怎么做。我们希望他们能够掌握成功所必需的技能，要知道青训队容不得半点儿玩笑。埃里克·哈里森（Eric Harrison）是青训队主教练，小伙子们会在周二和周四晚上进行高强度的训练，并且一线球队的教练也会密切关注他们。阿基·诺克斯和我非常重视这些训练，而埃里克则让队员们感觉训练跟总决赛一样重要，因此相比起来，很多年轻球员都更喜欢我。随着他们逐渐成熟，我们对他们的要求会适当放松，直到他们最终进入一线球队，这时我们可能会提醒他们提高某一方面，但是对于球员的整体管理挑战发生了改变。我们相信他们的技术和能力，于是将工作的重心转向球员的情感和心理需求。同时，我们保护他们免受媒体困扰。比如，吉格斯直到20岁才首次与媒体见面，后来他接受了《星期日泰晤士报》的我的密友休·麦吉尔温尼的采访。

我们培养年轻球员的手段之一就是让他们远离电视摄像机。有时，我们也会让一些老球员，如布莱恩·罗布森、达伦·弗莱彻和预备队一起踢球。此举对于年轻球员来说就像一剂强心剂。即使仅仅让老球员去场边站着看一会儿，年轻球员也会信心大增。布莱恩·罗布森、史蒂夫·布鲁斯、布莱恩·麦克莱尔都这么做过，加里·内维尔甚至会帮助小伙子们整理他们的合同。他们都会以自己的方式帮助年轻球员。内维尔会经常训斥他们，但这是为了让他们取得成功。有趣的是，当内维尔入队时，他也会受到舒梅切尔的教育；而当吉格斯刚进入一线球队时，保罗·因斯也对他呵护有加。我年轻时在圣庄士东足球俱乐部（St. Johnstone）踢球时，也有过类似的经历，吉姆·沃克（Jim Walker）、吉米·立托（Jimmy Little）和罗恩·麦基文（Ron McKinven）都对我很好。在曼联队，坎通纳就像年轻球员慈祥的伯父。有一次，在曼联夺得足总杯冠军之后，整支球队都会聚集在奖杯处，等待媒体采访。每一名球员既可以选择领取自己的奖金，也可以选择将奖金放在一起进行抽奖，最后由获奖者领取全部奖金。几乎所有年轻球员，如贝克汉姆和加里·内维尔都把自己的那部分奖金领走了，而保罗·斯科尔斯和尼基·巴特则将自己的奖金留下来抽奖。最后，坎通纳中奖了，但是他把奖金全部分给了这2位小伙子，那时他们刚刚进入一线球队，而他们分到的7500英镑相当于2个月的薪水。坎通纳的理由也非常符合他的作风："因为他们有种！"

对于年轻球员来说，拥有一位值得信任、懂得关怀的良师益友简直就是莫大的鼓舞。球员之间的关系往往比球员与教练之间的关系更自然些。其中有一部分原因在于组织结构在老板和雇员之间产生的鸿沟，同时还有年龄方面的原因。比如，在我执教曼联的最后几年里，詹姆斯·威尔逊可能比我更容易和帕特里斯·埃弗拉产生共鸣，因为我们年龄相差太多了。关于良师益友的故事简直不胜枚举，这些人往往可以改变你的一生。

无论其他球队怎样努力培养年轻球员，巴塞罗那在这方面依旧独领风骚。巴塞罗那把年轻球员培养成世界顶级球星的方法令人叹为观止。这也充分证明对球员进行长期投资，并让他们按照球队的系统进行周密训练所取得的成果是令人惊叹的。一流的团队合作来自成员间的互相了解，来自成员关系的培养。在公司里，一起工作很长时间的人知道其他人在某种情况下会做何反应，甚至可以对同事即将发表的言论做出预判。在绿茵场上也是如此。其中最杰出的一个例子就是梅西—伊涅斯塔—哈维的梦幻三人组。他们三个彼此熟识，而他们在小范围内的倒脚传球简直令人眼花缭乱，就像在看旋转木马。

阿森纳的主教练阿尔塞纳·温格也对球队的长期建设有着独到的见解。初到英国时，他的策略完全基于他对法国足球的理解，当时他发展球队的方式就是购买很多十几二十岁的法国球员，如蒂埃里·亨利、帕特里克·维埃拉（Patrick Vieira）和尼古拉·阿内尔卡（Nicolas Anelka）。近来，温格调整了这一策略，他花费重金买入了梅苏特·厄齐尔（Mesut Özil）和阿莱克西斯·桑切斯（Alexis Sánchez），他还买入了几位年轻的英国球员：奥克斯雷德·张伯伦（Oxlade-Chamberlain）、沃尔科特（Walcott）和钱伯斯（Chambers）。

我在曼联执教的最后10年里也采纳了类似的策略。我们扩大了对天才球员的搜索范围，从巴西买入年仅17岁的达·席尔瓦兄弟；从意大利买入中锋朱塞佩·罗西（Giuseppe Rossi），后来卖给了比利亚雷亚尔；从巴塞罗那买到了17岁的杰拉德·皮克（Gérard Piqué）。在英国，球员16岁时即可向其提供合同，待其17岁时即可签订。当时，西班牙法律允许我们向16岁的皮克提供合同，可惜的是西班牙的俱乐部并不能这么做，只能看着肥水流入了外人田。当年阿森纳买入塞斯克·法布雷加斯（Cesc Fàbregas）时，情况也是如此。

多年之后，我们对年轻球员的重视有增无减，我们的球队系统也变得越来越协调。曼联队搜寻年轻天才球员的网络不断扩大，无论这些球员在哪里踢球——意大利的马切达（Macheda）、巴西的波塞邦（Possebon）和比利时的贾努扎伊。在我执教曼联的最后几个赛季里，我们跟一大批年轻球员签了合同：泰勒·布莱克特（Tyler Blackett）、帕迪·麦克奈尔（Paddy McNair）、詹姆斯·威尔逊、安德烈亚斯·佩雷拉（Andreas Pereira）和威尔·基恩（Will Keane）。如果我还能做主的话，我希望我们的青训系统能够关注曼联天才球员的后代。而这就需要重视对必要设施的投资，以吸引年轻球员，尤其是他们的父母。所有的父母都希望自己的孩子能够拥有最好的条件，因此设施越好的俱乐部越能赢得家长的垂青。如果你不具备帮助孩子圆梦的工作人员和设施，那么打着梦想的招牌去搜罗人才将举步维艰。

SHARP
SHARP
THE F.A. PRE

Leading

第四章

吸引他人

建立并运营一支球队是一项永恒的事业。在漫长的赛季里，球队中总会有那些风华正茂的年轻人努力希望跻身一线球队；同时，也有些曾经的主力球员正在走下坡路。这就意味着一流的球队需要不断做出调整。在我组建球队时，我总是试图确保队伍中有几位能够打多个位置的球员。这样一来，在伤病困扰球队或是出于技战术需要时，教练可以拥有更加灵活的选择。

团队协作

平衡性对于每一支球队来说都非常重要。用11名门将或者是天赋完全相同的11名球员是不可能赢得比赛的。我想对于其他团队也是如此。

我们颇为重视球队的年龄构成，密切关注有多少球员在30岁以上，有多少处于23岁至30岁或20岁至23岁。我既不希望自己的球队太过老龄化，那样球员会跟不上比赛节奏，并且一旦受伤就需要很久恢复，同时也不希望自己的球队太过年轻，那样会缺乏经验且容易冲动。

我读过一些关于我离开曼联之后球队状况的文章。有些人会认为我给曼联队留下了11名行将就木的老家伙，这简直是无稽之谈。在2012—2013赛季伊始，我压根儿就没有退休的打算，并且一如既往地专注于球队建设，以确保我们能够赢得未来的比赛。那个赛季结束时，我们球队的平均年龄不到26岁——在过去的25年里，我们一直保持着这个数字。

我们球队里有一些30多岁的球员，而对于这一事实，人们诟病良多。这是不争的事实，但是他们忽视了一点，那就是现在的球员都很会照顾自己，因此直到35岁或36岁还能保持很好的竞技状态。而这与25年前是截然不同的，那时我们还未注重运动科学和营养，没有现代化的训练方案和优质的草坪。2014年曼联队因为年龄问题没有跟33岁的帕特里斯·埃弗拉签订2年的合同，此举简直愚蠢至极。埃弗拉是去年尤文图斯击败皇家马德里进入欧洲冠军杯决赛的功臣之一，当时的首发阵容中有6名球员的年龄都在30岁以上。2014年夏天，切尔西签下36岁的老将迪迪埃·德罗巴，他在随后的一个赛季里出场40次，并帮助球队赢得了英超冠军和联赛杯冠军。

初到曼联之时，令我不甚满意的是球员的平均年龄太大了。因此我想怎样才能让自己的球队变得更强，并且对我们计划中的细节逐个进行分析：赛季前的准备、训练，赛季开始时的策略以及某一场比赛失利的原因。在1988年至1991年，我发现“时光老人”是我们最大的敌人，于是我告诉我们的老板马丁·爱德华兹对大龄球员进行甩卖。如果换作是今天，我可能会更早采取行动，但是在20世纪80年代，还没有英超联赛，也没有电视转播带来的大量资金收益，资金上往往捉襟见肘。我甚至曾经幻想过，随着时间的推移我能够得到一些国际级巨星，激励他们追求更高的梦想，并提高他们的足球造诣。然而到了20世纪80年代末，我彻底放弃了这一想法，而是努力把尽可能多的年轻球员留住。于是，我们以40万英镑的价格卖出了27岁的谢斯柏·奥臣（Jesper Olsen），30万英镑卖出了32岁的戈登·斯特拉坎，45万英镑卖出了29岁的保罗·麦克格拉斯（Paul McGrath），17.5万英镑卖出了30岁的克里斯·特纳（Chris Turner），60万英镑卖出了24岁的诺曼·怀特塞德（Norman Whiteside），并让32岁的凯文·莫兰（Kevin Moran）和31岁的弗兰克·斯特普尔顿（Frank Stapleton）自由转会。此举为后续工作做足了准备，我可以开始重新调整球队的年龄结构了。为了填补卖出球员的位置，我们先后签下了24岁的加里·帕莱斯特、26岁的内尔·韦伯（Neil Webb）、26岁的迈克·费兰和25岁的丹尼·华莱士（Danny Wallace）。面对问题，发现球员结构不当，对球队做出及时的调整，这一系列举动都为我们后续取得的成功铺垫了道路。当时我思考了很久才能面对现实，并卖出那些球员，现在看来，当时我还是太犹豫不决了。后来，当我们获得成功时，我记得那种感觉仿佛是经历了一场大扫除。整支球队都得到了解放，而我一直好奇当时自己在犹豫什么。

让一个团队拥有良好的平衡性非一日之功，而是一项永恒的事业。我感觉自己始终在做出调整。虽然有时，不仅仅是调节一下制动器或者更换机油这么简单。我们需要与时俱进，而我们也确实做到了这一点，每4年就会做出一次变更。20世纪90年代初，曼联队的球员都是英国人，并且十分强壮。到了20世纪90年代后期，球队得到了进一步改善，而10年后的曼联队招揽了来自世界各地的天才球员。像C罗、纳尼和埃弗拉这样的球员能够在曼联踢球，在20世纪80年代末看起来是很奇怪的一件事。当一些很受球迷欢迎的球员状态开始下滑，或者是在球队中失去了自己的位置，我们将他们卖出时，批评声总是不绝于耳。要知道，我也不想这么做，而生活中总会有那丑陋的一面是你不得不面对的。1995年当我把保罗·因斯卖给国际米兰时，很多人写信指责我。球迷们不懂得我所面对的压力，我需要在队伍中腾出位置来留给尼基·巴特、保罗·斯科尔斯和大卫·贝克汉姆。另一名年轻球员本·索恩利当时看起来也是一名前途无量的球员，但是后来他在预备队比赛中受了重伤。我不希望失去这些年轻球员，事实上当时已经有人向我询问过是否会出售巴特。2001年，当我决定售出荷兰中后卫雅普·斯塔姆（Jaap Stam）时，也遇到了类似的情形。他当时29岁，拉齐奥队（Lazio）愿意花1500万英镑买下他，这在我看来非常划算，而且我知道我可以几乎不花一分钱就签下洛朗·布兰克（Laurent Blanc）。当我把这件事告诉斯塔姆时，那感觉糟透了，因为当时他的沮丧溢于言表。当时我们在一个加油站约见，显然我选的这个地方也不够好。虽然此后斯塔姆在其他球队也有优异的表现，但是对于曼联来说，这是一项明智的决定。而今看来，当时将他卖出正确与否还是有待商榷的。

每一名球员都应该明白他们就像是拼图游戏中的一部分，如果你拿走任何一部分，整个拼图就坏掉了。每一名球员都应该了解自己队友的才能和优势。在足球比赛中，往往是8名球员带领球队取得胜利，而不是全部11名。

因为每个人都有不在状态的时候，要想11人都有完美表现，这几乎是不可能的。

在40年的执教生涯中，我带领球队参加了2131场比赛，仅有约20场称得上所有人都有完美表现。其中给我留下深刻印象的就是1994年足总杯的第5轮，我们对阵温布尔登队。当时，温布尔登正值巅峰时期，球队中不乏大腕，足以碾压任何球队。而就在那场比赛中，我们始终掌握着控球权，并且在一次精妙的传球配合之后打进一粒入球。这种堪称艺术品的比赛实属罕见。如果说对阵温布尔登队的这场比赛不值一提，那么大部分人应该还记得2007年欧冠1/4决赛上，我们以7：1横扫罗马队。那场比赛是球队规则和堪称完美团队合作的最好证明。

事实上，很少有球员能够始终保持一个好状态。有的球员可能在这场比赛打进多个进球，但是下一场却颗粒无收。有的后卫在一场比赛中的防守堪称完美，而下一场则可能被红牌罚下。每个赛季铺天盖地的比赛让球员们很难调整好状态。在欧洲顶级联赛中，球队需要在赛季开始前打6场比赛，此外，根据杯赛进行情况和欧洲赛事制度，每个赛季要打55—65场比赛，持续9个月的时间。这意味着每四五天就会有一场比赛。而且像曼联这样的球队，几乎所有队员都会代表国家队出战，每个赛季又要多踢8到10场。

无论球员在训练中如何小心，我们如何对他们呵护有加，还是很难让他们在每一场比赛都处于巅峰状态。对于年轻球员的使用，我一向很谨慎。在他们刚打比赛的前两三个赛季，不会有太多出场机会。虽然他们的积极性都很高，但是那时他们的身体和大脑都还在发育中。同时我也不希望他们认为在一线阵容中站稳脚跟易如反掌，让他们对比赛如饥似渴总是好事情。保罗·斯科尔斯在他进入一线球队后的三个赛季里，仅参加了38场比赛，受伤仅是部分原因。另外，那些步入事业黄昏的球员也是靠不住的，因为他们需要更长的时间养伤，而且经常会因旧伤复发而不能比赛。在我执教曼联的岁月里，有些球员是绝对靠得住的，他们时刻待命，并且能够参加赛季中大部分的比赛。他们是巅峰时期的史蒂夫·布鲁斯、丹尼斯·埃尔文、布莱恩·麦克莱尔、马克·休斯、加里·帕莱斯特、德怀特·约克、埃里克·坎通纳、大卫·贝克汉姆、菲尔·内维尔和帕特里斯·埃弗拉。

建立并运营一支球队是一项永恒的事业。在漫长的赛季里，你需要应对的不只是伤病，更有时光老人会跟你作对。球队中总会有那些风华正茂的年轻人努力希望跻身一线球队；同时，也有些曾经的主力球员正在走下坡路。这就意味着一流的球队需要不断做出调整，即使教练天真地认为某些球员可以一辈子为他效力，也迟早要面对现实。我会不断地为一线球队寻觅新球员——或是土生土长的曼联人（这是我的最爱），或是来自其他地方的球员。每当我们碰到一位天才球员，都会面对一个不言而喻的问题：如果他来曼联，是否能比现任球员更好地效力于球队。无论是替补门将还是前锋，这一点都适用。我还有一个让自己实事求是的习惯，我经常会问自己：我们的一线球队中有哪些队员可以在皇家马德里或是AC米兰或任何冠军球队打上主力呢？这种思考方式通常可以帮助我们发现球队的薄弱环节。

在我组建球队时，我总是试图确保队伍中有几位能够打多个位置的球员。这样一来，在伤病困扰球队或是出于技战术需要时，教练可以拥有更加灵活的选择。吉格斯、内维尔、斯科尔斯和约翰·奥谢（John O’Shea）都是这种球员中的典范，他们可以踢四五个位置，且表现不俗。我看重的另一项品质是可靠性。我喜欢每场都能够出赛的球员。没有哪个集团的领导者希望自己的优秀职员一周仅能工作3天。足球运动也是如此，这也就是为什么我喜欢麦克莱尔、埃尔文这样的球员，他们代表曼联踢了1000多场比赛。他们都是我得力的战士，但是显然他们比有些家喻户晓的球员还差一些。迈克·费兰也是这样的球员，他能够满足球队对他的任何要求。他可以打任何位置，在需要的情况下，能像一颗鱼雷一样盯防对手。

耐久性是另一个重要品质。史蒂夫·布鲁斯、加里·帕莱斯特、丹尼斯·埃尔文、大卫·贝克汉姆、德怀特·约克、瑞恩·吉格斯和埃里克·坎通纳很少因为伤病而不能出赛。1990年，马克·休斯在对利物浦的比赛中受伤了。我以为他需要休养1个月才能好，但是10天之后他就归队了。这种耐久性对我来说简直就是上帝的恩赐，因为这样一来我的选择会很灵活，并且意味着球队中各球员之间都彼此了解。1992—1993年的英超联赛上，在全部42场比赛中，有8名球员在多达40场的比赛中保持首发的位置。那个赛季，我迎来了执教曼联之后的首个英超冠军。

我一直搞不明白为什么现在的球员虽然比20年前的运动员更健康、更强壮，但是比他们的前辈更容易受伤。在我看来，现在球场草皮的质量跟更高的受伤率有直接的关系。现在一流足球场的草坪简直就像斯诺克台球桌一样平滑，这使得比赛节奏更快、更具观赏性。同时由于球员们在这样优质的草坪上更容易发挥，因此他们的持球时间更长，抢断更迅速，动作也更剧烈，球员之间发生碰撞时的速度远远超过当年我踢球时的速度。所以，在一支球队中有一部分身体状况良好、能打多个位置的球员变得更加重要。

如果一支球队全部由富有创造力的球员组成，这样行得通吗？很多人会担心创造力意味着自我和个人主义，从而带来负面影响。自我意识很强的人往往有着很强的求胜欲，因此我认为这不是问题。如果每周六的比赛中都能派上11名极富创造性的球员，那简直是棒极了，然而现实并不允许这么做，因为你需要一个坚固的后防线来抵御对方的进攻。尽管如此，我还是会被那些富有创造力和攻击性的球员所吸引。这些球员能够发现一些其他人看不到的机遇。在足球场上，他们能撕破对手的防线，进行关键性的跑位，娴熟地给出一脚50码的长传，或是像斯科尔斯一样用短传来突破对手，抑或是像贝克汉姆一样进行超远距离长传冲吊。富有创造力的球员可以改变比赛并激励整支球队。当C罗还在曼联踢球时，我经常告诉他，他的任务就是创造机会。在2004年足总杯的半决赛上，我们的对手是阿森纳，我对C罗的要求很简单："不要担心防守，专心进攻就好。"当时我们派了3名中场球员，这给了C罗发挥的舞台和自由，可以尽情攻击阿森纳的防线。C罗、吉格斯、坎通纳和斯科尔斯都是能决定比赛的球员。一支由史蒂夫·布鲁斯、罗伊·基恩、雅普·斯塔姆、加里·内维尔、帕特里斯·埃弗拉、内马尼亚·维迪奇和布莱恩·罗布森组成的球队也许不会输球，但是也无法撕破对手的防线。当你的对手拼命防守时，进攻能力是至关重要的。能洞穿对手的只有少数极富创造性的球员。

1999年的曼联队很好地证明了这一点。那是一支充满创造力的球队，中场的斯科尔斯能够给出穿透性的传球，贝克汉姆则能够从边路组织进攻，而吉格斯的强力突破亦能让对手胆寒。在他们后面是永不服输的后场发动机——基恩。当然队中还有其他优秀球员。德怀特·约克是我们1998年从阿斯顿维拉签下的前锋，他能够打破对方的防线，制造看似不可能的机会，并且在门前的嗅觉十分灵敏。奥莱·索尔斯克亚、泰迪·谢林汉姆（Teddy Sheringham）和安迪·科尔都有为欧洲顶级俱乐部效力的实力。索尔斯克亚和科尔都是非常出色的前锋，而谢林汉姆在前场的传球也可圈可点。但是这些球员在天赋方面都不及德怀特·约克，他还为我们带来了意想不到的收获——充分开发了安迪·科尔的潜力，二人也建立了深厚的友谊。1998—1999赛季（曼联赢得三冠王的那个赛季），约克和科尔总共打进了53粒入球。

那些极富创造力的球员的一大特点就是容易感到无聊。很多时候，他们的问题并非出在傲慢和自满上，而是他们感觉不到拥有足够的挑战。斯科尔斯就经常出现这样的问题。似乎所有事情对他来说都易如反掌，因此每当我们在比赛中领先时，他就会开小差。他会在带球时玩一些花活，就像在圣诞晚会上一样。我会告诫他："斯科尔斯，严肃点儿。"他会很无辜地看着我，好像并不明白我的意思。但是他心里是有数的，当我们在比赛中遇到困难，需要他表现时，他总能不负众望。

此外，我对对方球队中那些富有创造力的球员也很感兴趣，我甚至幻想过他们能够披上曼联的战袍。阿森纳的丹尼斯·博格坎普（Dennis Bergkamp）、切尔西的吉安弗兰科·佐拉、齐内丁·齐达内（Zinedine Zidane）、德扬·萨维切维奇（Dejan Savićević）、托特纳姆热刺队的格伦·霍德尔（Glenn Hoddle）和纽卡斯尔联队的保罗·加斯科因，这些都是我感兴趣的球员。巅峰时期的加斯科因是我平生见过的最棒的英国球员，当然要抛开博比·查尔顿。巴塞罗那的哈维、伊涅斯塔和梅西在过去3年里的表现简直可以获得米其林三星级，你甚至愿意光着脚走上50英里去看他们的表演。说到对球员的喜爱，在挑选最适合球队的球员时，我从不允许个人对某个球员的偏好影响到我的判断力。显然，我跟一些球员相处得会更融洽，但是抛开个人感情，我最希望看到的是球场上那支无与伦比的球队。我认为作为一名领导者在做出这方面判断时一定要客观冷静。你并非一定要喜欢自己的球员或是你的管理团队，但是你一定要尊重他们的能力。

正如我之前所说，我们每4年就会对曼联进行一次重组——也许也只有那些最狂热的球迷会注意到这一点。例如，在1999年，我们夺得欧冠冠军之后3年，当年夺冠阵容中的18人有10人离队；5年后，依旧在曼联效力的老队员仅剩下5人。这说明我们对每一名球员的能力都有客观的评价，而这却绝非易事，因为不少球员都为曼联打过数百场比赛，做出了很大的贡献。但是我们不得不这样做。在阿伯丁时，如果我们取得了第3名，那么球员和教练都不会感到太过苦恼，因为流浪者队和凯尔特人队总是稳居前2名。然而对于曼联来说则截然不同，这支球队就是为了冠军而生。在团队建设中经常被忽视的一点是前辈们要对年轻人有足够的信心。足球是残酷的，在球场上你将无处遁形。每当有新球员来到曼联时，尤其是那些转会之后马上进入一线阵容的球员，他们往往会很不适应我们踢球的方式，尤其是在75,000名观众面前。2006年我们优秀的左后卫帕特里斯·埃弗拉来到曼联，他出场的第一场比赛是对阵曼城。他好像整场比赛都在梦游，最后我们以1：3输给了曼城。在买入埃弗拉的同一个赛季，我们还从莫斯科斯巴达克队（Spartak

Moscow）签下了内马尼亚·维迪奇，这2名球员用了大约6个月才融入球队。

对于如何让一名新球员融入球队，我一向都很谨慎，特别是这名球员并非来自我们的青训队时。对于新球员来说，这里的一切都是那么陌生，我说的当然不是曼彻斯特的天气或是靠右行车。我指的是我们的球队系统，特别是其他球员的习惯和怪癖。那些从小就在曼联长大的球员，比如吉格斯、斯科尔斯、巴特和贝克汉姆闭上眼睛也能配合到一起。他们知道自己队友的特点、他们喜欢的位置，即使不说话也能够心领神会对方的意图。他们相信对方的判断，并且建立起了一种友谊，而这种友谊是任何团队战胜对手的关键。新球员则不具备这样的优势，这也就是为什么我不会一次性让很多新球员同时进入一线阵容。这就像教给每个人一门新语言，同时还要让他熟悉几个地方的方言。

有时球员会对某些球衣号码情有独钟。比如一直以来都颇具神秘色彩的7号，乔治·贝斯特、布莱恩·罗布森和埃里克·坎通纳都曾身披7号战袍，这也是贝克汉姆梦寐以求的号码。他初来曼联时身着24号球衣，当时他仅在一线阵容中踢了几个月，我本打算把7号给罗伊·基恩，但是基恩对此并不感兴趣，于是我把7号给了贝克汉姆。我很快就意识到，这个号码对于贝克汉姆来说是多么重要，要知道他自小就是曼联的球迷。而后来他在球队的表现也确实配得上7这个号码。在我执教的最后一个赛季，这个号码空了出来，本来7号属于安东尼奥·瓦伦西亚，但是他后来觉得这个号码给了他太多压力，于是又换回了以前的号码。

我还发现经验丰富的球员，尤其是老球员，能够很坦诚地面对自己跟其他球员的差距。一名35岁的老将很明白他在速度上比不上一个20岁的优秀球员，当然球队中的所有人也都明白他们跟天赋异禀的C罗和坎通纳之间的差距。与其说老球员是在跟年轻球员竞争，不如说他们是在跟年轻的自己竞争。

我需要注意的另一件事是球员之间的性格冲突。如果一个人只想着自己，那是行不通的。球员之间的正面冲突对球队来说是毁灭性的。当年，安迪·科尔和泰迪·谢林汉姆不和，他们甚至不愿意在球场上合作。在一场比赛中场休息时，他们在球员通道里发生了争吵。于是我把他们两个叫到了办公室，告诉他们如果再让我看见这样的事情发生，他们两个都将被辞退。这次谈话的效果是立竿见影的，他们之间果然没有再发生过争执。虽然他们之间无法成为朋友，但是他们都能够以职业球员的方式处理好矛盾。可是，关于科尔还有一个问题，他不希望给任何人打替补，因此当范尼来到曼联时，他的不满溢于言表。多年以后，范尼和C罗之间也产生了矛盾。范尼对C罗的传球次数感到非常不满，而他对此表现出的愤怒也深深地伤害了年轻的C罗。

1997年，我让基恩出任球队队长，此举激怒了舒梅切尔。舒梅切尔本来很欣赏基恩，而且据我所知他们之间并无恩怨。只是舒梅切尔的自尊心受到了伤害，当然他丝毫没有对我隐瞒自己的情绪，他闯进了我的办公室并且大发雷霆。见我不肯让步，舒梅切尔就摔门走了。后来我多次重申了他对于球队的重要性，并且告诉他我意已决，不会再改变。显然这并不是让基恩当上队长的最好办法。

团队合作不仅仅限于绿茵场上，还是一种感觉，体现在方方面面。2007年我把雷内·穆伦斯丁买回了曼联，此前他曾在丹麦的布隆德比有过一段短暂而又不走运的教练生涯。穆伦斯丁会不留情面地指出大家的错误，因此在他刚来球队时其他的教练都很不喜欢他。我告诉他们，我之所以再次雇用穆伦斯丁，那是因为他是一个不可多得的教练，是为了球队的福祉。

我使出浑身解数让我的球员，尤其是年轻球员明白团队协作的重要性。在卡灵顿训练场我的办公室内曾经挂着一张20世纪30年代的黑白照片。照片上11个工人坐在洛克菲勒中心的工地上几百英尺高的一个钢梁上。这一幕让我毛骨悚然。他们都戴着帽子坐在那里，没有用任何安全吊带，其中一人还在点香烟。我跟自己的球员解释道，如果任何一名工人遇到麻烦，其他人一定会出手相助。我对他们说："这就是团队精神——把你的生命托付给其他人。没有一个人能够独自赢得比赛。"当然有的小伙子完全不知道这幅画的内涵。有一次我问一名球员："这幅画讲的是什么？"他的回答是："他们都戴着帽子。"

我们会努力确保每名球员都有抛头露面的机会。虽然媒体总会把注意力集中在那些得分手身上，但是我们还是有很多方法可以让大家共享荣誉。在赛后的记者见面会上，我们会安排不同的球员跟媒体见面。同时在网站上或是曼联电视台（MUTV）上也会有很多与比赛相关的节目，这都是球员们展示自我的机会。这也是大部分球员所喜闻乐见的事，虽然少数球员，比如斯科尔斯喜欢自己待在一旁，有些对自己英语不够自信的外籍球员也会选择回避媒体。当然如果我们在西班牙或葡萄牙比赛，我们肯定会派上那些讲西语和葡语的球员。这样做的效果很不错，因为借此我们可以提高曼联的魅力。

在团队合作方面，我还另有收获，那是一个古怪的话题——任人唯亲。无论你运营的是一个家族企业还是拥有很多股东的集团，领导者总会戴着有色眼镜去看自己的亲戚朋友。一些领导者认为将至亲带入集团会发出错误的信号、破坏团队合作，还会影响正常秩序，因为人们会认为一个特殊的姓氏、私人关系比能力更重要。这些领导者有着雷打不动的规定，拒绝雇用任何家人和朋友，即使这些人能够委以重任也不予使用。另一些领导者则会走上另一个极端，他们会对自己亲人的缺点熟视无睹。

当我的双胞胎儿子中的一个——达伦·弗格森希望做职业球员时，我也遇到了这样的问题。我从未想过让他来曼联队，因为我觉得这对于我们父子俩来说都太尴尬了。于是凯茜和我去诺丁汉森林队找布莱恩·克拉夫。1990年，就在达伦准备跟诺丁汉森林签协议时，我的助理教练阿基·诺克斯告诉我，我不应该让自己的儿子去对手的球队，如果我们父子俩在球场上兵戎相见会更尴尬。我又跟凯茜谈了谈，她建议我让达伦自己做决定。我记得当时我走进他的卧室跟他谈这件事，结果达伦还是希望在曼联踢球。

1990年，达伦完成了他在曼联的首场比赛，1993年曼联队在我执教后夺得了首个英超冠军，那年达伦参加了16场比赛。这孩子很不走运，在苏格兰对阵意大利的欧洲U21青年足球锦标赛上伤到了腿筋，因此不得不休养几个月。当他归队时，正巧保罗・因斯和布莱恩・罗布森也已经伤愈。在那个夏天，我做出了一名主教练必须做出的决定：签下21岁的罗伊・基恩，来巩固我们的中场。这对于达伦来说简直就是个悲剧，自此以后，他再也没能进入一线阵容；他请求转会，因为他希望打主力。我帮他进入了狼队（Wolverhampton Wanderers），这个可怜的孩子在此后的很多赛季中要忍受4个教练。当他出现在首发阵容，或是出现在球队更衣室时，我们父子俩都会有点儿尴尬。达伦很可贵的一点就是他明白：在曼联队，我是教练，而不是他的父亲。当我向他问起队里其他球员的生活习惯时，他总是守口如瓶。达伦绝不会在我面前给他的队友打小报告。而对于我让达伦转会去狼队这件事，凯茜永远都不会原谅我。她经常会对我重复一句话："你卖掉了自己的儿子。"

队长

即使我努力提高自己的领导才能，并竭尽所能地考虑到曼联队取胜所需的各方面，当比赛哨声吹响的那一刻，局面便不再由我控制。在球场上，确保11名球员能够齐心协力合作的人是队长。虽然有的人会认为这只是形式上的一种职位，但是事实并非如此。不可否认，队长一职确实有象征性的成分，毕竟队长是最后举起奖杯的那个人。但是我需要的是一个领袖型的球员，而不是一个看着好看的花瓶。选队长对于教练来说是一件非常重要的事情，队长就像是公司里的生产经理或是区域经理，他是负责集团内各项任务顺利进行的关键性人物。

我是一个个性很强的人，因此当我寻觅人选传达我的意思时，我也喜欢找那些跟我具有相同性格的人。我不知道这种性格从何而来，但是早在我在学校踢球以及后来进入青训队时，我就喜欢结交球员。那时父亲经常会去看我比赛，但是他总是一言不发。曾经有一次有一位男孩的父亲向我父亲抱怨说："你能跟你儿子说说话吗？他总是去找我儿子。"

每位领导者都有自己的性格，并以他的方式领导团队。我想这一点既适用于公司的CEO，也适用于球队教练和队长。我当教练这些年的情况也确实如此，我的每一位队长都有自己独特的个性特点。在我挑选队长时，我会看重四点。其一，很强的领导欲望。有些非常优秀的球员虽然在球队中很受尊重，但是他们不喜欢当领导者。保罗·斯科尔斯就是一个最鲜明的例子。他是一位非常优秀的球员，更是曼联精神的体现，虽然他具备一个成功领袖所必备的特质，但是他从不追求队长一职。他少言寡语，喜怒不形于色，并且不喜欢抛头露面。然而你不应被这表象所蒙蔽，因为在陷入困境时，他的内心也会剧烈地波动。其二，我需要的是一位值得托付、能够传达我意愿的人选。其三，我需要的是一名在队员中颇具威信，能够让其他人对自己言听计从的人选。并不是所有的优秀球员都适合当队长。他们可能是球队中不可多得的人才，个人能力极强的得分手，但是不能成为一个好队长。我的儿子马克告诉我，在他的行业也是如此，那些精明的投资人往往不能够成为投资集团的领军人物。原因很简单，他们的才华不适合当领导。其四，我需要一名能够随机应变的队长。一位将军要想赢得一场战争，就必须有上校和少校等的辅佐，在战事正酣时，可以为他召集部队、激励部队并排除各种困难。对于我们来说也是如此，虽然曼联的战场是在安菲尔德、诺坎普或德尔·阿尔卑球场，而不是滑铁卢或是阿拉曼等地。

同时，我还很欣赏其他球队的队长，虽然并不像对阿伯丁和曼联的队长那么了解。纽卡斯尔联的阿兰·希勒、切尔西的约翰·特里（John Terry）和阿森纳的托尼·亚当斯都是我关注的对象。他们都是干劲儿十足的球员，并且拥有很高的人格魅力，他们的球队也因此变得更加优秀。在我执教期间，约翰·克鲁伊夫（Johan Cruyff）可能是最为出色的，无论是在阿贾克斯还是在荷兰队，他的命令比教练的更有效。克鲁伊夫就是这样一个人：他必须指挥和控制场上的一切。

我开始执教阿伯丁时无须为挑选队长而发愁，因为当时威利·米拿（Willie Miller）已经是队长了，而在我离开时他依旧是队长，这也是他能力和竞技水平的最好证明。初到曼联时，布莱恩·罗布森是队长，他的决心和勇气以及对于比赛的理解在球队中是无与伦比的。他是一个堪称完美的队长，几乎没有任何短板。我非常信任他，允许他在球场上对球员位置做出调整；同时他还是一个直抒已见的人，我也非常欣赏这一点。后来由于伤病的困扰，罗布森不再担当队长一职，自1991年起，史蒂夫·布鲁斯开始扛起队长大旗。布鲁斯身体强壮，颇有胆略，总是敢于闯入最危险的境地。他不仅具有身先士卒的个性，更具有关怀队友的本能和幽默的性格。布莱恩和史蒂夫的难能可贵之处还表现在其他方面，他们还常常鼓励年轻球员及其家长，让他们明白加入曼联队的好处。当膝伤开始不断困扰布鲁斯时，我选择了我们的王牌坎通纳来当队长，之后是基恩。这两个球员形成了鲜明的对比——一个是法国人，一个是爱尔兰人。坎通纳不太爱讲话，但是当他夸赞别人时往往会有奇效。这对于贝克汉姆来说更是如此，当他打进1996—1997赛季伊始对阵温布尔登队的那粒精彩的入球时，坎通纳将其称为他所见过的最为精彩的进球，甚至比坎通纳自己创造的奇迹更为美妙。基恩则完全是另外一种风格，他的极端可能有时会吓到队友，但是在绿茵场上他绝对是一名优秀的领导者。

在基恩受伤后，舒梅切尔成为队长，并在1999年欧洲冠军杯决赛上带领球队击败了拜仁慕尼黑。当时基恩正处在禁赛期。虽然在别的球队中，也有门将当队长的情形，比如西班牙皇家马德里的伊戈尔·卡西利亚斯（Iker Casillas）、意大利的吉安路易吉·布冯（Gianluigi Buffon）和迪诺·佐夫（Dino Zoff），然而教练往往更倾向于让门将之外的球员担任队长。因此，能够担当队长一职的门将肯定是出类拔萃的，舒梅切尔就是这样一名球员。不仅是因为他魁梧的身材——他比曼联大部分的防守队员高大，他还能将自己的自信、热情和激情传递给场上的每一名队友。

在没有比赛的时候，我经常会向队长们征求意见，但是他们也都明白我才是最终的决策者。我也很乐意听取他们对于某些球员的评价，但是队长们对此是非常尽职尽责的，他们会对自己的队友进行实事求是的评价，而不是在我面前搬弄是非。早在我还是球员时就很崇尚这种做法。我还经常会跟队长们或其他老球员讨论如何压制对手。1996年足总杯决赛我们对阵利物浦队，备战时我跟坎通纳和舒梅切尔讨论如何盯防对方的史蒂夫·麦克马纳曼（Steve McManaman），他总是活跃在锋线球员的后方，非常棘手。坎通纳建议我让基恩去踢我方4个后卫前面的位置，盯防麦克马纳曼。我们遵循了他的建议，事实证明此乃明智之举；麦克马纳曼整场比赛都没能够造成威胁，我们也凭借坎通纳唯一的入球，赢得了那场冗长而又波澜不惊的比赛。坎通纳的建议起到了关键的作用。对于我来说，无论这样的好建议来自球员、教练组还是我自己都是一样的，因为它确实发挥了非常大的作用。我并非追名逐利之徒，我只想自己的球队赢得比赛。

而我在曼联执教的最后10年里，情况则大不一样，因为比赛的性质发生了变化。我们每个赛季需要打更多的比赛，并且每场可用换人次数从1995—1996赛季已经增加到3次。因此一名队长不可能带领球队打满所有比赛，队长袖标需要由不同的人佩戴。曾经有一段时期，吉格斯、费迪南德、埃弗拉和维迪奇（我们叫他维达）都曾当过队长。在我执教生涯即将结束之际，维达总是受伤，因此他跟埃弗拉轮流担任队长。你真的无法再找到两个这么个性鲜明的人了。维达是个顽强的人，永不屈服，而埃弗拉则是一位洋溢着热情的球员。有一次他跑到我面前问，他在更衣室发表的激情澎湃的演说是否有些过激。我告诉他，他的演说省去了我的麻烦，不必我再去大声训话了。埃弗拉的这种本能反应是非常可贵的，因为这表明了他是多么重视自己的事业，而且我认为这也会激励他的队友，让大家都能够有更好的发挥。这就是天生领袖的标志。

UMBRO

Leading

第五章

设定标准

要想自己的球员发挥出最佳状态，用铁棒打是不管用的。你需要赢得他们的尊重，让他们习惯成功的感觉，并让他们相信自己还有进步的空间。领导能力中很大一部分是开发出另外 5% 的潜力，而这潜力连当事人本人都不得而知。

卓越

每个人都对“世界级”有着自己的定义，这个词仿佛已经取代了“伟大”或“卓越”。如果你看看报纸或是听听电视评论员的点评，似乎有很多“世界级”球员。在教室里情况也是如此，因为我不断听到关于“分数膨胀”的说法——今年获得A级的学生比去年多得多。在我看来，目前全世界的现役球员中能称得上世界级的仅有2位——里奥内尔·梅西和克里斯蒂亚诺·罗纳尔多。虽然还有很多球员称得上伟大，还有更多的球员堪称出色，但是当今世界成千上万的职业球员中，也只有梅西和C罗算得上是“世界级”。当然其他球员也会有“世界级”的发挥，一个精彩的进球、一脚精妙的传球或是一次惊世骇俗的扑救，而且在整场比赛中乃至整个运动生涯中这样的时刻是不胜枚举的。关于对球员的分级，我有不少主观的和客观的标准。主观标准包括他们双脚的技术；平衡感；他们保持竞技状态的自律方式；对待训练的态度；各场比赛及各个赛季中的稳定性；他们在不同位置上所表现出来的能力以及他们为球队所注入的热情。在客观标准中不容争辩的几点是：他们的进球数；他们代表世界顶级俱乐部出场的次数；曾经获得的冠军数和奖牌数；参加世界杯的次数。如果你运用这种评判标准，就能很容易定义最佳竞技水平了。而对此，球员们是最清楚不过的了。

当今足坛有不少伟大的球员——拜仁慕尼黑的托马斯·穆勒（Thomas Müller）、巴塞罗那的路易斯·苏亚雷斯（Luis Suárez）和内马尔（Neymar）以及阿森纳的阿莱克西斯·桑切斯——但是我可以肯定这4位球员都会承认自己比不上梅西和C罗。在此我无意贬低或批判任何球员，虽然在我执教曼联的26年里有不少优秀的球员，但是堪称世界级的也只有4位：坎通纳、吉格斯、C罗和斯科尔斯。而在这4位当中，C罗就像圣诞树顶端的饰物，他是我执教生涯中最后一名世界级球员，也是最棒的。基恩、罗布森和布鲁斯也都是非常伟大的球员，但是他们的优秀来自他们的态度、雄心、领导能力和投入，而并非其他优点。

再往前追溯，博比·查尔顿曾代表俱乐部出战758场、代表英格兰国家队出战106场，其中4次打进世界杯决赛。按照我的标准，他也称得上是“世界级”。他可以满场飞奔、左右脚技术娴熟，可以打左路、右路或中路，并且信心十足，意志坚定。尽管他曾取得过骄人的成绩，但是为人低调、谦逊。他是一个安静腼腆的人，但是当曼联队落后时，他会说：“把球传给我，我会让球队取得胜利。”他并非在吹嘘或夸耀，他知道自己有这样的实力，而更重要的是他的队友也是这么想的。曼联最终赢得了比赛，这都归功于查尔顿——这位世界级球星。

在足球运动中，一位幸运的教练可能会得到一名世界级球员；但是大部分的俱乐部并没有这么走运，即使这些俱乐部也能够组建出一支非常出色的球队。经过悉心准备，11名出色的球员组成的球队所具备的实力超过他们个体能力的简单相加。然而我确实也想不到有哪个球队可以在没有世界级球员的情况下问鼎任何赛事。

在带领一支团队追求卓越时，需要对成功进行谨慎的定义。我通常会非常小心地设立特定的长期目标。我永远不会对球员们说：“本赛季我们要赢得英超冠军和两座奖杯。”首先，这样做会传递错误的信息，因为这听起来很傲慢自大。其次，这会给所有人带来很大的压力，而得不到任何好处。

最后，这可能会让所有人都失望。相比之下，“我们希望曼联赢得每一场比赛”。这样说要合适得多，因为自从1993年至今我们都是这么做的，这么说也传达了俱乐部的精神。让大伙都知道我们希望赢得每一场比赛就是制定了追求卓越这一目标，我也可以借此不时地为队伍打气。

在制定可行的目标时，还需要权衡实际情况。你必须让所有人都做好成功的准备，这是需要深思熟虑的。我们很容易设定不切实际的目标，这一点我在执教之初就深有体会。我在圣米伦队的第一个赛季，球队取得了八连胜，并且在乙级联赛中名列前茅。我当时信心满满地告诉媒体我们不会输掉本赛季剩下的任何一场比赛。但是，事实上后来我们仅赢得了一场比赛，在赛季结束时我们排名第6。

在曼联时，每个赛季伊始，媒体都会问我本赛季的目标是什么。我的一贯回答是：我们想赢得一座奖杯，随便哪一个都可以。我小心避免制定错误的目标或是给大家压力，因为这样做会事与愿违。然而，自从我带领曼联夺得第一座奖杯后的23年里，我们至少每两个赛季就能夺得一座奖杯。

幸运的是，几乎没有老板或经理告诉我他希望球队夺得奖杯。唯一的例外是我在圣米伦队被炒鱿鱼之前，当时的球队经理告诉我（即使我们在上个赛季已经晋级，而且队员们都还很年轻）他希望我们在下个赛季赢得英超冠军。这也是唯一一次有人对我说：“我们需要你去赢得冠军。”然而这位经理没能够意识到的是如果我们要想获得冠军，就必须再买两三名新球员，而俱乐部却不希望这么做。

取得任何胜利都需要循序渐进。你根本不可能一步登天，夺得英超冠军。所以我会小心地将所有事情都细分为可以消化的小部分。没有人会把一个登山队带到珠峰脚下，然后指着顶峰说：“小伙子们，我们的目标是那里。”在赛季伊始，我会避免向球员传达任何特定的目标。我在媒体面前发表的关于夺冠的言论也只是泛泛而谈，而且我的球队也已经习惯了这种预期。只有在11月时，当赛季局面和我们未来的对手变得明朗时，我才会制定更精确的目标。此时，随着冬季的临近，我会对球员们说："如果在新年那天，我们排名第一、第二或第三，或是跟第一名相差3分之内，我们夺冠的机会还是很大的。"

2009年11月，雷内·穆伦斯丁制定了我们计划在12月底收入囊中的分数，但是此后，我们先后输给了切尔西、阿斯顿维拉和富勒姆队（Fulham），我认为此前制定的目标是适得其反的。我想在制订具体计划时最好融入一些模糊性。如果在圣诞节来临之际我们名列第5，那么情况还不算太糟，因为多年以来曼联队在后半个赛季总会有更好的表现，这似乎已经成了一种惯例。我们经常说："下半个赛季自然会好起来的。"当然事实并非像说的这么简单，但是这至少能提振士气。对于任何竞争异常激烈的事情，通常只有到最后才能形成定局。在我执教曼联的这些年里，英超的比赛中仅有4次是能够在赛季结束前两周或更早预知冠军花落谁家的。

能够在比赛中间调整目标也是非常重要的。如果你的球队真的碰上了麻烦，往往局面看似不可挽回。2001年我们就曾经遭遇过这样的局面，上半场结束时我们以0：3落后于托特纳姆热刺队。在中场休息时，我实事求是地告诉球员们，我们的表现简直糟透了。当时更衣室内一片沉寂，我只说了一句话："先打进一球，看看局面如何吧。"我并没有说："我们只剩下45分钟的时间了，而我们还需要4个进球。"因为这看起来是不可能的。当我们走在通往球场的通道上时，泰迪·谢林汉姆（曼联前球员，后来效力于托特纳姆热刺）大声告诉自己的队友："千万不能让对手先进球！"他在老特拉福德球场有着多年的比赛经验，因此心里明白我们一旦落后，局面就会变得非常危险。然而，我们真的打进了下一粒进球，而这一粒进球给我们带来的是另外4粒不可思议的进球。最终，我们以5：3赢得了比赛。

当曼联开始不断赢得国内赛事时，我也为球队制定了更高的理想。我把我的想法说给教练组听并跟他们解释，我们依然要全力以赴去争取英超冠军，我们的新目标是欧洲冠军杯冠军。我执教曼联以来首次获得英超冠军是1993年，且截至当时，曼联总共赢得过1次欧洲冠军杯冠军，或者冠军杯（1992年以前的叫法），而皇家马德里已经获得过6次冠军、AC米兰和利物浦分别获得过4次、拜仁慕尼黑和阿贾克斯分别获得过3次、本菲卡（Benfica）和诺丁汉森林队分别获得过2次。

在为欧洲冠军杯冠军而努力的过程中，我采用了与对待国内杯赛相同的策略。我们必须一步一步来。显然，我们的首要目标是获得参赛资格，并获得至少10分。我们仅有3次没能实现这个第一目标，分别在1994—1995赛季、2005—2006赛季和2011—2012赛季。

我也采取了类似的方式对待球员。我从不会告诉C罗或者迪米塔·贝尔巴托夫（Dimitar Berbatov）我们希望他们一个赛季能够至少打进25个球，也不会要求吉格斯或基恩让他们的传球成功率至少保持在80%。我从不会对任何球员提出特定的目标，要求他们完成，然而他们也都明白我希望他们能够有最出色的发挥。跟球员续签合同是审视其竞技状态的好机会，我可以借此机会告诉他们哪里需要提高。每当签下一名新球员，我总是特别注意坐下来跟他聊聊，并向他详细解释曼联俱乐部对他的期望。

至于我自己，我从未制定过一系列的个人目标。在我17岁时，我也从未要求自己在30岁时要打进100粒入球或是在我的职业生涯结束时要获得6块奖牌和20座苏格兰的奖杯。在我成为教练以后也是如此；然而当阿伯丁队经常能够赢得比赛时，我也很清楚自己渴望一个更大的舞台。在跟几家俱乐部进行了漫不经心的交流之后，我来到了曼联队，至此我再也未曾考虑过去别处执教。经常会有人建议我去当英格兰队的主教练，但是尽管几十年过去了，我对这一职位仍然丝毫不感兴趣。因为我不仅需要面对背叛苏格兰的内疚感，还不得不应付这一位置带来的种种麻烦。同时这更是一个令人绝望的职位，因为每当重大赛事临近，媒体和公众总会为之疯狂。大家往往会忘记国家队主教练虽然拿着可观的薪水，却是一个兼职工作。他只能偶尔见到自己的球员，他不能进行日常训练，并且在国家队中无论是多么有天赋的球员，也不可能像在俱乐部一样本能地感觉到队友的意图。1985年乔克·斯坦去世之后，我曾经当过一阵子苏格兰国家队的主教练，那时我领略了一番国家队教练的苦恼。这个职位真的不适合我。在我看来，国际比赛管理的职位是为那些经验老到、临近退休的教练准备的，他们有耐心去应付这一职位的缺陷，并且有足够的威信，可以指挥更衣室里那些相处时间并不是很多的球员。

当我来到曼联之后，我想象不出比老特拉福德球场更大的舞台。显然，我也很了解诺坎普球场和伯纳乌球场，但是虽然它们都是很棒的球场，却都不及老特拉福德球场那么吸引我。我从未要求自己在退休前一定要夺得多少次英超冠军或是足总杯冠军。如果我当初要求自己带领曼联夺得5次欧洲冠军杯冠军后再辞职，那么我现在可能还得留在老特拉福德球场，但是我私底下一直认为我可以带领球队实现这一目标。我从未告诉自己如果曼联的射手没能拿到FIFA的金球奖（Ballon d'Or awards）或是年度最佳球员奖，我的人生将是不完整的。这不是我的风格。我想要的只是更多的冠军，在这一点上我永不知足。

激励

要想自己的球员发挥出最佳状态，用铁棒打是不管用的。你需要赢得他们的尊重，让他们习惯成功的感觉，并让他们相信自己还有进步的空间。我无法想象有哪个教练能够依靠暴政获得哪怕是片刻的成功。事实证明，英语中最强大的两个词是“Well done”（干得漂亮）。领导能力中很大一部分是开发出另外5%的潜力，而这潜力连当事人本人都不得而知。

无论上个赛季是输是赢，球员们都需要抹掉这些记忆，这是非常重要的。如果我们在去年有着优异的表现，并不能确保今年就能理所当然地继续保持下去。同样，如果去年我们失败了，我可不愿意沉浸在过去的失落之中。教练组，尤其是运动科学组的成员们经常会在赛季开始前或进行中给我一些新颖的意见，但是我从不会大张旗鼓地跟球员们进行赛后分析。我通常的做法是让他们在训练场上以我为中心站成一个半圆，然后向他们再次强调我对于胜利的渴望，并借此提出一些期望。我经常会问一些成熟的球员他们已经得到了多少奖牌，这些球员已经开始喜欢曼联这种胜利的习惯。我告诉他们，在他们获得10枚奖牌之前都不能以曼联球员自居。我记得曾经告诉里奥·费迪南德，除非他达到瑞恩·吉格斯的水平，否则他就不能认为自己是曼联的球员。当然，这简直就是不可能完成的任务。

如果别人喜欢你，那么做起事情来会容易许多。虽然我无意博取人缘，但是我会经常试着去关注曼联队，或是其他跟我有关联的俱乐部中的一些人，他们是幕后工作者，是无名英雄。我这么做并非伪善，我只是觉得应该这么做。这些人没有数百万英镑的薪水、公众的称赞，他们没有百达翡丽的手表和宾利轿车。他们中的很多人——洗衣工、球场管理员和女服务员，都是乘公交车来上班的。他们是俱乐部的中流砥柱。在曼联队，他们中甚至有些人的资格比吉格斯都老。某种程度上来讲，他们相当于球队的公务员，他们比政府存在的时间更久，而在曼联，他们与球队的传统一脉相承。和他们在一起，我感到很亲切，因为他们中的很多人都跟我有着类似的背景。

有不少教练希望受到球员们的欢迎，并和他们打成一片。这样做是徒劳的。作为一名领导者，你无须让别人喜欢你，在某些场合，让别人畏惧你反而会很有用。但是最重要的一点就是你需要获得尊重。生活中总是有些自然的界限，那些越了界的人就会遇到麻烦。当我在流浪者队踢球时，他们雇用了一位新的教练，大卫·怀特（David White）。他是个很不错的年轻人，只是无法胜任教练一职。他被这个俱乐部震慑住了，同时他还停留在凯尔特人队乔克·斯坦的阴影中。球员们不是很尊重他，其中一部分原因就在于他跟球员们走得太近了。曼联也出现过类似的情况，1969年威尔夫·麦克吉尼斯（Wilf McGuinness）接替马特·巴斯比（Matt Busby）成为主教练。当时威尔夫面临着几个不利的因素。他接替的是一个传奇；当时他年仅31岁并且没有管理经验。但是最糟糕的是，他所执教的球队中有很多队员都曾和他一起踢过球。教练对他来说是一个不可能的职位。在我执教曼联之前，俱乐部的主教练罗恩·阿特金森（Ron Atkinson）也有类似的问题。作为一名教练，他比威尔夫要成功得多，但是他也选择和队员们称兄道弟。这是徒劳无用的。领导者就是领导者，不是球员。

保持一定的距离是很有必要的。这体现在很多小的方面，但非常重要。比如，我总是坐在球队大巴的前面。球员们知道我们之间的距离，因此他们从未邀请我参加赛季末的派对。他们会邀请除了我以外的所有管理人员，然而我并没有为此感到不悦，他们的做法是正确的。除了在阿伯丁队的那一次，我从未参加过自己球员的婚礼。他们不愿意跨过那条线并且尊重我的位置。这样也让事情变得容易了，因为作为教练，对待球员不能感情用事。乔克·斯坦曾经告诉过我："不要爱上你的球员，他们会欺骗你的。"这也许有些极端，但是他说得没错，你不能跟为你工作的人过于亲密。只有当他们遇到麻烦时，他们需要你的建议，这时你才需要付出情感。我曾经无数次帮助球员解决他们的私事，他们信任我，知道我会为我们的谈话保密，我也为此感到荣幸。在这些情况下，我就像一名牧师、一位父亲或是一名律师，能够解决问题的任何角色。时至今日，我曾经的球员们还是经常跑来向我寻求意见，这也体现出了曾经支持我们之间关系的那种信任。

当我的球员上了年纪时，对他们太过仁慈就会损害俱乐部的利益，因此我不能这么做。足球场上的表现会证明一切，它们从不说谎。我不得不做出很多可怕的决定并表现得冷酷无情。我从没有指望球员会喜欢我，当然我也不希望他们恨我，因为这样我就不能让他们发挥出最佳水平了。我想要的只是让他们尊敬我并听从我的指挥。

如果你不了解自己的球员，就很难激励他们。这是很多年前我在苏格兰时，一个小伙子教给我的。当我在阿伯丁队执教时，每周四的晚上都会去格拉斯哥，在一处阿斯特罗特夫尼龙草皮上给孩子们当教练，我们也可以借此发现一些年轻的天才球员。有一天晚上，我穿着带有“AF”标志的运动服来到了球场，看见一个8岁左右的男孩正在抽烟。我对他说：“孩子，快把烟掐了。要是让你爸爸看见你吸烟，他会怎么想？”那男孩瞅了我一眼，说：“滚开！”然后就走开了。我的助理教练阿基·诺克斯看到这一幕不禁大笑起来。仔细想来，我才意识到我对这名男孩一无所知。我不知道他来自何方，他的父母是做什么的，他是否被小伙伴们奚落，也不知道为什么他的火气这么大。除非你了解这一切并且摸清楚一个人的性格，否则你不可能发掘出他们最大的潜力。在我们签下新球员之前，尤其是年轻球员，我总是努力去了解他们的成长环境。因为，人在10到12岁以前的经历会对长大成人以后的行为方式产生重大影响。

激励的另一个重要因素在于始终如一。作为一名领导者，你不能摇摆不定，你要让人们感觉到你对某一方法坚定不移的信心。如果无法做到这一点，你将很快失去自己的团队。在足球界球员们中流行着这样一句话：“你不是为教练而踢球的。”“不是为教练而踢球”这一幕我已经目睹过上千次。而一旦出现这种情况，这名教练就彻底完了，因为激励球员追随他，这一主要任务失败了。当你周围的环境发生变化，这才是你需要做出改变的时候。当诸事不顺时，总会有做出改变或跳到其他行当的冲动。这是没有用的。有时如果我们输掉了比赛，球员们就会说我们的训练应该更轻松些；如果我们在训练中不去重视专业技术的练习而是踢些娱乐赛，那么结果就会好很多。我从不会采纳这种建议。在星期日的下午，每一处球场上都挤满了玩各种公园游戏或公共游戏的人们，但是这并不能让这些人成为优秀的足球运动员。我坚信只有不断进行专业技术的训练并完善战术策略才能得到更好的结果，我不会为了一时取悦于人而做出任何改变。

领导者往往意识不到，或至少低估了他们在场时所起到的激励作用。我们眼中的自己总是跟别人眼中的我们不同。此前我从未意识到这一点，直到有一天费迪南德拦住我要跟我说话，因为我去国外考察一名球员而缺席了几次球队训练。他说："你去哪儿了？你不在的时候训练就变了样。"虽然，卡洛斯·奎罗斯带领球队进行训练，而且规则和训练方式也跟我在的时候一样，但是费迪南德意识到了我没有在场，有的球员可能会因此多少有些懈怠。我不知道事实是否真的如此，因为当时我不在场，但也许这正是问题的关键。

我把费迪南德的这一观察牢记于心。此后，如果我必须考察一名球员或一支球队，我们都会租一架私人飞机，这样即使我凌晨2点还没睡觉，第二天依旧会出现在训练场上。我汲取的经验是：即使我在训练过程中一言不发（我确实很少说话），只要我出现在训练场上就能对球员们起到激励作用，而这作用比我想象中要重要得多。任何团队的领导者都必须拥有很强的个性。这并不意味着你一定要在谈话中占据上风，或是用最高的嗓门说话。一些很安静的人也具有很强的个性，当他们要发表意见时，整间屋子的人都会洗耳恭听。强烈的个性是内在力量和勇气的外在表现。

我总能够通过赞美球员收获更多的东西，这比奚落、批评他们强得多。足球运动员和其他人一样，在他们的心中也充斥着各种情绪，有时非常不安，有时却过度自信。努力去发现球员们处在怎样一种心态是非常重要的。如果你想激励别人，你就需要知道何时缓解他们的不安情绪、何时增强他们的信心。当人们知道他们取得了领导者的信任后，才会发挥出最好的竞技水平。

我的父亲是一个沉默寡言的人。他从不夸奖我。他最希望的是我能够脚踏实地保持谦逊。就算我一场比赛打进3球，回到家之后他还是会有批评之词。他会说："你射门次数太少，你传球次数太少。"我想父亲的话可能是鼓励我要更加努力，然后我便能得到他的称赞。但是就算我表现得再出色，他还是总会说些打击我的话。相比之下，我的母亲和祖母经常给我以赞美和夸奖之词，她们为我的成功感到由衷的高兴。回首往事，我有时会想我的父母是否无形中给了我双重引擎：一个让我更加努力，另一个让我觉得自己无所不能。

当我感觉可以帮助一名球员提高时，我会对他进行批评，但是我会选择一种积极的方式。例如，我会告诉一名年轻的球员，如果多传球，他的价值会更大。这样他能更好地领会我的意思，反之厉声说："如果你总是自己拿着球不传，你将一无是处。"则效果不佳。当比赛结束时，我总是避免训斥球员。他们已经承受了足够大的压力，无须我再当众施压了。我会把批评之词留在私下场合，躲开那些时刻窥探着的眼睛。对于那些传球失误导致我们丢球或是失去机会球的球员，我会努力将他们保护起来，不让他们受到批判。你总能给媒体一些其他内容去发挥，一些对我们不公正的判罚、一个本应该判给我们并能帮助我们赢得比赛的点球、球队中有很多伤员或是多如牛毛的赛事。对于那些无须我或是他人提醒就能认识到自己错误的球员，我会努力减少他们承担的压力。因为大部分球员会因为让球队失望而感到羞愧难当。而我的首选方式则是保护这名球员，以后再说。

每名球员都不一样，我开始逐渐意识到他们需要不同的关怀和培养方式。有些球员则属于另一个极端，他们几乎不需要我。这些人往往是那些有过数百场比赛经验的老球员，他们心中充满自信并且明白我的意图。而那些年轻球员，或是那些不知为何不太自信的球员则需要不同的对待方式。我可以肯定自己经常低估了新球员所经历的恐惧。即使是那些在曼联队待了很多年的年轻球员也会被一线球队的更衣室所吓倒。现在试想一下那些从未在英国踢过球、有时甚至语言不通的海外球员会做何感受。2003年，我们从美国纽约地铁明星队（MetroStars）买来了蒂姆·霍华德，那支球队在美国职业足球大联盟（MLS）中垫底。霍华德很快就成为曼联的主力门将，我想他肯定感受到了曼联队和他之前球队的鲜明对比。他不得不尽快适应这里，他曾经远隔重洋崇敬备至的球员如今成了他的队友，同时他还需要融入我们这种更直接、对抗性更强的管理风格当中。我不确定是否有什么东西能够帮助球员准备好迎接一位船厂工人儿子的领导，接受他那格拉斯哥人的率直，特别是这个人对你的命运有着最终控制权。

你也许会认为球员们会抱怨某名球员得到了特殊待遇。如果那名球员仅仅是个普通角色，那么确实可能会招来抱怨。但是经常会有需要特殊待遇的球员出现，埃里克·坎通纳就是其中一位。他在之前的俱乐部里一直表现得狂放不羁，而且落下了桀骜不驯、难以相处的坏名声。你就是无法用纪律去约束他，因此很多人视他为魔鬼。我却不这么认为。当你与天赋异禀的人接触时，以特殊的方式对待他们也是应该的。我有意识地不去想曾经发生在他身上的事情，而是像对待新球员一样对待坎通纳。在坎通纳为曼联效力的日子里，我每天都会找他谈话，在训练场上、自助餐厅或是更衣室。他是个非常敏感的人，任何事情都能把他激怒，但是他喜欢谈论足球，而这也是让他振作起来的方法之一。我在对待坎通纳和一些非常特殊的球员时确实采用了不同于其他球员的方式，但是我并不觉得这会让大家产生怨恨情绪，因为球员们都明白自己身上没有那种超群的天赋和素质。我跟坎通纳都不是英格兰人，而且都经常视自己为局外人，这也使得我们的关系保持得不错。但是即使是那些我自认为很了解的球员也会做出令我始料未及的反应。我直到最近才知道，当加里·内维尔还是一名年轻球员的时候，他会因为我的训斥而失眠。这一点证明了领导者需要站在聆听者的角度看问题。比如，当我让一名球员在场边休息时，我会非常小心地告诉他，我指望他在后面更为艰难的比赛中大显身手。这招很管用，也许并不能满足他们想要每场比赛都上场的欲望，但这样做能够避免他们把我的决定理解为对他们缺乏信任。

对于大部分球员来说，我无须督促他们提高效率或是更投入些。但是对于有些球员，比如加里·帕莱斯特就需要额外的鞭策。他在1989年至1998

年效力曼联期间，代表球队打了437场比赛。颇具讽刺意味的是帕莱斯特是我执教过的最好的防守队员，但是他对待生活的态度十分懒散。他不喜欢训练，而在比赛中他往往需要15分钟才能进入状态。1990年我们对阵利物浦的一场比赛中，上半场比赛他简直把我折磨得要死。中场休息时我对他说："下半场你不用上了。"后来我想了又想，改变了主意，然后对他说，"下半场你还是继续踢吧，我要你跟我一起受罪。"

保罗·因斯是另外一个例子。他是一名非常优秀的球员，但是他总喜欢自己带球，而不愿意传球。因此我经常训斥他，1992年在我们和诺维奇队的比赛之后我责骂了他。我们只有赢得了那场比赛才能有机会冲击英超冠军，而他在那场比赛中也表现得异常狂躁。他大声叫喊说我总是责备他，其他球员只得把他拉开。我告诉他："我没有责备你。你犯了错误，你在该传球的时候没有传球。"

在我年轻的时候，我会表现得更为严厉。1983年我带领阿伯丁队在欧洲优胜者杯决赛中击败皇家马德里夺冠，3天后我们又击败了流浪者队，在苏格兰杯中成功卫冕。但是当时我对球员的表现很不满，在电视采访中怒批球员"丢脸的表现"，后来我收回了这一看法。当我积累了更多的经验之后，我采取了不同的策略。在公共场合对球员进行批判毫无益处，这样做你什么也得不到。此举既羞辱了受害者，同时也鼓励不了他周围的人。于是我尝试着坚持几项原则。那些激烈的言辞在最紧张的时刻有时是不管用的，因此我把自己最严厉的批评留在了私下场合。我通常会在批评中融入一些鼓励的话："你知道你可以做得更好，对吗？"同时，你还要让所有人都明白任何纪律处分都不是任意的：它适用于任何人，而且是不可改变的。在1996—1997赛季一场对阵尤文图斯的比赛中，中场休息时吉格斯跟我发生了争吵，于是下半场比赛我让他坐了冷板凳。当保罗·斯科尔斯，这位曼联历史上最伟大的球员做出几次愚蠢的抢断，最后被红牌罚下时，我也会训斥他。因为他的行为让队友们失望；即使是再优秀的球员，也不能凌驾在纪律之上。

在管理那些取得很高成就的球员时，另一个值得一提的方面是限制他们尝试去做那些不可能的事情。经常会有球员能够打进一个杂耍般的进球或是秀出一次精彩绝伦的球艺，但是你永远不能指望这些。当比赛形势严峻时，球员们总会有尝试或依靠绝技的冲动，但是这种杂耍一样的绝技只有在老旧的漫画杂志《男孩自己的报纸》（*Boy's Own Paper*）中才管用，而在狂热的75,000名球迷面前几乎注定是要失败的。每当我们遇到势均力敌的对手并且落后1分时，我总是会跟队员们强调，让他们不要惊慌并要求他们不要尝试在禁区外围远射。我希望他们能够不慌不忙地把握住控球权，慢慢渗入对方禁区。加里·内维尔在曼联效力多年，是一名不屈不挠的右后卫。他总是喜欢尝试在35码处射门。我简直要被他气疯了。每当比赛结束，我总会质问他："我跟你说了多少遍，这样做不管用。"遵守纪律并坚持不懈，这比鲁莽地尝试个人英雄主义要管用得多。

从球员身上发掘出最大潜力的一个方法就是当整个世界都在责难他时，对他表现出真正的信任。而在足球界你有的是机会这样做。在1995年水晶宫队（Crystal Palace）的主场，坎通纳著名的飞踹球迷事件过后，我在赛后观看了录像，我认为那是一个咄咄逼人、满嘴脏话的球迷，球队给他停赛4个月的处分（后来又被英国足球协会延期至8个月）。但同时俱乐部也给予了他最大限度的支持。坎通纳曾一度被放逐，他被禁止参加训练或是赛季前的球队旅行，因此他很自然地感觉到自己被孤立和遗忘了。我竭尽所能让他感觉到我们还是很在乎他的，而就在他欲离队前往意大利的前夕，我们对他的信任使得他留在了曼联。

此后的法国1998年世界杯上，贝克汉姆因踢倒了阿根廷的迭戈·西蒙尼（现任马德里竞技教练）而被红牌罚下，我们确定一定要站在大卫这边。所有的记者团一致认为贝克汉姆被罚下场直接导致英格兰队被淘汰，并且各大头条也反映了这种看法。新闻丝毫不留情面：《每日镜报》的头条是"十头雄狮，一个傻男孩"；《每日星报》也发出了刺耳的声音——"被罚下的贝克汉姆”。大街上的灯柱上挂的到处都是贝克汉姆的肖像，如果有一名移民局官员拒绝贝克汉姆再次进入英格兰，我也不会觉得奇怪。在目睹了这一切之后，我马上给他打了电话，我知道他一定难过极了。事实也确实如此。事后我得知，当贝克汉姆见到自己的父母时放声大哭，没有什么能够安抚他的悲痛。

这时贝克汉姆最不希望的是我再去批评他，因为他已经非常自责了。所以我打电话给他，希望他能重拾信心。并且告诉他我知道当时发生了什么，我们每个人都会碰到这样的事，曼联队以及俱乐部的所有人员都知道他是一名非常出色的球员并且希望他早日归队，我们会保护他的。此后的一个赛季里，曼联第一次客场作战是对阵西汉姆联队，当时在前往体育馆的路上有一条绳索悬挂着贝克汉姆的肖像，而曼联队的大巴车也遭到了石头和玻璃瓶的袭击。

2000年，当我们从埃因霍温队买来鲁德·范尼斯特鲁伊时也遇到了类似的情形。我们已经就各项协议达成了一致，可是范尼没能通过体检，这让我感到很震惊。当时埃因霍温队宣称范尼的身体状况很好，为证明这一点还安排录制了一次训练。而就是在本次录制中，范尼受伤倒地并痛苦地喊叫着，你可以在YouTube上看到这段视频。事后证明他的十字韧带拉伤。于是我们终止了合同，但是我马上动身前往荷兰去看望范尼，他当时正卧床不起。我告诉他现在跟以前不同了，十字韧带是可以修复的，他可以恢复，那时候我们还会签下他。我想这番话安抚了范尼，同时也确保了他不会加入其他俱乐部。一年多以后，范尼就加盟了曼联，并在首秀中射门得分。

球员们经常会遇到更大的挑战，幸运的是那些顶级球员很少会染上危及生命的疾病。而当达伦·弗莱彻染上溃疡性结肠炎之后，曼联队也获得一次向他提供坚定不移支持的机会，因为当时他离队很久了。他顽强地与病魔斗争了几年，但是后来他病得出不了家门，只得接受手术。巧合的是，我妻子的妹妹正是死于这种疾病的并发症，因此我非常了解弗莱彻默默忍受的那种折磨。如果我们对他置之不理，那是很容易的一件事情。但是我们却告诉他大家都希望他能早日康复归队，那时会跟他签新合同。弗莱彻年轻时就来到了曼联，而且从未让我们失望过，因此在他接受治疗期间，我们让他担任预备队的教练，这样他就不会觉得被遗弃了。有一次中场休息时，我伸头去听他的训话，那简直棒极了。他当时正在训斥自己的球员，说道："如果你们认为刚才的表现能够进入曼联一线队伍，那你们一定是在开玩笑。你们根本没有机会。"后来，弗莱彻及时痊愈了并将自己的病情公之于众，他自己也得到了极大的解脱，现在已经骄傲地成为西布罗姆维奇足球俱乐部的队长。

虽然听起来有些奇怪，但是有时我会为了保护球员而让他们离开一线阵容，无论是对年轻球员还是老球员都是如此。对于年轻球员（正如我之前所说），我想最好让他们逐渐认识到一线阵容的残酷。而对于30多岁的球员，我之所以让他们休息，是因为不希望他们的身体负担太重。当坎通纳和内维尔跟我说他们希望退役时，我都努力劝说他们不要这样做。我曾经让坎通纳找他的父亲谈谈，但是那并不管用。内维尔是一位很自负也很固执的球员，当我劝说他等到2010—2011赛季结束后再退役时，他对我说："老板，我完了。现在我只是在欺骗我自己。"在默西塞德郡对阵埃弗顿队时，我不止一次让鲁尼坐在观战席上。这不仅是出于身体原因，还因为埃弗顿的球迷对鲁尼非常不友好。虽然随着年龄的增长，鲁尼可以对那些咒骂置之不理，但是让鲁尼乃至整支球队都蒙受那针对鲁尼的辱骂，这显然是不明智的。那些辱骂简直不堪入耳，就连鲁尼的父亲——埃弗顿的死忠粉丝也会有意回避葛迪逊公园球场（Goodison Park）上曼联队的比赛。

足球运动会给教练很多向球员伸出援手的机会，比如前面所说的，贝克汉姆和范尼遭遇的窘境。但同时还有很多小的方面，可以帮助年轻球员增长他们的技艺，可以给球员提出建议，比如：我告诉C罗在他准备进行长传之前需要缩小跑动步伐；当有球员受伤时，站在他旁边不要动；当新球员刚进入一线阵容时对他们进行指引，这其实是在灌输忠诚的感觉。我这么做并非去模仿特蕾莎修女（Mother Teresa），只是因为这样做可以帮助曼联队，同时还会让球员们感到我们对他们的信任。这样做也向球员们灌输了惊人的忠诚，还让他们在比赛中能够有优异的发挥。作为回报，他们会在球场上贡献出那另外5%的潜力。于是，我就这样无心地发现了这种激励人的方式。

他人对球队的批评也能让我们更加团结。当某一名球员被媒体指名道姓地批判时是一回事，尤其有些时候是他们罪有应得的。但是，当整支球队被人嘲弄时，就是另一回事了。当这种事情发生时，我可以说是很享受的，因为这正中我们下怀。因为这种嘲弄是针对整个集体的，这反而会让球员们团结得更紧密，并且给我提供一个更容易的战斗口号。1996年的英超联赛中，我们陆续惨败给纽卡斯尔联队、南安普敦队和切尔西队，BBC广播公司在新闻中预测我们的英超之旅即将结束。而这条新闻对我们来说就像是完美的兴奋剂，我确信也正是这条新闻帮助我们夺得了那年的英超冠军。回首往事，我弄明白了为什么这件事情意味深长，因为在我执教曼联的最后20年里，这种事情仅发生过两次。

避免自满

自满是一种病，尤其是对那些沉浸在成功中的人和团队来说更是如此。我认为能够避免让球队陷入自满情绪是令曼联队卓尔不群的品质之一。我们并不是总能做到这一点，但是我总是希望扑灭哪怕是一点点自满的苗头。自满就像是干腐菌或是蛀虫，一旦潮气侵袭了建筑物，木头里生了蛀虫，你发现的时候往往就已经太迟了。我从不认为我们能够对任何一场比赛稳操胜券。人们也许会认为我是一名“常胜教练”，但是来看看数据吧。我总共带领曼联打了1500场比赛，其中输掉267场、打平338场、胜利895场。因此，你可以得出这样的结论：每当我步入足球场时，我也只有60%的胜算。2008年当我们赢得了欧洲冠军杯冠军和英超冠军之后，我在莫斯科的酒店里跟球员们一起回顾了2008—2009赛季并强调了要做好准备，迎接新赛季一系列的艰苦挑战，因为我们不能对每场比赛都稳操胜券。

自满给我带来的第一次教训在1968年，当时是我在流浪者队踢球的第一个赛季。在决赛对阵阿伯丁队之前，我们从未输过任何一场比赛。而最后我们以2：3输给了对手，失去了冠军。赛后成千上万的球迷陷入了疯狂，他们砸窗户、互相践踏。当时的场面简直是一片混乱，我们在警察的护卫下才得以安全离开球场。其实我们要想赢得冠军并不难，我们只需要做好本职工作就可以，但是我们没能够做到。

在我的脑海中还深深地记得另一个关于自满或过度自信的例子。那是网球比赛中的故事。2012年我观看了美国网球公开赛女子单打的决赛，对阵的双方是维多利亚·阿扎伦卡（Victoria Azarenka）和塞雷娜·威廉姆斯（Serena Williams）。当时阿扎伦卡几乎拿下了比赛，在决胜盘之前还以5：3领先。这时她向观众席上的亲友们举手示意自己马上要赢了。自那一刻起，局势发生了扭转，她丢掉了本该属于她的冠军。在阿扎伦卡失利后，我观察了她的面部表情：极为沮丧。这告诉人们，在你赢得奖杯之前，千万不要触碰它。

2012年莱德杯（Ryder Cup）上，美国队在梅黛娜也发生过这种事情。当时美国队以10：6领先欧洲队，只需要在剩下的12杆球里拿到4½分即可赢得冠军。我可以确定当时美国队的球员已经有自满情绪了，那是人的本性。而一旦出现自满情绪，就要出问题了，这是一条通往毁灭的道路。当时，在美国队丢掉1分之后，你可以发现不稳定因素开始萦绕着美国队。而在又丢一球之后，整支队伍变得混乱起来。不久他们便开始恐慌，节奏大乱。选手们已经忘记了他们应该做什么，也无法让自己冷静下来，同时开始犯一些罕见的错误。最后，美国队认输了。

这一幕，我曾经目睹过无数次。开始是不稳定因素的出现，从而导致混乱。恐慌接踵而至，而在你发觉之前，整支队伍都已经停止了反抗，失败也在所难免。而与此同时，对手的表现也发生了改变：他们逐渐建立起信心，变得越来越专注，同时排除掉了一切干扰，他们可以闻到血的味道，不知不觉间自满再次决定了一次丑陋的胜利。

我们曼联队也不能免于自满的困扰，有那么几场比赛，每每回想起来都会令我感到羞愧。1998年11月，我们对阵布莱克本流浪者队，当时局势已经很明朗，看起来我们会很顺利地以3：0赢得比赛，因为当时他们已经被罚下一名球员了。但是就在最后25分钟内，对方连进2球，这让曼联几乎崩溃。整支球队陷入一片混乱，球员们不断地把球踢出边线或是踢到看台上。这时我对自己说："如果我们输了，我会把你们都宰了。"最终，我们以一球险胜，但是正是因为自满，也许还因为我进行了几次换人，我们险些尴尬地输掉比赛。

毫无疑问，自满让我们付出的最惨痛代价是2012年在老特拉福德球场对阵埃弗顿队。那时已是4月，我们在该赛季的英超联赛中已经打了34场，在积分榜上排名第一，领先曼城队5分。天晓得那场比赛发生了什么。也许大家都觉得这无非又是一场乏味的比赛，我们还将一如既往地获胜。也许我们都认为即将迎来另一座奖杯，因为本赛季中我们发挥出了最佳水平。在离比赛结束还有7分钟时，我们以4：2领先；有一两名球员已经变得怠惰起来，跑回了他们的防守位置，无所事事。

我经常反思那场比赛，但是时至今日我依旧无法对其做出解释。开场33分钟时，我们以0：1落后。在中场结束前我们扳平了比分，后面又打进了3粒不可思议的进球，我们以4：2的比分领先埃弗顿队。讽刺的是我们却一直受到对方中场球员达隆·吉布森（Darron Gibson）的困扰，他是一名非常优秀的球员，我们刚刚将他卖给埃弗顿。我不断告诉球员们不要让吉布森在中场位置拿到球。但是由于某种原因，我们没能够阻止他，于是吉布森的个人表演开始了。在比赛进行到第85分钟时，埃弗顿队将比分追平。一周之后，我们在伊蒂哈德球场（Etihad Stadium）以0：1输给了曼城队，这场败仗的部分原因来自我对球员的选拔出现了错误，同时也因为罗伯托·曼奇尼（Roberto Mancini）对防守的重视。最后曼城队夺得了英超冠军。

在我执教曼联的最后一个赛季，2013年3月在足总杯的比赛中我们主场以2：0领先切尔西队，看起来我们将轻而易举地取得胜利。而这也正是失败的根源，一切都太顺利了。切尔西队在经过几次换人之后改变了场上的形势，扳回一球后很快又将比分追平。在比赛临近尾声时，我们承受着巨大的压力，我们仅仅渴望能够将平局保持到最后。但是那场比赛重演了斯坦福桥球场（Stamford Bridge）的一幕，我们输了；我们的自满让一次轻松的胜利变成了失败。

我总是尽量避免表现得过于自信。这不是表演哑剧，也不是惺惺作态的假面孔，这就是我在追求任何他人也同样渴望的东西时的一种感受。你不能把任何事情看成理所当然的。如果本赛季还剩下5场比赛，而曼联碰巧高居榜首，我也永远不会说："如果本场比赛我们拿下3分，那么别人就不可能赶得上我们了。"我会说："让我们好好把这场球踢完吧。完成我们该做的事情就可以了。"只有一步一个脚印才能迈向成功。

在我的记忆中还有另一场比赛，那是2006—2007赛季最后一场主场作战，对阵西汉姆联队。那次比赛，我们再次输在了自满上。在比赛的前一周，我们就已经稳拿冠军了，但是在比赛前我还是对球员们进行了训话，让大家懂得能够赢得冠军是每个人的功劳。而西汉姆联队则需要在本场比赛击败我们才能保级留在英超。我没有让C罗、吉格斯和斯科尔斯上场，因为下周我们需要踢足总杯的决赛。但是上半场特维斯就帮助西汉姆联队率先破门，下半场我派上了这3名球员，但是于事无补，我们还是输了。曼联队当时表现出的自满让我怒不可遏。在临近比赛结束时，我还要求球员们全力以赴去踢。以这样一种方式结束一个赛季简直是太可怕了，对于我们的球迷来说，这是一场糟糕的表演，同时也给我留下了可怕的回忆。球员们可能认为这是一场没有意义的比赛，但是我并不这么认为。

当一个团队获得一系列的成就之后，自满总会悄然而至。越来越多的金钱；宽松的旅游政策下，人们可以预订昂贵的机票或是五星级酒店。成功时获得的奖章和纪念品，或是重要的里程碑堆叠在桌面上和办公室的架子上。一些集团，当然曼联也是其中之一，甚至会有属于自己的博物馆，对于曼联来说，里面会摆上些奖杯。一年一年过去，曼联球员的日子越发好过了。我们包下飞机带着球员四处飞，我们球队大巴的舒适程度也不可同日而语，因此我们很容易把这些奢华看作理所当然的。

然而让一个团队中的所有人都能够分享成功的喜悦也是很重要的。在我们赢得任何冠军美誉之后的几天，我总会把卡灵顿所有的工作人员召集在一起，喝几杯香槟庆祝我们的成功，然后再让他们去工作。我一直认为其中的诀窍在于：在庆祝胜利的同时，不要失去帮助我们获得胜利的优点和那种深深的渴望。我只是想时刻警惕，不把当前的成功当作未来成功理所当然的保证，同时确保庆祝时不会播下自满的种子。

那些竭尽全力并最终创造奇迹的人是应该得到认可和赞赏的。但是，我从来都不喜欢庆祝。我在曼联队期间参加过不少庆祝活动，这些都是由俱乐部的商业部组织策划的。每当我的队员获得了金球奖或是英格兰年度PFA足球先生，我是肯定会去参加庆功宴的。但是我无法掩盖自己不喜欢饮酒庆祝这一事实。

我喜欢庆祝进球，尤其是2011年对曼城的比赛中鲁尼打进的那个倒勾球。对我来说，终场哨声是一种救赎，那是最美妙的时刻。那是决定性的哨声，在那一刻你终于实现了一些东西。然而即使取得了巨大的成功，我那庆祝的心情也仅能维持几个小时。无论是联盟杯冠军，还是欧洲冠军杯冠军，都是如此。胜利后的庆祝是乏味的。在比赛后，作为一名教练，我需要接受新闻采访、返回酒店、梳洗一番再去参加招待会。等到全部忙完，已经是凌晨1点了，那时候我已经困得要死。当我躺在床上的时候，能够体会到那种满足感，但是当我醒来，那种感觉就荡然无存了。

我意识到一次胜利或是一次重大事件，对于球员、球迷或是教练来说都有着不同的意义，你可以以自己的方式来庆祝。能看到球队为其他人，尤其是为那些没有太多机会抛头露面同时也不太走运的人带来快乐，这是很令人欣慰的。阿伯丁队1983年获得欧洲优胜者杯冠军让这座城市为之一振，除了北海石油（North Sea oil）带来的业务，这座城市很容易被人遗忘。阿伯丁比伦敦更靠近奥斯陆。在冬季，这里白天的时间仅有不到六个半小时。即使是在5月，当我们返程归来时，依旧能感受到北海吹来的刺骨寒风。而市政厅会把那天定为法定假期，除了当时的女校——阿尔宾学校，所有的学校都会停课。但是当我们经过这所学校的时候，学校里的女生们会跑出来或是透过窗子向我们欢呼。

虽然曼彻斯特市比阿伯丁更大，知名度也更高，但是曼联队的胜利对于当地人来说也是意味深长的。这座城市铭记着曾经的磨难，我说的不是20世纪七八十年代利物浦总是夺冠的那几年，我指的是当地的经济、几乎全部的制造业都遭遇了破产以及无数家庭因此遭受的艰难困苦。对于很多人来说，曼联队的胜利是他们人生中最高兴的事情。我可以肯定，对于一些人来说，看着曼联队的敞篷大巴队伍穿过曼彻斯特市比过圣诞节还要开心。

1999年，曼联获得了三冠王，那简直是棒极了。在通往曼彻斯特市中心的丁斯盖特街上，有一幢正在施工的建筑，四周到处贴的都是“禁止入内”的标语。然而这挡不住热情的球迷，人们站在混凝土楼板上和钢梁上，一边高声唱着曼联队最喜欢的歌曲，一边向球队大巴扔丝巾和帽子。2013年，当我们获得第20个冠军之后，这一幕重演。整支球队都出现在市政厅的阳台上跟球迷见面。很多赛季以来，每当我们赢得冠军，我总是会把球员们请到家中吃庆功宴，再喝上几杯。

虽然能为别人付出，我感到很高兴也很满足，但是我承认我不能像他们一样开心。我总觉得明天就不得不再次成为领导者，我需要开始思考我们如何才能提高并关注那些已经开始走下坡路的球员。对于我来说，在欢庆期间脑海中总是闪过一些问题："我们是如何夺冠的？我们如何夺取下一个冠军？"我不希望我们被自满击败。

vodafone

Leading

第六章

识人有术

每当我进行面试时，我希望发现面试者有何雄心、他们是否只是把这份工作当作一块垫脚石。除了他们的素质和资历，我们还希望弄清楚他们的忠诚度。我所寻找的是热情、积极的态度、眼神的交流和个人的勇气。

求职

我跟其他教练不一样，也不像跟我一起在苏格兰长大的人们，我从来没有体会过长达数月乃至几年的无业生活，那简直太消磨意志了。对于那种被抛弃在垃圾堆的感觉，我也只能想象一下了。我很幸运，我总是在有一份工作的时候去寻找新的挑战，但是这对于我日后进行面试，尤其是在从业之初，并没有多大帮助。

在媒体面前，我接受过无数次采访。但是，我这辈子仅仅面试过几次——1974年在苏格兰的女王公园队、1982年在狼队以及1983年在巴塞罗那。而我在女王公园队面试主教练一职这件事对我来说简直是不堪回首的。我当时完全没有准备，我既不知道我将会见到谁，也没有准备好可能被问到的问题，更不要说为自己感兴趣的话题列个清单了。因此当我到达面试现场时，我想我仅仅会见到俱乐部的主席。当看到庞大的面试官阵容时，我感到惊讶不已，其中还有曾跟我一起踢过球的队员。当时有12名面试官，我十分紧张，简直无法控制自己。整个面试期间，我都在试图证明我自己和我的履历，而并没有表现出自己最真实的一面。当我走出房间，就已经知道自己失败了并且非常沮丧。后来他们把教练一职给了戴夫·麦克帕兰德（Dave McParland），他后来在凯尔特人队成为乔克·斯坦的助理教练。

我逐渐发现面试或是跟其他俱乐部的领导见面是颇具启迪性的，他们让我感受到了其他团队的风格和特点。我在狼队的面试可以说是令人惊讶的。此前，他们的行动让我相信我已经得到了这份工作。但是当我来到酒店，我面对的是整个董事会，他们问我，如果我发现一名球员从球队的账户里拿走5000英镑，我会怎么办。我想："他们需要的不是一名教练，而是一名会计。"于是我立即返回了阿伯丁。

那时我还见到了托特纳姆热刺队的主席欧文·史高拿（Irving Scholar），他希望我能去担任主教练。但是当时托特纳姆热刺队有主教练——基夫·布坚素（Keith Burkinshaw），而我是绝对不会从别人那里抢工作的。

在我执教生涯的后期，我跟国际米兰主席马西莫·莫拉蒂（Massimo Moratti）的代表进行了一次会面。但是当他给我看球队计划买入和卖出的球员名单时，我放弃了这次合作。但是这也无妨，因为我是无论如何也无法劝说凯茜跟我一起搬去意大利的。

回想起来，是曼联队主教练的工作选择了我，而并没有经过正式面试，这多少有些奇怪，很少会有企业雇用一个未曾面试或是了解不深的人。但是在足球界却并非如此。当我接到曼联的电话时，这支球队正在甲级联赛的降级区徘徊，仿佛在跟灾难调情。此前，我跟球队的董事会有过短暂的接触，那是在1984年我帮助曼联队买入了阿伯丁队的中场球员戈登·斯特拉坎，当时这名球员已经决定转会去一家德国俱乐部。除了这次，还有1986年墨西哥世界杯时在球场外跟博比·查尔顿非常简短的谈话，但是我从未跟曼联队谈过主教练一职。最后我们在格拉斯哥城外的毕晓普布里格斯（Bishopbriggs）我妻子的妹妹家中见了面，那时我们谈了教练的收入状况。他们决定让我来曼联，而我也非常向往这份工作，尽管阿伯丁队的薪水更高，但我还是毅然决然地去了老特拉福德球场。

多年之后，我在面试桌的另一面积累了越来越多的经验——我成为面试官而不是面试者。每当我进行面试时，我希望发现面试者有何雄心、他们是否只是把这份工作当作一块垫脚石。除了他们的素质和资历，我们还希望弄清楚他们的忠诚度。我所寻找的是热情积极的态度、眼神的交流和个人的勇气。随着曼联越来越成功，我发现应聘者看到我时都很紧张。因此我会给他们倒杯茶，让他们放轻松些。我只想让他们足够放松，这样一来我便能了解到他们最真实的一面了。

在面试过程中，你可以通过很多方式弄清楚一个人的性格，一些细节往往是很关键的。比如，正襟危坐、身体略微前倾的人是那些渴望有一个新开始的人。这看起来比那些傲慢自大、对所求职位不甚感兴趣的人要强得多。一些人在面试期间不敢提问题，这是很愚蠢的。面试应该是双向的，你需要知道你的老板能给你什么。我经常通过求职者的问题来对他们进行评价，他们的问题表达了其思维模式，表现出其经验水平和成熟程度。

在我执教曼联的26年里，最重要的面试是招聘助理教练。在曼联，我总共有过7位助理教练——阿基·诺克斯、布莱恩·基德、史蒂夫·麦克拉伦、吉姆·瑞恩（Jim Ryan）、卡洛斯·奎罗斯、沃尔特·史密斯（Walter Smith）和迈克·费兰。在1998年，布莱恩·基德离开之后，我更加重视助理教练的面试，对整个面试过程也是一丝不苟。我们关注了不少人，但是最后把注意力集中在了大卫·莫耶斯和史蒂夫·麦克拉伦身上。

当时35岁的大卫·莫耶斯正在执教普雷斯顿队。在我面试他时，他非常紧张，而且一脸严肃。而史蒂夫·麦克拉伦则跟他正好相反，他很欢快、很放松并且充满热情。他曾执教过牛津联队（Oxford United）和德比郡队（Derby County），两支球队的球员都很喜欢他，同时他还喜欢读书和观看足球和训练技巧的录像。在那时，麦克拉伦比莫耶斯在顶级足球赛事中更有经验，这是我选择他的原因。

面试卡洛斯·奎罗斯给我留下了最深刻的印象。一直以来，我都希望找一名会讲多门语言的外籍教练，帮助我跟外籍球员沟通。苏格兰前主教练安迪·罗克斯伯伯（Andy Roxburgh）向我推荐了奎罗斯，他当时是南非队的主教练。曼联队中的南非球员昆顿·福琼也对他赞赏有加。当奎罗斯来面试时，他几乎没有犯任何错误。我此前从未见过他。面试那天他打扮得像要去结婚一样，而且从他的坐姿中我可以看出他非常渴望这份工作。他热情地看着我，我经常会注意观察人们是否会保持目光交流，因为这是对其自信心很好的测量。奎罗斯很有想法并且提出了很棒的问题，他经验丰富又充满热情，于是我毫不犹豫地雇用了他。

雷内·穆伦斯丁则用另外一种方式表达他对曼联的兴趣。他曾经执教过卡塔尔队，是托特纳姆热刺队和德比郡队的优秀球员戴夫·麦基（Dave Mackay）向我们推荐了他。2001年，他来到曼联求职时告诉我们，展示他才能的最好途径是通过实际行动。于是我们跟他一起来到了训练场上，在那里他给几名年轻球员上了一节训练课，这节课也为他赢得了这个职位。

判断一名教练能否胜任与衡量一名球员的能力是不同的。对球员的评判证据来自他在球场上的表现。对一名16岁的中后卫进行面试，虽然能够让你对他的决心有所了解，但是对于他的足球水平却不得而知。弄清楚一名球员是否具有长期发展的韧性和毅力的唯一途径就是他在赛场上的表现。但你见到一位陌生人并希望对最关键的要素——他的性格进行评估，你也只是在推测而已。有时你是对的，有时却是错的。对性格的唯一检验方式是在流逝的岁月中观察他们做何表现，尤其是当他们经历不如意时或是从挫折中恢复时。而对这种表现做出最终评判的只有时光老人。

人际关系网

我有11个孙子和孙女，他们是我见过的最棒的网络使用者，他们经常使用Facebook、Instagram、Snapchat 或Twitter。在这些方面，无论是新潮的网络还是老式的网络，我都不擅长，但是我很推崇当今的人际关系网络。

在你跟熟识的人打交道时，做出决定来会相对容易些。与观察陌生人相比，你更容易评估熟人的意见，权衡他们的判断。在我的教练和球员生涯中，那些最棒的职务任命往往都来自这种非正式关系网络中的推荐和评估。这种关系网并非我有意而为之，我从不刻意去培养关系或是讨好他人，指望他们在我的职业生涯中帮上忙或是起到某种作用。这种关系部分来自时光的流逝，部分来自你待人接物的方式，同时也来自相互作用。但是这种关系都是从家庭中开始的。

如果你的团队成员感觉到自己所在的团队重视他们的切身利益，那么他们就会表现出很高的忠诚度，而这往往体现在一些小问题上。20世纪90年代末，当我们规划卡灵顿的训练场时，建筑师和主席希望建两间独立的餐厅——一间供球员使用，另一间供员工使用。这也是我们的老训练场——克里夫训练场的模式，当时仅有球员和医务人员能够在餐厅用餐。但是我不同意这种规划模式，我希望大家都能够坐在一起。我希望年轻球员能够跟老队员和工作人员，包括洗衣工和球场管理员，一起吃饭并进行交流。如果一个年轻人能够跟吉格斯交谈，那是很棒的一件事。而且让所有的年轻球员都能够看到并融入一线球队也是大有裨益的，这为他们树立了榜样，让他们心怀理想。

有时候如果我看见一位青训队的小球员自己在吃饭，我会走过去坐在他身边。你需要让每个人都有种在家的感觉。但是这并不意味着你要对他们心慈手软，只是需要让他们有归属感。我这么做是因为受到了玛莎百货的影响。早在几十年前的困难时期，玛莎百货就会为员工提供免费午餐，因为很多人都不吃午餐，把钱省下来补贴家用。身为一名教练，参与其中可能会有些奇怪新训练场地的餐厅布局，但是当我想到这样做所能营造出的俱乐部氛围和对员工及球员间的互动产生的积极作用，我认为再怎么强调这种小变动的重要性也不为过。

当然，关于人际关系也有更令人瞩目的例子。其中最值得一提的就是我们发现克里斯蒂亚诺·罗纳尔多。卡洛斯·奎罗斯出生于莫桑比克，那时还是葡萄牙殖民地，他给我当了5年的助理教练。他建议我跟里斯本竞技队（Sporting Lisbon）建立联系，因为他们很擅长开发年轻球员。我们都很喜欢奎罗斯，而这看起来也确实是个好主意，于是我们开始交换教练，以便让他们体会不同的阵容。2001年，我们派吉姆·瑞恩去里斯本竞技，他已经在曼联教练组工作了21年。那时，吉姆·瑞恩在里斯本青训队发现了一名16岁的小球员，他就是克里斯蒂亚诺·罗纳尔多。

我们跟里斯本竞技的协议中包括在2003年8月他们的新体育馆落成典礼上踢一场表演赛。于是在那年夏天，我们从美国度完假直接飞去了葡萄牙。在典礼的前一天，C罗的经纪人豪尔赫·门德斯（Jorge Mendes）告诉我皇家马德里和阿森纳都希望得到C罗。这次简短的小对话简直是太及时了，因为第二天在赛场上C罗的表现简直令人倾倒。半场休息时，我让我们的器械管理员阿尔伯特·摩根去联系当时曼联的CEO彼得·肯扬，并告诉他如果不能签下C罗，我们就不走了。我们与C罗、豪尔赫·门德斯以及里斯本竞技队的主席进行协商，最终以1224万英镑的价格成交。第二天我们安排了包机，把C罗的母亲和妹妹、经纪人和律师都接到了曼彻斯特。然而这一切都要归功于卡洛斯·奎罗斯营造的人际关系网，使得C罗能为曼联效力6年，此后他也实现了自己毕生的梦想——加盟皇家马德里队，皇马以8000万英镑的天价买下了这位世界上最优秀的球员。

我们一些经验丰富的老球员在情报网络中也是功不可没。我经常可以从吉格斯、斯科尔斯、内维尔和费迪南德那里得到宝贵的意见，他们可以告诉我关于其他顶级球队中我们所关注并考虑签约的队员的情况。他们都清楚曼联队需要什么样的球员。他们对英格兰球员总能做出一针见血的评价，因此我经常问他们我是否该注意些什么。我也经常询问那些来自英格兰队的球员，看他们是否能推荐一些适合曼联队的优秀球员。2006年，我通过这一途径从托特纳姆热刺队签下了迈克尔·卡里克（Michael Carrick）。

队员们还会努力帮助我签下那些他们认识的有前途的球员。吉格斯竭力说服我签下他的威尔士老乡——卡迪夫城的阿隆·拉姆齐（Aaron Ramsey）。但是当我们决定签下拉姆齐时已经太迟了，我从卡迪夫队主教练达夫·琼斯（Dave Jones）处得知，拉姆齐本来是希望转会去曼联的，但是温格让他改变了心意，并让他相信自己的命运属于酋长球场（Emirates）。若干年后，我报了一箭之仇。当时富勒姆队的主教练罗伊·霍奇森（Roy Hodgson）帮助我们从阿森纳挖来了后卫队员克里斯·斯莫林（Chris Smalling）。

良好的人际关系网的意义不仅限于当前从一线球队招募球员，人们总是很容易忘记那些已经离开团队的人，而且因为他们已经退役或是已经过了高产的年龄，认为他们一无是处。而事实恰好相反。如果一个团队和这些人相处得不错，他们总是会在心中留下美好的回忆、对球队充满感情并且非常乐意为球队帮忙。我们在曼联就做了这样的尝试——部分原因是受到了我在拜仁慕尼黑见闻的启发。

20世纪90年代中期，我向马丁·爱德华兹提出建议，希望曼联能够效仿拜仁，进一步开发我们那些伟大球员的才能。因为他们很熟悉曼联队、明白我们代表着什么、懂得我们对于卓越的追求并且有足够的身份和声望发挥楷模的作用。拜仁在这方面做得非常好，他们那些最伟大的球员也正在有效地管理着球队。

但是我始终无法说服马丁，让他意识到这样做的好处，我想他可能怀疑我是在尝试重组董事会。因此，他也只是要耍嘴皮子，我们能做的也只有让曼联前球员，如诺曼·怀特塞德、帕迪·克雷兰德（Paddy Crerand）和威尔夫·麦克吉尼斯在主场比赛结束后的午餐或晚餐上取悦一下球迷。

当大卫·吉尔成为CEO之后，他很乐意采纳我的想法，因为我希望使用一些曼联前球员来分担俱乐部商务部的负担。目前有许多曼联前球员正在俱乐部中从事着非常重要的工作。显然，博比·查尔顿先生是其中独树一帜的人物，他从1984年起就开始担任球队董事，而且在吉格斯打破他的纪录之前，曾经在长达35年的时间里一直是代表曼联参赛次数最多的球员。但同时还有其他球员在担任俱乐部的形象大使，他们会进行一些巡演或是花些时间来取悦我们的商业赞助商，因此我们也留住了这些球员。曼联队一些伟大的球员都做过这样的工作，比如彼得·舒梅切尔、安迪·科尔、德怀特·约克、布莱恩·罗布森、丹尼斯·劳和近来的朴智星，他们为我和其他管理人员分担了很多。

也许我们的人际关系网络带来的最大收益便是将前任球员编入教练组。这是保证球队传承和优秀的绝妙之举，因为这些球员都曾品尝过重大胜利的滋味，也知道取得胜利的必要条件。在这些年里，有许多曼联前任球员都参与到了教练组中来，比如布莱恩·麦克莱尔、吉姆·瑞恩、迈克·费兰和保罗·麦克吉尼斯。吉格斯则是当今的佼佼者，他现在是路易斯·范加尔的助理教练，尼基·巴特现在帮助训练预备队球员，而保罗·斯科尔斯也返回了球队，在吉格斯担任临时主教练时斯科尔斯是其助理教练。同样，我们也会努力支持那些前任球员。比如，当布莱恩·罗布森被米德尔斯堡解雇后，我邀请他来到曼联协助训练，以此让他继续自己的足球生涯。

如果多年以后曼联队现在的伟大球员也拥有了自己的管理风格并且返回俱乐部继续为球队效力，那么可以说我成功地将拜仁的这一套路挪用到了曼联。

同时我还会确保球队的人际关系网络延伸到我们的支持者中去。正如我希望知道更衣室里发生的事情一样，我也希望知道那些球队的长期支持者的观点。在这方面，我很信赖3个人，他们是诺曼·威廉姆斯（Norman Williams）、吉姆·肯威（Jim Kenway）和比尔·麦克格尔（Bill McGurr）。每周一和周五我都会邀请他们来观看我们的训练，因为我知道他们会非常用心地观看、提出自己的意见并对媒体守口如瓶。在球员们做热身运动时我经常会和他们交谈，因为他们仿佛就是球队的核心和灵魂而且从不闪烁其词，这让我触动很深。每个大型俱乐部的支持者总会分成几个派系，他们担心着这样那样的事情，而我喜欢了解他们所担心的任何事情。2011年，我们从切尔西手中夺过了英超冠军之后，诺曼·威廉姆斯来到球队道贺并向每一名球员表示谢意。当时他已经80多岁了，曼联队就是他的生命——后来我感觉曼联这次夺冠让他的生命变得圆满。他当然也对球员们说了很多，他说的跟我想的一样："你们就是我活着的理由。"也就是在那天晚上，他与世长辞了。

说来也奇怪，在我的人际关系网中还有另外一个关键的组成部分，那就是其他教练。每当我让其他教练对我准备签约的球员进行评估时，他们总会坦诚相告。1989年的一天，我去找约翰·莱尔，向他询问关于保罗·因斯的情况，因为他曾经在西汉姆联队执教过因斯。莱尔对因斯大加赞赏，后来保罗·因斯代表曼联出赛281场并代表英格兰出赛53场。2010年，我曾经考虑过签下马里奥·巴洛特利（Mario Balotelli），那是一名天赋异禀却也颇受争议的意大利前锋。我向几位意大利的联系人咨询了他的情况，但是得到的反馈证明签下他的话，球队会承担很大的风险。我不知道其他领域是否也会有这种坦诚的、专业的建议，但是对于我来说，这简直就是上帝的恩赐。作为回报，当其他教练向我询问对某一名球员的看法时，我也会直言不讳地坦诚相告。

虽然其他教练可能会让我跟一些球员失之交臂，但是有时在我做决定时，他们也能帮助我下决心。1991年，我希望增强球队的后防线，因为当时史蒂夫·布鲁斯已经30岁了，并且经常受到伤病困扰。我们听闻埃弗顿队想要购买在女王公园巡游者队踢球的保罗·帕克（Paul Parker），于是我打电话给该俱乐部的前教练吉姆·史密斯，以征求他的意见。他毫不含糊地对我说："签下他吧，他速度快，防守强，而且伤病好得很快，简直就像一只罗特韦尔犬。"帕克后来确实去了一趟埃弗顿，但是我们想方设法在当天下午把他吸引到了老特拉福德球场。我带他去场地里随便看看，当看到很多曼联的支持者坐在看台上，仅仅是为了来看看草坪的长势时，他惊讶不已。也正是在那天下午，他跟我们签了合同，并且为曼联打了146场比赛。若不是受到伤病困扰，他本能打更多比赛的。

每当有其他教练给我打电话咨询类似的问题时，或是问我他们是否应该接受某个俱乐部的职位时，我总是报以同样的热情。在足球界，教练之间有着一种古怪的同志之爱，他们惺惺相惜。在周六下午或是周三晚上，我们可能会在球场上拼个你死我活，在磋商中也会试图击败对方。但是也许正是因为我们之间这种奇怪的关系，每当有人陷入困境时，其他人总是会向他伸出援手。这是我在苏格兰时学到的，当最终我有机会继续发扬这种传统时，我也努力去做了。

当我打电话给乔克·斯坦让他帮忙或是问他能否帮我搞到某些比赛的门票时，他经常会说："我尽力吧。"这是一个很好的回答方式。想要对他人的烦恼置之不理很简单，但是如果你肯花时间去帮助他们的话，对你是大有裨益的。1978年，在我执教圣米伦队时，我们在优胜杯决赛上输给了基尔马诺克队。第二天早上在我备感沮丧时，电话铃声响了起来。打电话的是流浪者队的主教练乔克·华莱士，他希望我能振作起来。因此，数十年后当一名记者打电话告诉我说牛津联队的主教练克里斯·怀尔德与俱乐部主席之间有很多矛盾时，我就本能地想去帮助他。我把自己的电话号码给了克里斯·怀尔德，之后我们在电话中进行过多次交流。我还会经常和史蒂夫·布鲁斯交谈。在过去的10年中，我曾经与阿兰·帕杜（Alan Pardew）、肖恩·戴彻

（Sean Dyche）和尼尔·列农（Neil Lennon）交谈过。这是一个非正式的人际关系网络——充满着智慧和好心情，更有彼此的同情之心——也是我一直以来珍视的关系网络。任何一名教练在需要做出重要决定时总是会感到孤单。虽然他可以与自己的工作人员进行讨论，但是最终他还是要一个人做出决定。我知道他们的感受，因为我们同为英超联赛的教练，需要不断承受压力，而他人也会与我们保持距离——因为他们或是把我们看作残次品，或是不想介入其中。因此每当这些教练身陷窘境，无论是以哪种方式，只要我能帮得上忙，我都是乐意之至的。

炒鱿鱼

人们都不应该通过看足球去学习炒别人鱿鱼的经验，那太可怕了。我第一次尝到那个滋味是在流浪者足球俱乐部，那是1967年，他们解雇了俱乐部的经理斯科特·西蒙。他在那里待了13年，为俱乐部赢得了15次奖项，而且一直表现得非常忠诚。约翰·劳伦斯（John Lawrence），俱乐部的董事长，是一个颤颤巍巍的老伙计，他派了一名80岁的会计师告知西蒙他被解雇了。这真是难以置信！同样的事情发生在我的另一个朋友约翰·莱尔身上。作为球员和经理，他把人生的34个年华都奉献给了西汉姆联队。他的回报呢？他在1989年被解雇时，老东家甚至没有礼节性地为他的忠诚表示一声感谢。我永远也忘不了凯尔特人董事会对待为球队奉献了13年的乔克·斯坦的那种低劣的方式——在那个时代，苏格兰足球要比英格兰强得多——在此期间，他带领球队夺得了1次欧洲冠军杯冠军、10个苏格兰超级联赛冠军、8个苏格兰足总杯冠军和6个苏格兰联赛杯冠军。

2011年，切尔西队几周前就已败给了曼联足球俱乐部，并与纽卡斯尔联队打了个平手，而在切尔西败给埃弗顿队之后，罗曼·阿布拉莫维奇（Roman Abramovich）就残忍地炒掉了卡尔洛·安切洛蒂。卡尔洛曾在前一年（2009—2010赛季）为切尔西赢得英超冠军和足总杯冠军，能够做到这一点的主教练仅有5人。卡尔洛一直保持着冷静，没有中伤过阿布拉莫维奇，他的表现堪称完美。我觉得，如果我处于他的位置，可能不会有同样的表现。

大多数足球教练受到的对待毫无尊严可言，一些老板甚至没有出于礼节与他们亲自谈话。他们打一通电话，甚至发一条短信就把别人给炒了，或者找一个代理人，比如会计师，去传达解雇的消息，而解雇的理由往往荒唐可笑。一位足球教练被炒了鱿鱼，就因为他禁止俱乐部主席的妻子进入球员更衣室。2009年，马克·休斯被曼城解雇了，当时他正在重组曼城队。这样的事在足球俱乐部每周都会发生，而这只是这种愚蠢行为中一个鲜明的例子。

我总觉得很难开除自己喜欢的人。哈利·麦克沙恩（Harry McShane）是一位球探，大约85岁，从20世纪50年代起，他就与曼联建立关系了。一开始他是一名球员，之后当了球探（同时也在运动场上当解说员）。后来他到了需要一副拐杖才能四处走动的地步。莱斯·克肖，我们的青训队教练，想让我去做这个吃力不讨好的事情，于是我请哈利吃午饭，试图对他说辞职的事情。他非常清楚地知道我要干什么，也没让我好过。他一直在说：“哎，继续啊。你想说什么呀？”而我就是无法让自己炒他的鱿鱼，最后反而临阵逃避。我告诉他，我们会继续付给他薪水，但希望变更他的角色，他可以来看球队主力阵容的比赛，并给我提供一些建议。

虽然我们卖出过不少球员，也给很多球员自由转会的机会，我真正辞退的球员并不多。我曾经同意曼联队的一位医生去另一个地方工作一段时间，但是当他打算延长他在别处的工作时间时，我感觉到自己必须采取行动了。因为我感觉很失望，他背叛了我对他的信任，于是我炒掉了他。但是在老特拉福德球场，大部分的情况下几乎没有球员或员工会感受到屈从于我的权威。每当有球员离开，特别是那些球队的主力球员，即使他们的离去已经有了先兆，还是会让人百感交集的。有时他们的离去是很突然的，会让人大吃一惊，但是这种情况不会经常发生。2005年基恩在曼联效力12年之后决定离开，情况便是如此。当我将这个消息告诉其他球员时，我小心地赞赏了他对球队的贡献，并且告诉大家，每当他们提起基恩时一定要记住这些成就。

到目前为止，与年轻人之间的谈话总是最困难的。从坐在父亲膝盖上看电视里足球赛的时期起，他们就一直梦想着在英超踢球，但是要步入老特拉福德的球场，他们就不够优秀了。从我开始当教练的那一刻起，我就惧怕这种事情。在圣米伦队，我决定让自己过得轻松一点儿，于是同时向5个男孩传达了同样的信息，其中一个人当场就哭了起来。我得出一个结论，虽然我让自己轻松一点儿，但会让他们难过许多。无论是在圣米伦、阿伯丁，还是在曼联，他们听到的唯一信息就是我不会雇用他们。与卖出曾有机会展示自身价值的大多数主力队员们相比，告诉那些小伙子这种消息要难得多。这些男孩，还有他们的家人，通常都是放弃一切去追求他们的梦想。老天知道，那些父母陪他们的儿子练过多少次球，踢过多少场比赛。上帝知道，他们有多少次忍受着凄风冷雨在别人早已忘记的一场比赛中为他们的儿子欢呼喝彩。我觉得，我所做的对父母和孩子来说都是一样残酷，非常常见的情况是，父母和孩子3个人都突然大哭起来。我会努力地安慰他们，解释说这个孩子有足够的天分在足球界成就他的人生，而曼联大概是最难进的足球俱乐部，仅仅因为他没有被曼联签下并不意味着他在足球赛场的未来之门就此关闭。

球员被曼联放走之后茁壮发展的例子有很多，有时我会用到大卫·普拉特（David Platt）的案例。在我到曼联前不久，曼联让他自由转会，但他后来成了英格兰队的主帅。与普拉特情况类似的人还有很多。罗比·萨维奇（Robbie Savage）从未进入曼联的一线阵容，但是他后来去了克鲁队

（Crewe Alexandra），3年之后便代表莱斯特城队（Leicester City）参加了英超联赛。英超中还有很多球员都在曼联效力过，比如莱恩·肖克洛斯（Ryan Shawcross）、菲尔·巴德斯利（Phil Bardsley）和基兰·理查德森（Kieran Richardson）。如果一支团队能够为不适合自身要求的球员谋一个好的出路，那也能充分说明这支团队的品质。

如果球员在他们职业生涯的鼎盛期一直没有寻找新的足球俱乐部，那他们从曼联转会的消息听起来就无异于他们被炒鱿鱼了。有时，一个新球员的到来，无论他是小年轻，还是花钱请来的，他开始在一线阵容的11个人中博得一个站位，也预示他将接替曾拥有这个位置的小伙子。虽然某些球员的离开对我们来说是一种解脱，但是大部分情况下，我还是希望为从曼联转会走的球员觅得一个好的归宿。我们会尽一切努力帮助那些离开曼联的球员重新回到赛场上。我和我的助理教练们会打电话为这些孩子联系新的球队，为他们创造机会。而其他俱乐部也会定期跟我们联系，询问我们对这些年轻球员的计划。结果就是，当我们向这些球员发出辞呈时，他们已经有了新的选择。我很清楚这些年轻人以后的生活将会是什么样的。他们以前在75,000人面前比赛，享受着唾手可得的最好的训练设施，以后却要步入一个小得多的舞台。从此他们将在15,000人面前比赛，从各大报纸的尾版中消失，领着要少得多的薪水，最重要的是他们知道自己已经告别了顶尖球队，这些都是何其残酷的改变！这会摧毁他们的灵魂。

炒别人鱿鱼，不管他们的年龄是大是小，从来都不是一件容易的事情。我逐渐明白，请某人出去吃个饭，或送他妻子一盒巧克力或鲜花，以此来旁敲侧击，试图缓和解雇这个消息带来的冲击，这些都是徒劳的，这些伎俩不会改变解雇的信息。你要解雇某个人，最好的办法就是坦诚相告。

2202173t *MUST CREDIT PHOTOS BY: Page Images/REX Shutterstock*
Manchester United v Real Madrid, UEFA Champions League, Round of 16, 2nd leg football match, Old Trafford, Britain - 05 Mar 2013 Manchester United manager Sir Alex Ferguson looks dejected

Leading

第七章
专注

无论是在阿伯丁还是在曼联，只要阵容上没问题，我通常会把失败或是不尽如人意的结果归结于：我们没能做到什么，而不是我们的对手做了什么。我发现这是一种很好的对待失望的方式，因为这意味着我们还占据着主动，还可以改进。

时间

我父亲总是说："不要撒谎，不要行窃，凡事早点儿到。"我不能容忍迟到。开会时我一向去得很早。我也总是第一个进入工作状态。这是我的本能。我很早就起床了，因此早点儿去上班对我来说并非难事。我记得曾经跟宇舶表的CEO让-克劳德·比弗（Jean-Claude Biver）交流过。他告诉我，当他在欧米茄工作时，面试他的人要求他早上5点去。在面试过程中，他问面试官为什么要求他来这么早，当时天还没亮。面试官说："我每天早上5点就会起床，因此我领先所有人3个小时。当你还在睡觉时，我就已经开始工作了。"我也有点儿这种感觉。

年轻人总认为他们拥有世界上全部的时间。如果你是一个刚过10岁生日的男孩，你的11岁生日看起来似乎永远也不会到来。那是因为你即将度过的一年占你在这个世界上度过时间的10%。然而当你50岁时，就会有不同的感觉了，因为距离你51岁生日的这一年时间仅占你度过时光的2%。随着年龄的增长，阅历变得更加丰富，你开始知道如何分配自己的时间。你逐渐认识到一小时——或是一个周末——如果浪费了的话，就再也找不回来了。

在我十几岁时我之所以每天都在挤时间，部分原因是我不得不这么做，因为我当时有两份工作。当时我是一名制造工具的学徒，这意味着我早上6

点45分就需要出门，在7点40分时把考勤卡放进打卡钟。工作完之后或是在周末，跟其他的去酒吧或是打斯诺克的学徒不一样，我会去踢足球。当我在圣庄士东训练时，我通常会练习两个半小时，直到凌晨1点才能到家。我每周去3次，每次都需要乘坐公交车、火车和电车。

当球员退役后成为教练时，他们通常会受到一系列令人不快的冲击。其中一件令他们感到震惊的是每天的工作时间。作为一名现代球员，除非是大赛前夕，否则每天吃完午饭，工作就结束了。然后大部分的球员就会回到家里进行放松，与各种电子产品为伴。当你成为一名教练时，你会发现三件事——总有做不完的任务和需要关注的人，每一天都停不下来并且时间永远都不够用。

在我刚开始执教时，我不知道如何规划我的时间，那时的我很可悲。我会尽力做好每一件事。令这种情况愈演愈烈的是——当我1974年成为圣米伦队的教练时——我还在经营两个酒吧，而这两个地方相距3英里。Fergie's酒吧在Kinning公园，靠近戈万，而Shaws酒吧则在布里奇顿。我之所以涉足酒吧行业，是因为在东斯特灵郡队的兼职工作并不足以养活一个年轻的家庭。虽然圣米伦队给我发工资，但是我经常在想如果我当时在俱乐部工作时不经营那两家酒吧，我的日子会不会好过一点儿。

执教圣米伦队和经营酒吧这两项工作意味着我只有在偶尔送孩子们上学时才能跟他们见面，而我们一家在一起团聚的时间也仅有周日的几个小时。当我开始执教阿伯丁队时，我卖掉了酒吧，因为我希望全身心投入在足球上。在阿伯丁时期，我每天要工作12到14个小时，而且即使是回了家，我也不会停止工作，我会打电话给球探、教练和球员。或许我每周的工作时间比我父亲还要长，但是我并无怨言。因为他的工作比我做过的任何工作都艰苦得多。

来到曼联之后，虽然工作量更大，但是我依然坚持类似的每日和每周的工作节奏。每天早上7点，我就会来到球场，边喝茶边散步。我会把上午8点到9点的时间留出来，以便在有人要见我时——教练、队医或是球员——我能够有时间。在9点左右，我们会去录像分析室，去观看编辑好的以前的比赛录像或是即将面对的对手的录像。我会在训练场上待上一整天，观看青训队的训练情况。在周一和周二，我在晚上9点左右到家。在周三，如果我们有比赛，我或是跟着队伍，或是去察看预备队、未来的对手或是我们感兴趣的球员。当曼联还在老训练场克里夫训练时，下午我会去老特拉福德球场做些文书工作，打打电话。因为卡灵顿训练基地为我提供了一间办公室，所以在我们搬去那里之后，我早上会在那里办公。然而无论是在克里夫还是卡灵顿训练场，周五总是有所不同的。曼联队的CEO大卫·吉尔会来跟我见面，此后9点左右，我需要参加一场赛前的新闻发布会。

夜晚和假期也并非神圣不可占用的。如果我在半夜醒来，我经常会悄悄地溜到楼上书房看一场比赛。如果要我把这么理想的时光用来躺在床上努力入睡，这简直是没有意义的。我另外一种节约时间的方式就是从来不休假，尽管合同上我有休假的权利。从1995年起，每年我都会有5周的假期，但是如果不能工作的话，这段时间太漫长了。因此我通常每年只休2周，我会跟我的家人去西班牙内地和马略卡岛。直到我50多岁时，我才开始每年休3周。那时我的儿子们已经长大成人，开始了自己的生活，我和凯茜利用假期去过几趟美国。大约在15年前，我们开始去法国南部，我经常会在我下榻酒店的餐厅与想要签约的球员见面。在那里可以欣赏到地中海和费拉角令人心旷神怡的美景，在那里我未曾错过任何一名球员，他们都会在那里的角桌上签约。

伴随我渐渐老去，有两件事情发生了。首先，我发现我的身体慢了下来，并且很难保持年轻时的那种精神头了。当我还是一名年轻的教练时，我可以每天只睡4个小时，但是随着年龄的增长，我的觉越来越多了。因此我经常会回家睡上1个小时然后再返回训练场。后来凯茜警告我说，我这么拼命地工作等于自杀。1985年在加的夫苏格兰对阵威尔士时，巨大的压力让乔克·斯坦心脏病发作而与世长辞，这对我来说也是极为痛苦的记忆，当时我是他的助理教练。于是我听从了凯茜的意见，同时开始培养足球以外的乐趣——赛马、红酒和读书。这些爱好都不是很耗时间，但是我很享受它们给我带来的消遣和与足球的距离。我经常会在老特拉福德球场打完欧洲冠军杯的第二天早上去纽马基特（Newmarket）观看驯马。那些个清晨是安静而又平和的，同时我还对这项运动的细微差别有了一定的认识。我不仅很喜欢品尝买来的美酒，同时还对酒的价格波动很感兴趣。这是很吸引人的，可以让我忘掉每天的烦恼。当我在玩牌或读书，或是浏览葡萄酒名录时，总会有一些有用的想法莫名其妙地出现在我的脑海里。我可以肯定，在其他领导者骑行时、修剪玫瑰时或是登山时，也会有类似的感觉。但是我并不认为这些业余爱好是一种特效治疗，我还是经常会失眠，或是在半夜惊醒，脑海中全是和曼联相关的事情。

排除干扰

我还没碰到过有哪个取得巨大成功的人，没有把自己封闭于其他人的需求之外，并且放弃消遣。我不是说完全痴迷于一个追求会带给人健康的生活方式，或是永恒的快乐。但是我只是无法想象，一个人如何能既渴望成为最优秀的人，同时又能平衡自己的生活。如果有两个天赋相同的人，那么如何安排他们的能力将会决定他们最终的成功。有些人就是比别人更善于不去理睬世界上的其他东西，那意味着他们有更多的时间培养他们的天赋，或者提高他们的团队。关于痴迷和投入的生动的例子之一，就是我的格拉斯哥老乡，诺茨郡队的教练吉米·瑟瑞尔。他和妻子的关系非常好，然而在他们结婚40年之后的一个星期六早上，他妻子突然去世了——享年60岁。吉米被摧毁了，他给两个孩子打电话告诉他们这个消息，然后，他没告诉他的球员，并在那天下午带领诺茨郡队1：1打平了西布罗姆维奇。

当你还在十几二十岁时，很容易集中精力于自己痴迷的事业——尤其是作为一名能够远离酒精和派对的足球运动员。一名16岁的天才球员也许会有一位临时的女友和几个好哥们儿，但是抛开这些，他的生命中只有足球。在他走路的时候每一刻想的都是足球，足球是他的梦想也是他的梦魇。他所渴望的就是能够进入一线球队，代表国家队出战，打入制胜一球或是举起大力神杯。那种提高自己的渴望支配了一切。但是10年后，一切都不同了。他的名字可能每天都会出现在报纸上。他也许会有妻子和孩子。他也可能已经成为百万富翁。他想要在街上走走或去餐厅里坐坐，都总会有人来索要签名或合影。那时的他只有躲在自己的大宅里才能得到片刻的安宁。而对于知名度很高的俱乐部教练，情况亦是如此。

我是很幸运的，因为我的妻子和儿子们没有因为我陪他们的时间很短而让我感到内疚，他们允许我的自私。我一直努力避免任何事情干扰到我的工作，除非家里发生了可怕的紧急事件，否则足球永远都是第一位的。由于我经常不在家，因此凯茜一个人照顾我们的3个儿子。比如，我无法观看孩子们在学校的比赛，因为周末我的工作是待在阿伯丁队或曼联队。对于我来说，圣诞节假期从未真正存在过，因为当时正值英格兰足球赛事最为繁忙的时期。那时，我根本不在意那个假期，但如今我的观点发生了改变，显然我的家人赐给了我最为珍贵的礼物：他们赐予我的是可以痴迷于足球的时间。我永远无须处理当配偶和子女感到没有得到一个家庭成员足够的关心，即使这个人在，也缺乏感情沟通时丈夫与妻子之间普遍存在的紧张关系，或是父母与子女之间的紧张情绪。

当我来到曼联队时，我还未掌握排除干扰的艺术。我还是会不自觉地接受慈善晚宴的邀请或是出席俱乐部支持者们举行的活动。在我执教曼联的最开始的12年里，我会阅读收到的每一封信，有时候一周我会收到两三百封信。我觉得自己有义务去认真对待这些信件，因为对不少来信者来说，曼联队是他们生命中最为重要的事情。在我们收到的信中，有些人告诉我们他们家人逝世的消息，要求我们给那些失去亲人的人写封信。我们也收到过一些父母的来信，他们的孩子生病住院，想要一份签名。还有些人会要求我们写一段文字，用来在生日或婚礼上朗读。我曾经会精心地为他们回信。

我越来越擅长安排自己的时间。在我来到曼联不久，林恩·拉芬（Lyn Laffin）就成为我的助理，开始由他帮我拦下那些持续不断的电话，并由他来应付一些给我提供买卖球员建议或新的技战术的球迷。我从来就不习惯使用电子邮件，因此我也无须为这种持续不断的干扰而担心，要知道即使是最连贯的思路也会被电子邮件打乱。我在曼联度过的最后10年里，林恩几乎负责为我处理全部的联络工作，因为他熟悉我的行文方式，我需要做的就是批准和签字。

还有一些其他的原则帮助我充分利用每一天。我从不接受午餐邀请，当然也有例外，比如赞助商在老特拉福德球场的午宴和在曼彻斯特举行的年度足球午宴。因为这样一顿午宴，尤其是需要开车往返时，在不知不觉间就会花掉3个小时的时间。同时我还开始削减一些慈善活动。作为曼联队的主教练，总会有人希望你能出席。而我不愿意出席的部分原因是自己的年龄在增长，因为对一名65岁的人来说，午餐不再像35岁时那样轻松了。而且很多活动都只是仪式性的，比如会见赞助商、参加慈善活动和颁奖仪式。但是我总会参加英格兰足球联赛领队协会（LMA）的宴会，曼联的联合国儿童基金会（UNICEF）晚宴和我个人设立的慈善基金——伊丽莎白-哈迪-弗格森公益信托基金会（The Elizabeth Hardie Ferguson Charitable Trust）举办的活动。每当我的球员获得了英格兰PFA足球先生或金球奖，我也一定会出席他们的庆功宴。

早在我退休的10年前，我就不再参加俱乐部支持者的宴会了。他们总是能折腾到很晚，有一眼望不到头的队伍等着签名和合影。我不想让自己看起来不领情面或是冷漠——因为曼联的支持者是世界上最棒的——但是我的任务是赢得奖杯，而不是签名，而且集中精力去夺冠也让我过得很舒服。对于去观摩哪支球队，我自己也有着严格的规定。在我执教曼联的最后10年里，我只去观看我们在后面的赛事中即将对抗的球队。我的助理教练迈克·费兰会跟我一起乘坐包机前往目的地、一起用餐、观看比赛（并在比赛结束前10分钟离场），然后在凌晨1点返回曼彻斯特。这看起来是漫长的一天，但是这一天就像是我年轻时候的精简版。

我是逐渐学会如何把精力集中在最重要的事情上的，而我也希望我的所有球员都能领悟这种本领。十几二十岁的年轻球员通常脑海中只有两种东西：一种是足球，而另一种则是属于人类的天性。曼彻斯特所有的夜总会都希望曼联的球员能够光临，因为这一信息会迅速在年轻姑娘们中传开。这些夜总会经常会给球员们发放特别通行证，这使得他们可以不用排队，免费入场。我从未遇到过哪个15岁的充满抱负的球员希望像个和尚一样生活。你不可能让一个男人彻底摆脱孩子气，尤其是年轻人。

然而那些顶级球员，尤其是将巅峰状态保持得最久的球员，他们往往是那些可以把自己封闭于他人要求之外的球员。这绝非巧合，其中C罗就是最好的例子。他不抽烟也不喝酒，初到曼联时，他跟母亲和姐姐生活在一起。也许他偶尔会出现在电视广告上或杂志封面上，在暑假中也会去逛逛洛杉矶的夜店。但是不要被这些所欺骗，他知道如何控制自己和自己的时间。

除了技术和名声之外，C罗——以及他这一代的球员——与我踢球那时相比，要面对更多的令人分心的事物。与50年前的球员相比，他们需要更多的自律来抵御外界的诱惑。当我还是个孩子的时候，最让我分心的就是收音机、报纸和书籍，还有周日的教堂。我和父亲一起在收音机中收听拳击比赛——伦道夫·特平（Randolph Turpin）、舒格·雷·罗宾逊（Sugar Ray Robinson）以及乔·路易斯（Joe Louis）和泽西·乔·沃尔科特（Jersey Joe

Walcott）的最终战。我们还会在周日收听音乐厅歌手罗尼·罗纳德（Ronnie Ronalde）或是智力问答*Top of the Form*节目。我们当地的电影院距离我家约有100码——因此去看看《泰山》和由巴斯特·克拉比（Buster Crabbe）主演的《飞侠哥顿》也是很不错的。然而除了这些，就只有街头的打斗、斯诺克台球、掷骰子和足球了。当时没有电话或者电视，更不要说有多达300个频道的60英寸大彩电了，也没有手机和数以百万计的应用程序、Facebook或因特网。

我一向很注意球员们所面临的压力以及会让他们分心的话语。英国球员始终让人担心的事情在于他们会酗酒和赌博。酗酒这一恶习毁掉了太多球员，而赌博就像是更衣室中的肿瘤。通常情况下，我对球员们的动向了如指掌，因为俱乐部的业主以及球迷们会打电话告诉我真相。至少对于我来说，国外球员在这方面还是比较让人放心的。我们还努力让球员们不要乱花钱，但是只要你看看我们的停车场，就会知道我们的努力并没有什么效果。经常会有球员在博彩屋挥金如土，这样的事情时有发生。我们还为此请来了一些财政顾问和律师为我们出谋划策。甚至曾经有人建议我们让那些考虑结婚的球员去苏格兰完婚，那里的婚姻法对丈夫更加有利。C罗也因此说过他以后会选择去苏格兰结婚。

很少有足球运动员把大量的时间花在读书上，或是尝试在学校的考试中取得好成绩，这是事实，这也就是他们能够在足球场上取得成功的原因。当曼联青训队开始运营之后，规定的是每周12小时的学习时间和12小时的训练时间（包括比赛），然而在我看来此举有失平衡。我的任务是培养出足球队员。但是如果某位球员希望获得文凭——或是他的父母希望如此——那么我们俱乐部会支付这笔费用，然而这种情况并不多见，因为这些男孩子希望成为足球运动员。我明白良好的教育经历带来的益处，也知道它能够为人们今后的生活做好准备。我同样也知道很多在25岁时就受伤的球员，或是那些在30多岁职业生涯就已经结束了的球员（尤其是那些低等级联赛的球员），他们没有能让自己在当今世界过上体面生活的教育经历、技能和金融储备。然而一名足球教练的工作不是确保一个男孩能在未来成为生物学家或是地球物理学者，或者为他足球生涯结束后的40或50年的生活做打算，足球教练的任务是确保他成为一名优秀的右后卫或是边锋。11名诺贝尔奖得主是无法获得足总杯冠军的。

对于我们的大儿子马克，我们面临着同样的问题。他当初很可能成为一名职业球员，他曾经在阿伯丁的预备队中效力，但同时他在其他方面也有兴趣。我跟凯茜都看得出对于是否走足球这条道路，他自己也持模棱两可的态度。对此我们非常小心，不强求他走我的道路，不对他施加任何压力。而事实上他选择不同的道路也无妨，他曾经就读于谢菲尔德哈勒姆大学（Sheffield Hallam University）以及巴黎的欧洲大学（European University），并且对于投资界很感兴趣，在高盛资产管理公司工作了5年之后，他帮助建立了世代投资管理公司（Generation Investment Management），这是一家在伦敦颇有名望的资金管理公司。

我可以肯定地说，如果我们的一名年轻球员的分数能够上剑桥大学（Cambridge University）或帝国理工学院（Imperial College London），那肯定是极好的，但是我几乎可以断言，如果真的是这样的话，那么他肯定就没有足够的时间提高球技进入一线阵容了。这将对他作为一名足球员的动力产生莫大的影响。只有经验更丰富的球员能够做到这一点，文森特·孔帕尼（Vincent Kompany）是曼城队的队长，同时还在曼彻斯特商学院读书，他的事迹证明了这一点。在我执教曼联的这些年里，我想不起来有哪一名球员持有文凭。科林·默多克（Colin Murdock）在20世纪90年代初时曾是曼联青训队的球员，但是没能够进入一线阵容，他在90年代中期为普雷斯顿队效力时从曼彻斯特城市大学获得了法律学位。他是一个例外，但是也很好地证明了这一点。

分心会让个人和集体承受巨大的代价，只有难以置信的纪律才能对其加以控制。在曼联队，商业部和业务部总会对球员提出这样那样的要求。这是可以理解的，因为商业部负责拉动电视收入和赞助收入、出售贵宾席的门票、组织营利性活动，同时还要负责接待活动。如果没有他们带来的这些收入，我们所做的很多事情都无从谈起，比如签下一些重要的球员、支付高昂的薪水、改善我们的训练设施或是租用私人飞机进行旅行或比赛。

赞助商们总是希望能跟球员们进行接触，而他们的要求简直是贪得无厌。随着电视收入不断提高，曼联队的知名度也越来越高，我们的赞助商数量也飞速攀升。把球员从商业部的要求中保护起来是我工作的一个主要部分。迈克·费兰是这方面的能手。商业部的伙伴们本能地希望能够给赞助商们提供曼联队的幕后消息，总是会想出各种各样的点子，不断地提出要求。迈克·费兰是我们的中间人，他会透露少量的信息，并顾及每一个赞助商。他会确保在赛季开始前满足这些要求，此后我们便可以绷着脸对他们说“我们已经履行了自己的义务”，这使得我们能够在赛季进行中回绝各种要求。有些赞助商希望观看曼联的训练，这让我很反感，因为我不想让其他人知道谁在训练以及谁受伤了。因此我会把观看时间压缩到训练开始时的几分钟，或者在午餐时间安排几次见面会，并且在一个赛季内参加一到两次宴会。

曼联队一直都希望能够支持当地的慈善事业。每周五，球员们都需要为上百件衬衫签名，这些衬衫或是送给慈善机构，或是以拍卖的方式用于慈善行动。我们所支持的一个全球性的慈善机构是联合国儿童基金会，当我们在国外旅行时，我们会安排球员参观他们的工作。在泰国，我们会乘坐小艇走水路去学校看望那些从儿童卖淫场所中拯救出来的孩子；在南非，我们会去探望那些孤儿。这对于我们来说都是大开眼界的。但是我们所做的慈善工作大部分是在靠近家乡的地方，因为我们希望成为好公民，并希望证明我们在乎曼彻斯特周围的人民。2006年，我们成立了一个特殊的组织——曼联基金会，由其来负责俱乐部的慈善事业——尤其是当地的学校和医院。我们的球员会去拜访学校，去病床前探望身染重病的儿童。这些都是非常好的事情，但是我还是会对球员们严格要求，因为最重要的事情还是周六能够赢得比赛。即使你做了慈善，但是在比赛中丢掉了3分，球迷们还是不会承你的情的。

重大赛事期间往往令人分心的事情最多。1983年我带领阿伯丁队打进了欧洲优胜者杯的决赛时，开始对此初有体会。当时我做的第一件事情就是让球员们的妻子和女友们明白她们的角色。所以我开玩笑似的给她们每个人写了个备忘录，告诉她们有责任收拾好牙膏、毛毯和其他生活必需品，为去瑞典做好准备，并召集她们在皮托德里球场开会，会上将告诉她们其他需要做的事情。通过小道消息，我发现我的玩笑失败了。当我走进皮托德里球场的会议室，我看见的是一批沉默不语的球员的妻子。我为我那失败的玩笑道歉，并告诉她们我写的那个备忘录的本意是把她们召集在一起，然后为她们的丈夫或男友职业生涯中最重要的赛事做准备，那也许是他们参加过的规模最为宏大的场合。我确保让这些球员的妻子明白，她们的任务就是让自己的丈夫或男友做好最充分的准备，并且无论如何，都绝不能做让自己丈夫或男友分心的事情。在我说完之后，我问她们还有没有问题。她们并无异议，她们都明白我的意思：不要让丈夫或男友分心。

在机场会有蜂拥而至的粉丝团；而在球队下榻的酒店里，更是挤满了来索要签名的人。2009年的欧冠决赛上，我们对阵巴塞罗那队，我甚至要求酒店工作人员不要把酒店对球迷开放，因为我想远离那些喧嚣。然而随着时光流逝，我发现自己已经能够不去理会曼联队周围的吵闹声和是是非非。我经常会发现自己完全不知道其他教练组成员在说些什么，因为我完全沉浸在自己的思路中了。每当大赛来临之际，我总会把自己封锁在自己的思路里。除非有人谈起了跟球队有关的事情，否则我对他们说的话都是充耳不闻的。我只是想把注意力集中在一件重要的事情上，那就是我的工作。每当我沉浸在自己的想法中时，凯茜总会说："你根本就没有听我讲话。"她说得一点儿没错。

有时那些让人分心的事情是完全可以避免的。比如20世纪70年代，我卷入的法律争端，当时我以非法解雇的罪名起诉圣米伦队。我当时也是感情用事，表现得很冲动，现在回想起来，若是我把每一分钟都用来思考如何帮助阿伯丁队夺冠，想必是更好的。

每当面临重大比赛，我都会告诉自己的球员"不要分心，专注地去比赛"。总会有各种各样的无所谓的东西形成干扰：乐队、比赛前的演出、新的队服以及远道而来满怀希望的球迷们。1990年，我首次带领曼联队在温布利球场（Wembley）进行冠军的争夺。周六晚上，我兴奋得像个十几岁的孩子，被周围的事物分了心。我也像别人一样带着自己的球队去视察球场。那天酷暑难当，我和队员们穿着队服就像被烤熟了一样，我这时才意识到我们是多么愚蠢，球员都开始脱水了。对球场进行视察并不能影响到比赛结果，因此我让大家都回了更衣室。享受总决赛的方式只有一个，那就是赢得冠军。没有人会记得失败者。

直面失败

当你遇见一位成功人士时，你无法想象他曾经失败过。当年看到一位体育明星，如罗杰·费德勒、塞雷娜·威廉姆斯，抑或是年代更为久远的穆罕默德·阿里（Muhammad Ali）和斯特林·莫斯（Stirling Moss），你无法想象他们作为失败者时的样子。各行各业皆是如此，那些取得巨大成就的人会把自己的奖杯展示给他人。如果我正在欣赏一幅著名的曼彻斯特画家L.S.劳瑞（L. S. Lowry）的作品，他的作品擅长表现城市工业生活阴冷的一面，我很难想象他会有一幅失败的作品。或者，当你阅读罗伯特·卡洛（Robert Caro）关于林登·贝恩斯·约翰逊（Lyndon B. Johnson）的书籍时，你很难想象他担心自己的某一段文字没有字斟句酌。但是我们都经历过失败。失败让一些人一蹶不振，同时却激励了其他人。我下决心避免失败，也正是这一点刺激着我取得成功。

1969年离开流浪者队时，我若是把自己当成一个失败者也是无可厚非的。我体验过足球顶级赛事的滋味，但是我心里明白我永远都不是教练手中的王牌，2年后我就转会了。而那时我的抽屉里只有一块银牌。这块奖牌来自1967—1968赛季的苏格兰联赛杯，我们在总决赛上输给了阿伯丁队，最终功亏一篑。因此，后来我转会到福尔柯克队时，我本来可能表现得自怨自艾，但是我决心不能被此吓倒。

在我看来，跟我在阿伯丁队和曼联队一起工作过的人们也都以这样的积极态度面对失败。对我来说，1999年欧洲冠军杯决赛伤停补时的那101秒就是对我生活态度的写照。当时曼联队利用这101秒的时间，在0∶1的情况下反超拜仁慕尼黑，以2∶1的比分赢得了冠军。当时印着拜仁队图案的绶带已经绑在了奖杯上，为胜利做好了庆祝的准备。欧洲足联主席也已经把奖杯发给拜仁队了，然而我们永不放弃的精神让那绶带成为曼联的红色。

9年后，2008年我们再次备战欧冠决赛时，我让球员们观看了1999年那场比赛最后3分钟的录像，就是为了向他们强调永远不要认输。对于我来说，只要活着就不会认输。

当我开始执教生涯时，我从未想过有朝一日会成为曼联队的主帅，我想的就是生存下去。每当我加入一个俱乐部——东斯特灵郡队、圣米伦队和阿伯丁队——我都会这么想。“我在这里是不会失败的。”这是鞭策我的动力之一。我一直很害怕丢脸，而在我的脑海深处总是会对其念念不忘。我经常会默默地对自己说：“不要失败！”当我成为东斯特灵郡队的教练时，我的资历也仅仅是当过几年球员、获得了教练资格以及可以下决断，其他的我一无所知。就在4个星期前，我还是一名32岁的球员，突然之间我就成了教练，虽然我只是个兼职教练，也只是为了生活下去。来到圣米伦队之后，我初次体验到了管理带来的成功，那时我总感觉自己如果去了阿伯丁队会有更好的表现。在阿伯丁队时，我首次担任全职教练，这支队伍拥有获得成功的必要元素——那是一支由当地球员组成的球队，有一个好的老板、不错的训练设施和一批健康的球员。

直到我在阿伯丁执教的后期，我才开始为自己制订未来的规划。在此之前，我所做的就是专注于生存下去，避免失败。凯尔特人队在1966—1967赛季取得了5个冠军头衔，这简直就是奇迹和神话。即使曼联队处于巅峰状态时，对失败的惧怕和对完美的追求仍驱使着我继续向前。虽然我帮助曼联在展柜里放满了冠军奖杯，但是我始终未能让曼联像2003—2004赛季的阿森纳一样在整个赛季都保持全胜。失败的经历，特别是作为一个领导者如何对失败做出反应，是塑造成功者不可或缺的要素。

比赛前，我的胃里总是翻江倒海的，我始终无法改变这一点，我也找不到解决的办法。我记得在流浪者队踢球时总是非常紧张，因为我从未感觉到教练信任我，而且我感觉总是需要证明自己在球队中的位置。而且随着时间的流逝，无论奖杯陈列柜中有多少奖杯，伴随着与日俱增的压力和期望，这种感觉反而更糟了。每当我们去安菲尔德球场对阵利物浦队，我都会心神不安。

最糟的时间段往往在赛前和热身阶段，我讨厌那个时间。如果我们的比赛在下午3点开始，我会在1点15分至1点45分对球队进行训话。在我讲完之后，我就会离开，给他们一个自己的空间。因为我们已经做了最好的准备，而出场前几分钟的喋喋不休会让球员感觉自己没有得到教练的信任。2点时我的助理教练会把出场队员名单交给裁判员，届时我们也将知道对手的首发阵容。接着球员们就会去做热身活动，2点15分的时候更衣室就空无一人了。对于接下来的30分钟时间，我简直厌恶至极，这段时间太漫长了。那段时间，我总是一个人待在更衣室，而墙上钟表的指针似乎也已经停了下来。

在赛前的热身时间，如果是主场作战，我通常会待在办公室里看赛程或是在电视上看看赛马。有时我也会四处走走，找人说说话。有时还会有其他教练来访，跟我喝杯茶。而在我们客场作战时，这种孤单的感觉显得更糟糕，因为没有办公室供我来当避难所。那时，我通常会一个人坐在更衣室里。我认为，特别是在我执教生涯的后期，这种感觉并非来自对于失败的担忧，而是重大赛事所带来的恐惧、不安和不确定性。而当你指望别人来完成你的愿望时，这种感觉会愈演愈烈。我可以肯定其他领导者也经历过类似的感受，无论他们是多么老成世故，在别人看来是多么身家显赫。

即使到了现在，当我在看台上或是在电视里观看曼联队比赛时，胃中还是会隐隐作痛。我从未尝试摆脱这种感觉。也许有的人在大赛前或是重要的场合前会通过深呼吸或是少量的威士忌调节紧张情绪，但是我从来不这样做。我只是把那挥之不去的紧张感当成自己工作的一部分。它伴随着我的一生，看起来我似乎是因为没有做好准备才会感到焦虑——但事实上这代表了我对成功的渴望——从未消失。

有一句格言说：与成功相比，失败教给你的更多。这对我来说一点儿不假。虽然我经常会说，我从不向后看，然而事实并非如此。我不会因为失败而对球员们喋喋不休，我当然也会掩饰一些自己的想法，但是私底下，我会花大量的时间去仔细观看我们输掉的比赛。事实上，如果哪个赛季我们与本应夺取的冠军失之交臂，我总会在暑假期间仔细思考其原因。借此，在下个赛季开始前，我就能够做出改变。

在我的教练生涯中我也屡尝败绩。从1974年8月10日我开始执教东斯特灵郡队起，到2013年5月19日我最后一次带领曼联队参加比赛为止，其间我的球队大约每10场比赛就会输2场。此外还有很多在我看来比输球还要糟糕的平局，因此我有很多从失败和逆境中学习的机会。虽然我不会对数据念念不忘，但是我作为主教练，赢得比赛的概率也仅仅不到60%。在曼联队状态最好的赛季里，我们赢得比赛的概率是72%。

我们有时也会遭遇非常惨痛的失败，我一点儿也不喜欢那种感觉——比如1996—1997赛季的英超联赛中，我们连续以0：5和3：6输给了纽卡斯尔联队和南安普顿队。我实在想不起我们还有哪两场比赛连续丢了11个球。1995年，我们在一周之内丢掉了英超冠军和足总杯冠军——分别输给了布莱克本流浪者队和埃弗顿队。然而我从不认为自己面对的挫折能够跟2002年的勒沃库森（Bayer Leverkusen）遇到的困境相比。当时他们一口气丢掉了三个冠军——德甲、德国杯和欧洲冠军杯。那可不是吃几片阿司匹林就能治好的。

无论是在阿伯丁还是在曼联，只要阵容上没问题，我通常会把失败或是不尽如人意的结果归结于：我们没能做到什么，而不是我们的对手做了什么。我发现这是一种很好的对待失望的方式，因为这意味着我们还占据着主动，还可以改进。每一次失败都能够让我成为更优秀的教练。无论是出于何种原因，失败让我变得更强大。我想有时我想证明自己不是一个失败者，而有时我也会有报复心理。在1993—1994赛季结束后，如果有哪一年我们没能够夺得英超冠军，对我来说都是一种失败。在我生命中的某些时刻，对成功的渴望和需要压倒了对失败的恐惧。胜利事关我们的荣耀，无论是我们的一线阵容还是预备队。失败是一种强有力的管理工具，前提是不要让失败成为一种习惯。这一理念贯穿我的整个教练生涯。2012年，我们在英超联赛的决赛中功败垂成，输给了曼城队。而当时我们在光明球场（Stadium of Light）（这球场的名字在当时真的是不合时宜）遭遇了桑德兰死忠粉丝种种恶劣的嘲讽。当我们回到更衣室之后，我告诉所有球员——特别是年轻球员——此后每当他们来桑德兰比赛时都不要忘记他们今天所遭遇的一切。他们也确实牢记在心了。就在下一个赛季，我们在同一个球场以1：0击败了对手。

失败从来没有真正击败过我，虽然我也清楚，鉴于自己已经退休，掩盖过去是很容易的事情。有一个事实是无法改变的，自2008年起的后4年中，我们总共3次打入欧洲冠军杯决赛，但是仅仅赢得了一次冠军。因此，虽然我有过那一次的兴高采烈，却也经历了两次的失落。当然还有令人沮丧至极的时刻。1989年10月，在赛季中期，曼联队前往迈克蒂安米德公园球场（McDiarmid Park）和圣庄士东队踢友谊赛，庆祝他们的新球场建成。我们虽然以1：0获胜，但是球员们的表现令我感到悲哀。赛后我回到酒店的房间，真想赶紧逃走。这时我的助理教练阿基·诺克斯敲门让我去参加为球队举办的招待会。当时我躺在床上对他说："我不去了。我无法面对这些球员，他们的表现太差了。"但是阿基说的是对的，过了一会儿，我也确实勉强走下楼去参加了招待会，虽然当时我的脸色并不好看。还有几次失利让我印象很深。1979—1980年的苏格兰联赛杯上，阿伯丁队输给了邓迪联队，赛后我无法入眠。而1989年曼联1：5不敌曼城队那场比赛之后，我回家倒头就睡了。最惨痛的两次失利则都来自欧洲冠军杯——1997年对阵多特蒙德和2013年对阵皇家马德里。这两场失利甚至比1996年0：5被纽卡斯尔联队羞辱、1999年0：5被切尔西完胜以及1991年被谢菲尔德星期三队（Sheffield Wednesday）夺走英格兰联赛杯冠军还要痛苦。

如果我知道我们会失败，我总是努力确保我们不会被打得粉碎，因为这会影响士气。2011年10月，我们主场对阵曼城队，结果以1：6惨败。这是22年来我们在对阵这支同城球队时最惨痛的一次失利，也是1955年以来我们在英超联赛中比分最悬殊的一次失利，1955年曼联以0：5输给了曼城。然而讽刺的是，我们赢得了两队之间大部分的对决。在那场比赛里，曼城队在中场休息前后分别打进1粒入球，虽然后来我们一度将比分追到1：3，但是在比赛的最后13分钟我们又连丢3球。现在想来，当初我们要是能严防死守，能把比分控制在1：3就好了。这样既能避免可怕的报纸头条带来的尴尬，也能让曼彻斯特另一端的欢呼声不让我们那么难堪。而更重要的是，那一年我们因为净胜球而把冠军奖杯拱手让给了曼城，这使得那一次的比分更加让人痛苦。

在比赛失利后应付媒体绝非易事。我可能会对球队进行一些整体评价，但是我会尽量避免对某一名球员进行批判；当然我也清楚地记得2012年联赛杯上我们以4：5输给切尔西之后，我说了些纳尼的坏话，我至今仍很后悔。如果一名射手错过了一次进球良机，或是有一次致命的回传球，或是守门员走神了，球员会对自己犯的错误一清二楚。很多优秀的球员就是他们自己最严厉的批评家，他们无须再从周日的报纸上看到我的批评之词了，那一点儿用也没有。我通常会将记者们的注意力从球队和球员身上转移开，指责对手的技战术或是裁判的判罚。我总能为我们的失败找到各种各样的理由，为我们自己开脱，但是我心里很明白，失败的原因全在我们自身。只是每当球队面临灾难时，我总是希望能够成为球员们的保护伞。

一次重大的失利或打击可能会使整支团队遭受重创。这会动摇他们的信心，如果你不能谨慎处理，这一影响将会始终困扰团队。每当我们在重大比赛中失利，而且我也知道我们已经表现得不错了，那么在赛后我会很少说话。因为在这种情况下没有人会听得进去。你可以说些悄悄话，但是球员们只会当作耳边风。因此我只是来回走走，拍拍他们的头。他们理解这样做的含义——也许他们是感同身受的。在足球的世界里，一点点的示弱都相当于给你的对手打了一剂肾上腺素，这甚至可以让一头骡子成为德比冠军。如果你输了，尤其是遭遇惨败，那么这次失败会紧跟着你。在足球场上，无论这支球队在下一场比赛中的表现是否有了很大改观，每个人都知道这支球队输掉了上一场比赛。球员自己明白，球迷们也明白，而媒体也会像狗一样狺狺狂吠。这会带来巨大的压力，而且会与日俱增。就像是衣服上的一个破口，如果你不马上把它缝合起来，这个口子只会越来越大，反之亦然。当你的球队上场时，如果对手仅仅是为了混口饭吃，那么在开球之前，你就如同已经将2球收入囊中了。

在输球后的第二天早上，当我们又重回训练场上时，我会把大家召集在一起问他们“大家喜欢今天报纸的头条吗”或者“大家对昨晚上球队的表现满意吗”。我会满面愁容，不让他们好过，但是同样我也会努力让球员们重拾信心。在经历了败仗之后，我会变得冷漠同时面带愠色。球员们会看着我，然后彼此小声嘀咕：“见鬼，老头子今天心情不爽。”我可以肯定他们中的大部分人会在餐厅中离我远远的。我会说：“如果你没能满足别人对你的期望，那你只能怪自己，你怪不得别人。我们都知道我们可以做得更好，我们让自己失望了。在足球俱乐部里，输掉比赛是一大新闻，因此让我们努力避免这样的头条吧。让我们谈谈我们获得的成就——那一场场出色的比赛。我希望在赛后的新闻发布会上说：‘棒极了！这场比赛棒极了！’我希望能够这样说：‘干得漂亮，鲁尼！踢得不错，维尔贝克！好样的，赫尔南德斯（Chicharito）！’”那些了解我的球员知道我是多么看重胜利。逐渐地，他们会将这种感觉融入自己并将其传递给新球员。在曼联队有一种“病毒”，每个人都会染上，那就是胜利。

2012年曼城夺得英超冠军对我们来说是痛苦的回忆，尤其是因为我们输在了净胜球上。而这同时也是一种鞭策，因为这给了我们努力的方向，第二年我们便赢得了英超冠军。曼城队位居第二，落后我们11分。自从1993年我首次带队夺得英超冠军之后，如果有哪一年我们得了亚军，那么在下一个赛季就一定会夺冠，这样的事情发生了5次。我们总能从失败中学到些东西——虽然我绝不希望失败成为一种习惯。那些渴望胜利，为自己卓越的表现而感到自豪的球员都希望能够雪耻。

在足球场上，除了失败的痛苦，还会有多方面的挫折，但是沉浸在自怨自艾中是没有用的。我甚至想不起来有哪一次队员们都处在最佳的身体状态并且做好了比赛准备，总会有球员受伤。整支球队中有1/10的球员受伤，这是很常见的事情。我也想不起来有哪一次我们的宿敌会碍于情面，没有把曼联曾经错过的球员派上场。拿2009年12月来说——那是一次糟糕的表演。当时我们的一线阵容中有14名伤员，包括2名门将、7名后卫、3名中场和2名前锋。从这受伤的14名球员中挑出11名组成的阵容足以击败欧洲的任何球队。但是当时他们不是上不了场，就是正在就医，结果我们在主场败给了阿斯顿维拉队，客场败给了富勒姆队。我们还时常会受到病毒的困扰；1994年末至1995年初那段时间，当时的情况简直糟透了，我甚至想关闭训练场。我们有9名球员患上了流感，而就在他们卧床期间，我们分别输给了诺丁汉森林、莱斯特城、南安普顿、纽卡斯尔联和水晶宫。对于伤病或流感，我真的束手无策，我们只能在逆境中尽力做到最好。

我们在转会市场上做过很多今天后悔的决定，但是你无法改变历史。曼联完全可以靠那些已经被我们相中却没能签下的球员赢得数次冠军奖杯。2003年，我去雷恩队（Rennes）观看佩特·切赫的比赛，那场他们对阵欧塞尔队（Auxerre）。当时我们认为切赫太年轻了，无法应付英超赛场上的壮汉们，但是后来切赫去了切尔西，并且在此后的10年里创下了220场各项赛事不丢球的纪录。我们还很中意另外一名门将，那是在1999年彼得·舒梅切尔宣布退役意向之后。我们最初对阿斯顿维拉的马克·博斯尼奇很感兴趣，同时我对阿贾克斯的埃德温·范德萨也情有独钟。但是当我告诉俱乐部主席马丁·爱德华兹我们得到了一些关于博斯尼奇的负面信息时，一切都已经太迟了。当时马丁已经签下另一名球员，而范德萨也去了尤文图斯。

另外一个例子是迪迪埃·德罗巴。他当时效力于马赛队（Olympique de Marseilles），在我们去看他比赛时，他的俱乐部开出了2500万英镑的天价，而在我们决定买下他之前已经被切尔西捷足先登了。托马斯·穆勒在2010年和2014年世界杯上为德国队各打进了5粒入球，我们初次对他有所耳闻时他仅有10岁，当时他在距离慕尼黑几英里远的业余球队踢球。我们一直派人注意他，但是后来他去了拜仁慕尼黑。1994年我们还想从克鲁塞罗队（Cruzeiro）签下巴西射手罗纳尔多，但是我们无法获得工作许可证，后来他去了荷兰的埃因霍温队。在罗宾·范佩西16岁在费耶诺德预备队效力时，我们就注意到了他。当时他的身价就已经到了大约600万英镑。吉姆·瑞恩在曼联的教练组工作了11年，此后当了10年的青年足球总监，他看到了范佩西被罚下场，并和球迷们互相辱骂。当时由于范佩西的脾气，错过他的人不止吉姆一人，因为他的球队很快就让他停赛了。此外还有很多我想要签下的球员——比如阿兰·希勒，我们在对阵纽卡斯尔联队时，他是个非常棘手的角色；或者阿根廷人加布里埃尔·巴蒂斯图塔（Gabriel Batistuta），他的大部分职业生涯奉献给了意大利；或是萨米尔·纳斯里（Samir Nasri），他于2011年加入了曼城。后来在2011年，我从尤斯顿（Euston）乘火车前往里尔（Lille）去和年轻的法国后卫拉斐尔·瓦拉内（Raphaël Varane）签约。当时大卫·吉尔正在跟朗斯足球俱乐部商量合同的细节，而齐内丁·齐达内在得知此事后把瓦拉内挖到了皇家马德里。我不认为当时的皇马教练何塞·穆里尼奥曾经看过瓦拉内的比赛。

本来这些决定很可能让我苦恼不堪，但是我会尽量不让其困扰我。是我们做了那些决定，而不是别人。你也不可能用那些本不属于你的球员组建一支球队，那么为什么还要跟自己过不去呢？

光阴荏苒，一路走来我们错过的这些机会、经历的这些挫折和失败让我成为一个更好的，或者至少是更优雅的失败者。在我年轻时，我是一个很糟糕的失败者。每当遭遇失败，我都会回家生闷气。有一次，阿伯丁队遭遇了惨痛的失败，之后我把球员们赶到了市中心，任由球迷们指责他们。当我们回到更衣室后，我对他们说："请你们记住刚才的教训。"每一位胜利者都讨厌失败。在足球场上，所有优秀的球员都是糟糕的失败者，只是他们表现的方式不同。

关于如何面对失败，我从拜仁慕尼黑主教练奥特马·希斯菲尔德（Ottmar Hitzfeld）那里学到了优雅的一课。他曾在1998年至2004年以及2007和2008年执教拜仁。1999年的欧冠决赛上，我们在比赛的最后3分钟打进2球战胜拜仁（曼联在那届欧冠上打了63场比赛，总共96小时），我可以看得出他当时已经被毁灭了。在这180秒的时间里，他先是觉得自己已经稳操胜券，然后就看到自己的球员沮丧地用手捂着头。那一定是毁灭灵魂的一刻，但是他表现得非常优雅，而这份优雅在一年之后表现得更为突出。一年后我去慕尼黑观看流浪者队的比赛，我当时对流浪者队的一名球员十分感兴趣。赛后，希斯菲尔德邀请我和他的2位兄弟一起用餐，他们都非常礼貌，也很热情。后来拜仁的一些球员走过来跟我握手，向我表示祝贺，虽然他们肯定也很讨厌失败。此举很好地彰显了拜仁慕尼黑的俱乐部品质。

关于如何应对失败，我学到的最重要的一课也许是来自我亲爱的母亲。在我21岁那年，我是圣庄士东队的业余球员，也曾几番离队，在4年的时间里仅在一线球队打了50场比赛。当时我简直是万念俱灰。在一场预备队的比赛中，我的鼻子、颧骨和眉骨都受了伤。当我康复时，预备队已经连续输掉了好几场比赛。于是，我带了相关证件去了格拉斯哥滑铁卢街的加拿大之家（Canada House），想要移民加拿大。因为当时我父亲一家已经搬去那里居住了。我真的不想再为俱乐部踢球了。

于是有一天我让我弟弟的女朋友假扮我的母亲，然后给博比·布朗（Bobby Brown）打电话，告诉他我患上了流感，不能比赛了。但是这并没有骗到他，他给我母亲发了一封电报让我给他回电话，因为当时我家里没有电话。后来我来到路边的电话亭，拨通了Stanley 267（因为当时非常尴尬，所以我对这个号码印象深刻）。布朗痛批了我一顿，他说："你这么做简直是太丢脸了。你在跟我开玩笑吗？你竟然找人冒充你的母亲。就算我的整支球队都真的染上了流感，你明天必须来比赛，12点去布坎南酒店给我来报到。"

那场比赛，我在埃布罗克斯球场上演了帽子戏法——开创了客场作战个人帽子戏法的先河——然而这一点小小的幸运也改变了我的生活。当时我险些就断送了自己的职业生涯。在知道事情的真相之后，我的母亲警告我不要再犯此类错误。她教育我无论何时，无论以何种方式，都不要放弃。而我也尝试把这种思想传递给他人。

承受质疑

在足球的世界里，虽然有的人对足球比赛知之甚少，但是每个人都是“专家”。足球就像其他娱乐项目或是创造性工作一样，当一个批评家远比实干家容易得多。每个人都能够对餐厅、航班、电影、汽车和绘画做出评价，即使他们甚至连煮鸡蛋、放风筝或是画个方块都不会。而对于那些相对陌生的领域情况却并非如此，那些门外汉不敢随便发表评论，因为他们对此一无所知。一位真正的专家可为一座悬索桥的结构给出宝贵意见，或是提供进行实验室实验的最好方法。而在足球的世界里却不是这样的，会有数百万人对那些世界顶级俱乐部的教练予以批评。这些人有的是教练身边的人，也有球迷和远在世界另一端的人。

有些领导者甚至需要应对来自集团内部的批判，他们的一些下属可能野心勃勃地想夺取他们的位置，而董事会成员们也可能对其颇有微词。每当一位新人就职，直到他证明自己之前，总会有人质疑他的能力。如果某位领导人长期任职某一岗位，那么在他倒霉的时候就经常不得不忍受人们的质疑，大家会怀疑他是否该退休了。

对于团队内部的挑剔之词，我仅仅遇到过几次。我32到36岁的这段时间在圣米伦队执教，当时我比较天真，不能领会老板的意思，因此在某种程度上是我挑起了他的批判。

曾几何时，我也觉得批判是很打击士气的。虽然我不记得曼联球迷向我发出嘘声，但是1989年的艰难时期确实令我难忘。那年12月，我们一场比赛也没赢，在全部15场比赛中非平即负。在老特拉福德球场的西看台上甚至出现了这样一条标语：“3年的借口，依旧是废物……再见了，弗格森。”

我想当时我的信心被动摇了，因为那天比赛之后我打电话给弟弟马丁，我知道他会很客观地给我一些公正的评价，告诉我我的位置。他当时说：

“你只需要耐心等待。”一年后，那个举起标语的人写了一本书《再见了，弗格森》，出版社还送了我们一本。我把那本书寄回了出版社。但是总体来说，我认为自己承受批判的能力已经相当不错了。当然在2004年和2005年我们状态不佳时，一些球迷给我找麻烦，我也都泰然处之了。

当你承受巨大压力、睡不好觉并且任何事情都不顺心时，想要正确对待批评是很难的。而这对我来说要相对容易些，因为我在戈万长大，那里没有弱者。那是一个条件艰苦的社区，无论是身体上还是精神上。你必须保护自己不受欺负，而在我们还是孩子的时候就需要跟很多事情做斗争。我和弟弟还有一个堂弟经常会跟住在附近的格兰杰家的五兄弟打架。而且在我很小的时候就习惯了身体上的疼痛、嘴里血的味道或是严重的挫伤。

我一直认为正确看待批评是大有益处的，而这些儿时的经历也让我能够做到这一点。对我来说，在几十年后将自己的童年或是球员生涯传奇化是很容易的事情，但是那两段时光中也确实充满艰辛。身体上的疼痛是一码事，而精神上的痛苦和情绪上的压力则完全是另一码事。

很多球员或教练都因为情绪上的压力而崩溃，这样的事屡见不鲜。显然对于他们的私人问题我不得而知，但是他们确实承受着巨大的压力。其中最悲剧的例子便是罗伯特·恩克（Robert Enke），他是德国国家队的门将，于2009年自杀。他在加盟德甲球队汉诺威96（Hannover 96）之前在西班牙踢球，那段时间他过得很艰难，而他的个人生活完全被女儿的不幸夭折摧毁了。恩克死后，他的妻子透露，多年来他一直在与抑郁症做斗争。幸运的是，我在曼联队期间未曾遭遇过他那样的痛苦经历。

每个人都有自己惧怕的东西。所有的球员都希望进入一线球队，当他们受伤或是被移出一线球队时，他们会折磨自己，害怕自己的球员生涯就此结束。他们中的一些人还会因此酗酒或是沉迷于赌博，在失落的旋涡中无法自拔。

教练们大部分签短期合同，而他们对于这种无情的压力也不能幸免，而且深知断头台上的铡刀随时都可能落下来。拉尔夫·兰尼克（Ralf Rangnick）曾经执教过汉诺威96队和沙尔克04队，吉拉德·霍利尔执教过利物浦队和里昂队，约翰·克鲁伊夫执教过巴塞罗那，他们后来都因为压力离开了教练这一职位。佩普·瓜迪奥拉在离开巴塞罗那之后休息了一段时间。曾经效力于凯尔特人队和利物浦队的伟大球员肯尼·达格利什（Kenny Dalglish），他后来执教利物浦队。在经历了1985年的海瑟尔球场惨案（造成39名球迷死亡）和1989年的希尔斯堡惨案（造成96名球迷死亡）之后，他的感觉可想而知。当然我也会永远铭记乔克·斯坦的陨落和他悲剧的辞世。

如果你是一名公众人物，那么媒体的报道还会带来其他问题——尤其是运动行业。媒体的报道对愤怒的球迷来说简直就是火上浇油。在我们刚搬到曼彻斯特时，经常会接到骚扰电话，因此我们不得不屡次更换电话号码。

在我执教曼联的那段最黑暗的日子里，我记得我的妻子凯茜问我，如果我被解雇了该怎么办。我告诉她，我们回到苏格兰就行了。我可以肯定如果我真的被解雇了，肯定会崩溃的，但是我也坚信自己可以养活家人，这也绝不是世界末日。

当然媒体也会做些分内的事情。马特·巴斯比告诉我“在输球之后我从不看报纸。他们不会说你好话的。因此索性不要去读那些故事好了”。虽然巴斯比的话有道理，但是要想完全对媒体置之不理也是不可能的。在苏格兰时，我有阅读比赛报道的习惯，但是当我来到曼联之后就几乎很少看报纸了。但是即使我不看报纸和电视上的足球栏目，朋友们还是会问我是否听说了某些人对我的评论，而曼联队的新闻官也会向我简要讲述那些煽动性的故事和捏造出来的文字。而我逐渐学会了应对这些，在我执教生涯的最后10年里，我发现那些报刊评价不再像我年轻时那么恼人了。

对于外界的攻击，最好的保护措施来自少数你真正在乎其意见的人。当你所敬重的人支持你时，那些如女妖乱吼般的恶语也会烟消云散。在阿伯丁队时，每当我们输了比赛，我都要去董事会会议室面见俱乐部主席。他会喝可口可乐，因为他从不喝酒。他会在等汽水气泡下去的工夫批评我，对阵容和某位球员给出意见。他所有的批评之词都会在那个会议室中说完，而10分钟之后就平息了。无论怎样，在走出会议室后他对我还是很不错的。他从不在背后批评我，这对我来说比赞美之词或一个大大的拥抱要有用得多。

在曼联时期，尤其是初到球队的那些年，如果博比·查尔顿支持我，我就会感到很安心。我从不会刻意地去奉承他，但是正是他当初建议董事会让我来当教练，我也总能感觉到他的支持。在我不如意时，他总会说："会好起来的，你做得没错。"1989年9月，我们1：5输给曼城之后的几个月里，我感到非常脆弱，博比的支持——尤其是在这段时期——对我来说是非常重要的。这不仅是因为他的话在俱乐部中举足轻重，而且他那精心组织的话语也确实让我的精神为之一振。每一位领导者都需要一位这样的盟友。

TheFA.com
The FA CUP
e·on
Carlsberg
national express
MUTV

Leading

第八章

传达信息

对于球员来说，传达信息的方式很重要。虽然我喜欢对球员发脾气是出了名的，但是当我们在比赛中大比分落后时，我却很少大发雷霆。其次，保持冷静并且确保我的意见是非常明确的，这也很重要。最重要的是我要传达的信息、我对其的把握以及传达的方式。

说话

作为一名教练，我需要跟各种人打交道，不同的人需要采取不同的方式：俱乐部老板、教练组成员和其他俱乐部工作人员、球员和支持者们。

跟老板有一个健康、开诚布公的交流方式是很重要的。我们当中很少有人没有老板。或许那些成功企业的创始者经营公司的方式就是让人们感觉不到需要讨好谁——除了他们的心魔——但是其他人都需要懂得讨好上司。也许在球员看来，我就是“老板”，但是足球俱乐部中是有真正的老板的，他可以随意雇请和解雇教练。

这是我在圣米伦队学到的痛苦的一课，当时我经常跟俱乐部主席威利·托德（Willie Todd）争吵。他是一家涂料和装饰公司的老板，在我执教圣米伦队不久，他就买下了球队。他对足球并不了解，那时是我帮他学习。但是很快他就觉得自己懂得很多了，我们也很快就发生了冲突。那是一段令人颇为不快的经历，我们甚至到了彼此不说话的程度。现在回想起来，那样子的结局只有一个，而这结局显然对我不利。事实确实如此。管理者需要找到跟老板交流的方式，无论他们的性格有怎样的差别，否则只能以悲剧告终。

来到阿伯丁队之后，我注意不再重蹈覆辙。迪克·唐纳德（Dick Donald）在1970年至1993年担任阿伯丁队的主席，他和威利·托德的性格截然不同，我也觉得他很好相处。虽然我们的关系很好，但是在谈话中我们都很礼貌。我称他为“主席先生”，他叫我“弗格森先生”，这也表明了我很清楚我们职位之间的差别。建立这样的界限是很重要的，因为他每天都会出现在俱乐部，而我们几乎每天都需要交谈。在阿伯丁队时，我需要处理的另一个重要的关系是和我的助理教练阿基·诺克斯。无论去哪里，我们都是结伴而行——白天一起工作，晚上如果有时间的话会带上妻子一起进行社交活动。1986年我搬去曼彻斯特时，我坚持他跟我同去。我们本来可以进一步相处下去，但是当1991年他决定离开曼联，去流浪者队帮助沃尔特·史密斯时，我明白这段完美的工作关系结束了。

我来到曼联时已经44岁了，我经历了阿伯丁队的辉煌（我们一共赢得了10座奖杯，不少球员都荣获了苏格兰帽子[1]），并且明白了与俱乐部老板和主席保持一个健康的关系是至关重要的。我每周都会与曼联队的老板兼主席马丁·爱德华兹见几次面，就在老特拉福德球场他那堆满书籍和奖杯的办公室里。我们无所不谈，我会告诉他我正在从事的任何工作和关心的任何事情。除了我的报酬之外，在大多数事情上我们能够达成一致。

这一时期不仅对老特拉福德球场而言，乃至对整个足球界来说都经历了重大的变化。在20世纪90年代，电视转播收益陡然攀升，而1995年欧洲法院颁布的《博斯曼法案》取消了很多转会的限制，这都极大地促进了俱乐部商务部的发展。自从1991年马丁决定将曼联作为股票上市，球队的所有权就发生了改变。俱乐部的股份不再集中在一个人身上，而是分散在多个投资基金管理人和数百个持股人身上。这对于我来说意味着除了在俱乐部的年度股东大会上能够与他们见面，我再也不会与俱乐部的财政所有者们直接见面了，但是与马丁和董事会保持密切交流是很有必要的。

另一个变化则是俱乐部首席执行官的权力越来越大，这是因为曼联日渐

1 “苏格兰帽子”就是当时苏格兰联赛的一种荣誉。

繁荣的商业活动。2000年，大卫·吉尔就任这一职位，他负责建设和运营曼联的商务活动。这些年来，我们成了好兄弟。

2005年，格雷泽家族（Glazers）成为曼联第一大股东之后，俱乐部又发生了变化。格雷泽家族与阿伯丁的迪克·唐纳德和曼彻斯特的马丁·爱德华兹不同，他们不住在俱乐部的所在地，他们远在美国，而其主要的中转人就是大卫·吉尔。在格雷泽家族买下曼联之后，我曾经跟马尔科姆·格雷泽（Malcolm Glazer）通过话，但是素未谋面。我最常见到的两位家族成员是乔尔（Joel）和阿夫拉姆（Avram），而这二位最多算得上是狂热的球迷而已。然而正是吉尔向格雷泽家族报告俱乐部的财政状况、我购买球员的请求以及对我们的训练设施进行更新换代。

除了俱乐部的老板之外，我需要打交道的另一类很重要的人则是教练组成员。由他们向球员传达我的意思——无论是一线球队的球员还是青训队中的男孩们。我几乎每天都要和教练组成员们进行交流，即使是我卧病在床时，虽然这极为罕见，但我还是会跟他们保持电话联系。我本能地感觉到，如果与教练组成员的沟通出现障碍，或者是我的指示被误解或是在转述中被篡改了，就会给球场上的球员造成迷惑。因此，我每天早上的第一件事就是在训练场跟教练组成员进行交流并告诉他们我今天最重要的指示。

我会在以下三个场合跟球员对话——训练中、比赛当天以及在面对面的私人场合。在某些情况下，尤其是我在跟自己不甚了解的人交谈时，我发现很难确定他们是否把我说的话记在心里了，于是我养成了换位思考的习惯，把自己想象成聆听者。我也当过球员，因此深知那种被教练唠唠叨叨的感觉。尤其是比赛前一天，球员们希望去训练场上缓解一下压力。所以，我经常会注意让自己的讲话简单并且切中要害。我记得有一次我对球员们说："这肯定是我第1000次给你们做团队讲话了。"这时布莱恩·麦克莱尔插嘴道："是的，有一半时间我都睡着了。"他在1987年到1998年代表球队出战了471次。教练们总会把简单的事情搞得很复杂，然而让人们明白你期望的最好办法就是简单明了，尤其是俱乐部中的外籍球员日渐增多，而且他们中的一些人还不习惯我的苏格兰口音，我可以肯定他们中的一些人甚至不知道我说的是英语还是威尔士语。

我煞费苦心地告诉球员们，因为我未被对手吓倒，他们也应无所畏惧。我还谨慎地告诫他们赢得球场上每一次单人对抗的重要性。通常情况下，我会在比赛的最后半小时要求他们要果断。在中场休息时，我会告诉球员我上半场的所见所闻，对对方球队的一些球员进行评价，然后让大家紧张起来。我从不会四处走来走去，叮嘱某个球员。这样做只会在他们心中埋下怀疑的种子，在他们上场时心里会怀疑教练是否信任他们。同样，我认为在比赛期间对球员们大吼大叫地发号施令没有任何意义。如果你这样做，只能说明你没有做好准备，没有将自己的计划很好地传达给球员，抑或是你不相信球员们能够做好该做的事情。与球员相比，任何缺点在教练身上都显得更为淋漓尽致。

比尔·香克利也是苏格兰人，曾长期执教利物浦队，他以善于切中要害而著称。我经常会尝试模仿说比尔喜欢的那句话："如果我们拿到了球，我们为什么不把球传来传去呢？如果让对面球队拿到球，场面就要严峻得多了。"我最常给出的指令都是很简单的，诸如"注意控球"或"不要让他们得分"。

其中有一条指令看起来颇为有效（至少根据记得这条指令的球员数量来看是如此）。那是1999年的欧洲冠军杯决赛上，当时我们以0∶1落后于拜仁慕尼黑。我说："如果你们失败了，那么颁发奖杯时，你们甚至连摸一下也别想。你们将会戴着失败者的勋章从奖杯前灰溜溜地走过，因为你们明白你们身后的人将举起这奖杯。"

对于球员来说，传达信息的方式很重要。虽然我喜欢对球员发脾气是出了名的，但是当我们在比赛中大比分落后时，我却很少大发雷霆（尤其是在我执教生涯后期）。其次，保持冷静并且确保我的意见是非常明确的，这也很重要。有时迈克·费兰会告诉我需要对球员进行严厉的批评，但是这样做很快就不再奏效了。在中场休息时，如果我们领先数球，我会在对球员们的训话中吼上两句，这样做是为了确保他们不会松懈，不会让自满情绪有机可乘。我还希望球队能够打进尽可能多的球，因为最后的冠军可能是靠净胜球来决定的。相比之下，沉默和其他的沟通方式一样有效。当比赛结果不令人满意时，我会在把不得不讲的话说完之后坐回到长凳上保持沉默。而接下来这段沉默的时光或许比我说的话还要有效。

无论观众是1个人还是75,000人，你都需要整理自己的思路，明白自己想要突出的重点，然后讲出来。在开团队会议时，保持眼神交流，直视每一名球员，这是很重要的。因为这样做增加了信息传递的强度，但是我会尽量避免盯着某些球员看，因为我觉得这样做会让他们不舒服。有些教练会在中场休息时拿着一沓子笔记走进更衣室，他们会一边翻看笔记一边给球员训话。我实在无法认同这是一种有效的沟通方式。如果你对要讲的话题了如指掌，那么你就不需要笔记。如果一个人需要依赖笔记，那么球员们不会相信他对材料的掌握能力，也不会认同他的权威性。我相信自己的记忆和自己的判断，借此我在跟球员交谈时也可以保证眼神交流。我知道自己肯定也犯过一些错误，我可能会错过球员的一些失误或是犯规动作，但是纵观全局，这些细节微不足道。最重要的是我要传达的信息、我对其的把握以及传达的方式。每个人都有自己的风格，但是我是绝对不会使用笔记来激励别人的。

如果我想要传达某一信息，我会把球员叫到卡灵顿训练场我的办公室里。在更衣室里有一部电话，我经常打这个电话发出我的邀请。我可以肯定，当电话铃声响起时有些球员会感觉自己将会被拖到校长办公室接受鞭笞。有时候确实是这样。

虽然我很注重身体和精神上的健康，但是我从不会对球员说：“你看起来很累。”即使他们确实看起来很累。我知道如果我真的这么说了，他们马上就会感到疲惫。我会对他们说："你看起来好强壮，没有人能比得上你。"在比赛前，尤其是在主场作战时，我都会强调我们球场的尺寸，这是令大部分对手胆寒的大球场，我还会强调大家需要保持高速度和快节奏。我希望向球员灌输这样的信念：我们的对手将在比赛的最后15分钟里筋疲力尽。

我经常会躺在床上思考跟球员们谈论的新话题，因为我不希望他们感觉我是在重复上一周的陈词滥调。当我跟卡洛斯·奎罗斯一起去曼彻斯特欣赏生平第一次古典音乐会之后，我跟球员们讲述了这次经历。他们肯定以为我又要大发雷霆了，但是我向他们讲述了音乐会的指挥安德烈·波切利（Andrea Bocelli）是如何调动乐队的，正如我在曼联一样：控制、和睦、速度、时机和节奏。我知道球员们对此是闻所未闻的，因为这对于他们来说是全新的领域，但是我可以肯定有些人完全不知所云。我知道瑞恩·吉格斯和保罗·因斯已经听了几十遍我那关于团队合作的故事，比如一大群加拿大雁依靠团队合作迁徙数千英里。这些鸟轮流负责领头飞翔和断后，如果哪只鸟受伤了，就会有另外两只离队照顾它。我并非要求他们飞翔数千英里，我只是要求他们踢38场足球比赛。

确保让球员们明白自己的位置，这是很重要的。他们跟我们一样，都是脆弱的人类，而且我们都会发出一些无意识的信息。如果我没有计划让某位球员在一场比赛中出场，我会想方设法解释清楚原因。他们可能会认为自己不再受到我的青睐，我正在寻找替代他们的人。我会轻轻地安抚他们并对他们做出保证。有时，我让他们休息是为了应付更为重要的比赛。我煞费苦心地向他们解释大局观——整个赛季远远比某一场比赛重要，而我们需要计划赢得每一场比赛。在规模更大的欧洲赛事中，我们通常会带领24名球员去比赛，而我则需要向那13位不在首发阵容中的球员做出解释。我需要让他们感觉自己是球队的一部分，而最终赢得冠军的是整支球队，而非某一场比赛的首发球员。

能够跟几位教练组成员和球员们进行谈话当然最好，但是在一大群人面前讲话则是另一码事了。随着你取得了成功，越来越多的人就会开始关注你说的话了。在我当教练之初从未想过自己需要对75,000人讲话，更不要说电视机前的数百万球迷了——我在老特拉福德球场的最后一场比赛时发生的事情。

很多人都曾告诉我，他们在别人面前讲话时会觉得心惊胆战。不知为什么，这却从未困扰过我。在我还是个孩子的时候，就经常会组织别人，而我早就习惯了各种类型的公共演讲，但是我从未奢求自己能够给出哪怕是一次丘吉尔式的演讲或是葛底斯堡演说。在我年轻时曾经担任过工会代表，后来我经营了两家酒吧，因此也不得不经常对顾客们讲些什么。这些当然都不需要什么演讲技巧，但是我认为这些经历正是我不会紧张的原因，相比之下，很多人会为站起来对公众做演讲而紧张不已。

一直以来，我都对那些技艺精湛的公共演讲者感到好奇，他们对语言的掌握使得其能够用强有力的方式表达自己的思想。在20世纪六七十年代的苏格兰，每个人都会关注工会领袖吉米·里德（Jimmy Reid），他是英国共产党的领导者。无论你是否喜欢他，他确实懂得如何吸引公众的注意力。他是最后一位优秀的政治演说家——无论是在布朗船厂的船坞里，还是在较为安静的场合。2010年在戈万的老教区教堂他的葬礼上，我发表了讲话，我记得当时我说我自己的教育经历是由足球组成的，而吉米·里德则是在戈万的图书馆中受到的教育，他能够滔滔不绝地讲话。1971年当他被任命为格拉斯哥大学校长时，他为了发动学生们抵御激烈的竞争所做的演讲在《纽约时报》上完整地刊登了出来，并将此次演讲评为继亚伯拉罕·林肯的葛底斯堡演说之后最伟大的演讲。

当纳尔逊·曼德拉2000年在摩纳哥的劳伦斯世界体育奖晚宴上致辞时，你甚至可以听到针落地的声音。他的讲话并不长，但是我脖子上的汗毛都竖了起来。他的讲话是那么有力，那么有风度。我的好伙伴休·麦吉尔温尼并非政客，但是他也许是我遇见过的最好的体育作家，他对语言的掌握堪称炉火纯青。我可以听他讲一整天的话，因为他的讲话总是段落分明。

我并非试图能够像里德、曼德拉或是麦吉尔温尼那样运用语言，但是作为一名足球教练，我经常需要在公众面前讲话，有时面对的是座无虚席的体育场。对一小群人讲话是为大场合演讲很好的锻炼，因为原则是一样的。你需要知道自己想说什么，需要思考如何传达信息，同时你需要始终控制你的听众。如果一个人有信仰，那么他就能找到表达自己信仰的辞藻。我从不会逐字逐句地去念手稿，也从不会使用讲词提示器。我认为对自己想说的内容进行规划，在脑海中明确自己需要强调的几个点，保持自己思路的连贯性，这是很重要的。我非常喜欢即兴发挥，尤其是跟足球相关的话题。通常这招是很管用的，当然偶尔也有不奏效的时候。

1974年，在东斯特灵郡队当了4个月的教练之后，我成为圣米伦队的主教练，在这里我继续凭直觉进行讲话。没有人教过我公共演讲的知识和公共关系的技巧，因此我只是做了自己认为合适的事情。圣米伦俱乐部位于佩斯利，这个小镇因为纺织厂的倒闭和汽车业的衰退而遭受重创。而10英里外的格拉斯哥则为佩斯利蒙上了长长的阴影，每逢周末都会有公交车满载着球迷去格拉斯哥看凯尔特人队和流浪者队的比赛。整个佩斯利镇都有一种强烈的自卑情节，于是我决心要提振士气，告诉佩斯利的人们他们的球队是有前途的。我想做些公共演讲也许会管用。

圣米伦队的球迷比教堂里唱诗班的人数多不了多少，于是在一个周末我进行了慷慨陈词。俱乐部的电工在一个篷车上面安装了扬声器，于是我就像一位拉选票的政客一般在佩斯利开始了巡讲，手里拿着麦克风，鼓励人们来支持自己的球队。我们在市中心停了下来，我在那里对球队颂扬备至。这招确实管用，球迷的数量也多了起来。

我在苏格兰执教时不得不做些公共演讲，但是当我南下之后，俱乐部的活动和球员考察活动日益增多。曼联队会在每个月的第一个星期一举行慈善晚宴，我经常会在这些场合讲话。第一次讲话简直糟透了。我尝试着讲了一个关于英格兰和苏格兰的笑话，但是观众似乎完全没有领会笑点。我期待能听见些许笑声，但是等来的却是一片沉寂。讲笑话这件事是非常难的，没有任何保障。借此我也明白了为什么喜剧演员会在大型演出或是上电视之前在小型俱乐部里小试牛刀了。

虽然在对一小群人讲话时保持眼神交流很重要，但是我发现在面对大量听众时与某个人对视是非常令人不安的。我会有意面向观众，因为我知道盯着讲台上的笔记去读肯定会丢掉听众的注意力，但是我从不会盯着某个人看。相反，我会把目光放在观众头顶偏上的地方。

如果你盯着人群中的某个人看就很容易把事情搞砸。曼联青训队的教练埃里克·哈里森在1981年至1998年执教，他在1992年发现了这样做的风险。他曾经向我讨教过公共演讲的技巧，我告诉他把目光放在后墙上，而且在讲话的时候要注意转移目光，这样所有的观众都会感觉到置身其中。但是他却犯了一个致命的错误，他盯着一位观众看，这可绝非明智之举，尤其是埃里克当时是在利物浦演讲，台下的听众多是利物浦和埃弗顿的球迷。他后来狼狈不堪地回到了曼彻斯特，因为他盯着看的人做了两件事。首先那个人慢慢地把食指放进了自己的喉咙，此举虽然没有让埃里克惊慌失措，但是他马上又掏出一块白手绢舞动了起来。这次埃里克扛不住了，一屁股坐在了椅子上。

1994年马特·巴斯比爵士逝世，我应邀在圣母马利亚教堂和曼彻斯特附近的查尔顿–哈迪（Charlton–cum–Hardy）的圣约翰教堂进行讲话。那是一个大型活动，数以千计的曼联球迷加入了送葬行列，教堂里更是人满为患。那一次我选择了带稿演讲，虽然我不经常这样做，但是事后还是受到了我最严厉的批评家凯茜——我的妻子的批判。她说："你真是不可救药。我告诉过你不要照着稿子念。带稿演讲让你一无是处。"

无稿演讲可不是胆小者能驾驭的，而且我也因为这样做吃过苦头。很多年前，我在伦敦的高盛公司进行了一次讲话，我自认为还不错，但是我的儿子马克则抱怨我的演讲跳跃性太强，并且整体缺乏结构感。我发现无论是否带稿进行演讲，总会有人时刻准备着去攻击你——我想这也是在公众面前开口的风险之一。

写作

我只有两条途径跟广大的球迷朋友进行沟通——通过报刊媒体或是比赛日的节目。虽然在晚宴上或是某些特殊活动上，我偶尔会有机会能够跟赛季票持有者或是球迷俱乐部进行交流，但是那些交流方式不能用于和75,000人进行沟通，更不用说分布在世界上的数以百万计的球迷们了。通过报纸或电视节目进行沟通充满了风险。因为出版商和广播公司有自己的安排，所以你要传达的信息很容易被篡改或是断章取义。但是，我知道我可以信任比赛日的节目，我可以通过这个节目向来老特拉福德球场看球的人们传达信息。

我在圣米伦队时，佩斯利《每日快报》的记者斯坦·帕克（Stan Park）每周都会来一次，那时我会告诉他我希望传达的信息。他会为我的节目致辞代笔，但是在出版之前我都会对其进行校对，以确保斯坦能够抓住那些细微之处。这种方法看起来很奏效，于是我在阿伯丁队时沿用了这一做法。我会经常利用节目致辞鼓励支持者们能够直言进谏。一直以来都流传着这样一个笑话，可能听起来有点儿刺耳：相比于支持自己的球队，皮托德里球场的球迷们更喜欢翻阅报纸上的球队消息。

在曼联时期，我跟大卫·米克（David Meek）一起共事，他是《曼彻斯特晚报》的记者。在我任职初期，我希望在曼联传达一种可能性，因为初到这里时我就感觉到了极大的不满，大家对球队名列甲级联赛倒数第二的糟糕表现和球队的所有权都颇为不满。

我通过节目致辞表达了自己至少在某些问题上是同情支持者的。例如，我感觉球票太贵了，而且我也把这一想法明确地告诉了马丁·爱德华兹和董事会其他成员。我还希望能够在节目致辞中注入一些亲密性，这样一来致辞中就不会仅仅包括球队表现和新签署的球员了，还会涉及俱乐部温和的一面。有时，我也会颂扬那些已故的球员或朋友，比如道格拉斯·史密斯，他建立并运营了我的第一支球队德鲁姆扎佩尔业余俱乐部，或是凯尔特人队的助理教练肖恩·法隆（Sean Fallon）。人们不喜欢那些关于平凡事物的世俗描述，他们希望读些与众不同的东西，了解意料之外的事物。

1985年，阿伯丁队夺得联赛杯冠军之后，我出版了自己第一本书《北部之光》（*A Light in the North*），当时我写这本书的目的是补贴家用，同时也是对我的阿伯丁时光的详尽介绍。我真正用心去创作的第一本书是《管理我的生活》（*Managing My Life*），是在1999年曼联夺得三冠王之后出版的。这本书是我跟休·麦吉尔温尼合作出版的，我认为那是自己的一段宣泄史。那段时间我非常忙，通常会在忙里偷闲时胡乱写下自己的想法和记忆。最后我交给休·麦吉尔温尼200,000页写在不同形状纸张上面的草稿。他对这些草稿进行了整理，将其措辞成文。但是能够将我的童年经历和我的成长环境编纂成文，对我来说是一种享受，也是一种莫大的慰藉。

我所写过的最有意义的文字也许是那些最简短的留言或信件——对我办公室中堆积如山的往来信件的回复。要知道我执教生涯中的大部分时间里还没有电子邮件和短信，因此我需要以卡片和信件的方式进行答复。作为曼联队的领导者，我认为这是大家对我的期望，我会根据不同情况发出慰问或祝贺的信息，或者仅仅是为人们给我提出的意见表示感谢。每年我都会发出大约2000张圣诞贺卡。有人会说：为什么不把钱直接捐给慈善机构呢？说得好，但是我发送这些卡片的原因在于我希望这些人能够感觉到我关心他们。我本人也很喜欢收到圣诞卡片，原因也是一样的。

媒体采访

通常情况下，我不能说自己承担着比其他领导人更多的压力，但是说到跟媒体打交道，情况就不同了。在当今世界上，需要比欧洲顶级足球队教练面对更多麦克风和摄像机的人，恐怕就只有那些大国的领导人了。政客们在争夺权位时总是极度渴望被媒体报道，这真的很可笑。我一直渴望的是与其相反的一面，我多么希望那些记者能放我一马，让我专心于自己的工作。如果曼联队赢了球，我们会出现在报纸的最后一版（通常为体育版块），但是如果输了球，我们就会上头条。

而在苏格兰跟媒体打交道则是另一回事了。1974年在东斯特灵郡，我所需要做的无非是跟一名来自《福尔柯克先驱报》的年轻记者谈话，他们的报纸发行量仅有约40,000份。而阿伯丁队的体育场甚至连一间专用的新闻发布室都没有。我通常就在皮托德里球场的门厅处接受赛后采访。

在曼联队时的情形则大不相同，因为曼联会吸引来当地和全国性的报纸、电视和广播记者，而且在过去的10年里有越来越多的网络博客对曼联队进行定期播报，那些国际记者也会在大赛前夕蜂拥而至，他们的报道会瞬间传递至世界上数千万的球迷那里。在老特拉福德球场，甚至在球员通道里也会看见摄像机、麦克风和录音机，其中一些是供球队自己使用的，用来放在网站、电视节目、无线电台、杂志和比赛日的节目中。每当比赛结束，我都要接受三到四场采访。

在我执教曼联的最后几年里，在新闻发布会上的一段言论，甚至是用手机录制的供自己保存的录像，也会很快在报纸、杂志、天空体育、无数的博客以及越来越多的应用软件上曝光。下面这则例子就说明了这个世界对足球是如何欲罢不能的。1995年埃里克·坎通纳在水晶宫队主场上演的“功夫”飞踹如今已经在YouTube上面被点击了超过200万次。但是这可是发生在20年前的事情，当时如今的很多球迷还未出生！这件事比YouTube的成立还要早10年。

一直以来我都很理解媒体的趋向，他们都喜欢那些流行的、能够提高报纸发行量和电视收视率的新闻，虽然那些出版的东西不切实际，然而流行话题能够吸引更多的读者和观众。媒体不会大费周折地描写一位失业的炼钢工人或是话务中心的小人物因为经济不景气丢了工作。这些事情对于公众来说一文不值，而足球则是举足轻重的。

我在流浪者队踢球时，教练是斯科特·西蒙，他经常对媒体置之不理，他不愿意在一天中拿出些时间给记者。有一次流浪者队在欧洲冠军杯决赛对阵鹿特丹斯巴达队（Sparta Rotterdam），那天起了大雾，能见度很低。有一位记者打电话给斯科特，问他比赛是否会如期进行。他的回答是“无可奉告”。试想一下如果你今天给出这样的答复会有什么后果。

罗恩·阿特金森是我来曼联之前的球队主教练，他采取的是另一种策略。我认为他每周的每一天都会跟媒体见面，甚至每年的每一天都是如此，因为我确信他在周日也会跟媒体联系。罗恩有着慷慨外向的性格，他很享受跟媒体互动的过程，但是我并不喜欢他的方法。首先，如果每天都跟媒体见面的话，我会感到无话可说。我可能会聊些诸如天气和昨晚品尝的美酒之类的话题，但是很快我就再也无法提供新鲜的材料了，除非是跟曼联队相关的。此外还有更大的一个问题，我不想每天都被媒体纠缠不清，让我回答各种各样愚蠢的问题，导致我火冒三丈地说些骂人的话，然后他们会借题发挥，捏造一些故事出来。我很快就取消了每天的晨会，把自己跟媒体见面的时间限制在比赛前一天和赛后。最后证明这些见面会简直就是在浪费时间，因为那些有经验的记者会跳过这个环节，自己去寻找球员进行采访。21世纪初，曼联在托特纳姆比赛之后，当我走进新闻发布会的房间，那些大报的记者早已挤在球员通道，希望能采访球员，其中还有少数通讯社的记者，那简直就是在浪费时间。

与媒体打交道可以呈现出不同的形式，但是其中的关键就在于控制。在准备发布的新闻稿或提前录制视频时，你很容易保持完全的控制。但是在新闻发布会上做到这一点就很困难了，或者是你在机场被记者打了伏击，他们都试图从你身上发现蛛丝马迹。媒体会寻找那些最细微的疏忽和差错，记者们会耐心等待你语言上的过失，而那些摄像师就像猎人一样，他们时刻准备着在你噘嘴或是做鬼脸时按下快门。

凯尔特人队和苏格兰队的主教练乔克·斯坦在这方面很有一套，他似乎对报道凯尔特人队的记者们了解得一清二楚，他甚至知道哪位记者酗酒，哪个嗜赌如命。他知道那些记者的弱点和缺点。他知道他们是什么样的人，而记者们也晓得这一点。我可以肯定这些记者在写那些对乔克不利的话时，肯定会三思而后行的。

而我，也同一些经常报道曼联队的记者成了朋友——葛兰·吉布森（Glenn Gibbons）、鲍勃·卡斯（Bob Cass）和休·麦吉尔温尼——同时也很信任少数记者，但是我始终无法做到像乔克·斯坦那样对媒体应对自如。他们总是会让我恼火，有时我也会因为他们写的那些内容对其进行猛烈抨击。那些记者通常会把责任推到编辑身上，但是如果你是一个歪曲报道的受害者，这些就都不重要了。我坚持要按自己的条件跟媒体进行沟通，并尽我所能控制我们希望传达的信息。确切来说，就是回答问题，或者更精确来讲，就是拒绝回答哪些问题。如果记者们问到球员伤病问题或者是周六比赛的阵容，我或是转移话题，或者如果心情不好的话，会甩给他们一句：这不关你的事。记者们不是新闻发布会的主人，我才是。

而且你需要谨记，记者们并非总是问他们自己的问题，有时候他们引出的话题是应他人之邀。足球记者跟那些重要的足球经纪人过从甚密，这些记者可以从足球经纪人那里获取关于球员们的少量消息。因此如果某一名经纪人希望为他的球员掀起一场价格战，那么他就很可能让一位跟自己关系不错的记者在发布会上问我们是否对该球员感兴趣。

当记者们或新闻组织滥用其权力时，我会剥夺他们的采访权。因为想要替代他们位置的记者大有人在。在跟BBC发生了一系列的争执之后，此后的7年里我拒绝接受其记者的采访，也拒绝出现在他们的任何广播和电视节目中。总会有一些记者让我感到厌恶。这些年来被我禁止参加曼联发布会的记者有20多位，他们都曾编造过故事。我不会接受他们这么做，我会给他们改正的机会，但是如果他们执迷不悟，我就会毫不客气地拒绝接受其采访。就算这名记者成了我的朋友并获得了我的信任也不能例外。葛兰・吉布森是一名苏格兰记者，他跟我父亲算是同乡，我就曾多次禁止他参加发布会。这时候葛兰总会跟我套近乎："如果你父亲知道你不让一位来自考卡登斯的年轻人参加发布会，他会怎么想？"我有时也会觉得曼联自己的球队频道电视台让人恼火，有时候我真的需要休息一下，并且在一两周内不再接受其采访。

想要控制自己的情绪是很困难的，尤其是在艰苦时期，或者某位球员做了有损球队名声的事情。我经常会告诫自己记者和摄像师们对我说的话和我的肢体语言给予同样的关注。保罗・多尔蒂（Paul Doherty）是格拉纳达电视台体育版块的负责人，他告诉我在出席新闻发布会前用手揉自己的脸，这样一来我就能够很愉快地接受采访，而不会表现出丝毫的紧张。他说我太重视新闻发布会了，并且指导我"面无表情地走进去，不带有一丝情感。如果你的表情像个死人一样，这对记者们来说是致命的。因为他们都在寻找弱点"。我把他的话谨记在心，后来在出席发布会前我总会揉揉自己的脸。但是要想保证面无表情，说起来容易，做起来难。我至今仍为乔治・沃克・布什在"9・11"恐怖袭击那天得知消息后那张面无表情的脸感到惊奇，他当时正在幼儿园的一间教室里面对着华盛顿的记者团。我不认为自己能够做到那样镇定自若。无论我怎样努力，我的情感和肢体语言还是会受到环境的影响。如果事情不尽如人意，难免会做出苦相或是紧闭嘴唇，而反之，如果我们刚刚击败了对手，则很有必要表现得不太过自信或自鸣得意。不管怎样，我发现自信对于球员真的很重要。我还记得多尔蒂给我的另一个忠告。他说："你必须毫发无损地走出每一次的新闻发布会。"

有时我会非常沮丧，这时我会选择回避媒体，因为我怕自己会对裁判或者助理裁判进行评论，而这很可能给我惹上麻烦。2013年3月，曼联队在欧洲冠军杯16强第二轮的比赛中输给了皇家马德里，就是因为裁判库涅特·卡吉尔（Cüneyt Çakir）的一次匪夷所思的判罚，他以纳尼对一名球员犯规为由将其罚下了，而他自己甚至都没看见。当时我简直是发了狂。我知道记者们早已在新闻发布室里等着我了，他们一个个肯定像斗牛士一样，挥舞着红色披风，但是我是不会冒着跟他们每个人翻脸的危险而出席的。我让迈克·费兰代我出面来解决裁判这次荒谬的判罚。我知道在那样一个夜晚，我会破坏掉自己的规矩，犯下低级的错误，那就是直接回答记者们的问题。

对我来说，执教生涯中的大部分时间不用去应付那些社交媒体，这是很幸运的。通过Twitter、Facebook或Instagram来追踪曼联新闻的球迷要比那些通过《太阳报》和《每日镜报》的球迷多得多。我敢打赌，那些年轻的教练甚至已经开始躲开那些主流报纸，跳过那些大型的、正式的新闻发布会，开始与球迷们直接交流了。他们说你可能需要一副厚脸皮来面对Twitter上的辱骂。虽然你需要面对来自各方的恶语相加，抛开那些谩骂之词，这样做并不会比面对报纸和电视评论员差很多。至少这种社交网络给你提供了一个可以精确控制自己想要传达信息的平台，一种回答问题的途径，虽然偶尔会出现一些意想不到的反对意见。无论媒体是如何不留情面，无论我拒绝回答了多少问题，在我们输球之后，相比于记者们的苛刻，我对自己更为严厉。如果我们输掉了比赛，这对我的影响比任何人都大。记者们写完他们的专栏就可以跑去酒吧了，而我不得不找出失利的原因并制订解决方案。

退休之后，我开始观察其他教练应对媒体的手段。我很喜欢这么做，因为我想知道自己是否能够提供帮助。我偶尔也会打电话给他们，给他们一些建议。上个赛季，莱斯特城队在英超联赛中垫底，我给他们的教练尼格尔·皮尔逊（Nigel Pearson）打了电话，告诉他过于放松和自信了。我告诉他要表现出自己的关心，并且不要看起来那么脆弱。相比之下，当我跟伯恩利队（Burnley）的主教练肖恩·戴彻通话时，我试着安慰他，因为他们也度过了一个艰难的赛季。肖恩经常会跟记者们开一些小玩笑，他会重申他的球队有多么努力。虽然我并非不注意他所表达的观点，但是他一直努力传达着一种信心。上个赛季，当阿兰·帕杜离开纽卡斯尔联队去执教水晶宫队之前，我也主动向他提出了建议。我问他："你怎么了？你不再跟别人争辩了。你放弃了。你认输了。如果你想保住自己的工作，开始做一回自己吧！"几周后他给我回电话说："谢谢你。"他大可不必这么做。我知道这份工作很难做，我一直很乐于帮助其他教练。

Leading

第九章

领导不是管理

我的工作是制定非常高的目标。我的工作是让人们相信自己能够做到之前认为自己做不到的事情。我的工作是画出一条之前从未走过的道路。我的工作是让每个人都相信世界上没有不可能。这就是领导和管理之间的区别。

老板

权力和实施管理依赖于获得权力提供者的信心。如果一名领导者管理的那些人觉得自己的领导者对于工作都事无巨细地关注，那么这位领导绝不可能成功。在足球中，提供权力的人是俱乐部的老板。如果他们非常信任并且支持自己俱乐部的教练，那么教练的工作会好做很多。当我在东斯特灵郡队申请自己第一份兼职教练工作时，我太急于迈出成功的第一步了，而没有注意到俱乐部的情况以及掌管财政的人的性格。随着时光的流逝，我很快就意识到，对于那些你需要进行汇报的负责人，了解其性格是何等重要。

我们大部分人不会去想自己的雇主、老板的性格或是他们在集团内部营造出来的氛围。但是这一点在足球界中是非常重要的，因为这里有太多糟糕的老板。关于球队长期稳定的所有权，准备好必要的投资来创造一个富有活力的团队，关于这样做的好处我有太多的话要说。在各行各业的管理中，这都是无价的基础。我读过很多关于沃伦·巴菲特（Warren Buffett）和其公司伯克希尔·哈撒韦（Berkshire Hathaway）的书，我想那些掌管着各种各样公司的领导者会更多地考虑到长期的繁荣，而相比之下，那些上市公司的首席执行官则会担心如果下个季度的收入不佳就会跟投资基金管理人发生争执。

如果你有老板或股东，而他们只看重短期结果，这会让每个人都沉浸在无尽的痛苦之中。这一点尤其适用于足球。

足球教练们应该寻找自己的沃伦·巴菲特——那些有长远眼光的人；那些为球队提供建设资金的人；那些不会干涉日常管理的人；那些有求必应的人；那些明白自己只需要做两个决定的人：一、更换教练或首席执行官，二、卖掉俱乐部。然而不幸的是，在足球的世界里，几乎不可能找到这样的人，而且最近50年来，球队的老板开始从当地商人变成了外国的寡头、阿拉伯酋长和对冲基金经理，他们追求的只是涌入英超联赛的海量电视收益，这让问题变得更糟。

对于这些老板来说，他们应该明白足球跟他们经营的商业不同，虽然他们在那一领域获得了成功，但是俱乐部不是连锁超市、银行或电子产品批发商。

足球是一项鲜活的娱乐项目，其规模无与伦比。你不能像生产电话或剃须刀一样胸有成竹地生产成功，因为一切都取决于个人表现、情绪的随机影响、机会和伤病。同时所有的老板还必须实事求是。一名忠实的球迷也许会一场不落地观看球队比赛并期盼胜利，但是俱乐部的老板则必须脚踏实地。

自我执教曼联之日起，到2013年退休，英超联赛中的48支俱乐部总共雇用过267名正式的教练（不包括临时教练）。你也许会感到奇怪，为什么还有俱乐部找不到教练。2014—2015赛季初，阿尔塞纳·温格执教的英超比赛次数比其他教练加起来的总数还要多。大部分英超俱乐部中教练的真实称号应该是“临时教练”。

我在曼联执教期间，切尔西换了13位全职教练（不包括临时教练），曼城队换了14位（不包括临时教练）。当我得知切尔西为解雇那些教练支付了多达4000万英镑时，一点儿都不惊讶。切尔西和曼城都曾雇用过很多教练。在英超联赛中，糟糕的雇佣案例比比皆是。比如利物浦队，2010年该俱乐部解雇了拉斐尔·贝尼特斯（Rafael Benítez）。他们的老板四处打探，最后把目光锁定在罗伊·霍奇森身上，他刚刚带领富勒姆队打进了欧洲联盟杯的决赛。利物浦队雇用了罗伊，但是不到6个月就将他解雇了。我不确定整个欧洲范围内的情况是否更好些。我执教曼联期间，拜仁慕尼黑更换了14名教练（不包括临时教练），虽然有时同一名教练被雇用了若干次。这样做简直是愚蠢透顶，因为根本没有证据表明频繁更换教练能带来更好的结果。

多年以前，足球教练们有着更长的职业寿命，也许是因为当时的球队老板都来自周围社区，他们更看重长期的成功和球队的稳定，而今天的老板们则不同。1945年到1969年这25年时间里曼联队的主教练一直是马特·巴斯比（他于1970年到1971年又返回了俱乐部）；1962年到1975年，乔·哈维（Joe Harvey）在纽卡斯尔联队执教13年；1925年到1934年，赫伯特·查普曼（Herbert Chapman）在阿森纳队执教9年，此后乔治·阿里森（George Allison）于1934年到1947年在此执教13年。斯科特·西蒙在流浪者队执教13年（1954年至1967年），而在他之前，比尔·斯特鲁斯（Bill Struth）在该球队执教长达34年之久（1920年至1954年）。

最让教练感到安心的事情就是感觉到自己老板的支持。就像一位年轻人从事第一份工作，他们往往在集团的最底层，也正如一位领导者得知自己得到了董事会成员的支持。你的老板可以成就你，也可以毁灭你。这是我在阿伯丁队执教时领会到的，当时我的老板是迪克·唐纳德。他对我的能力有着坚定的信心，这是他给我的最好礼物。

这一点在我刚到俱乐部的第一年显得尤为重要，那是一段坎坷的时期。当时我还不得不面对前任教练比利·麦克尼尔（Billy McNeill）带来的问题，他很受球员们的欢迎，他离队后去了凯尔特人队当教练。1979年3月在苏格兰联赛杯决赛中，我们以1：2输给了流浪者队，我当时沮丧至极。有不少球员公开表示他们更喜欢以前的教练，而当地的报纸、电视和杂志也都开始质疑我的执教资格。我把这些都告诉了迪克。他说："我雇用你是因为你有能力做好这份工作。我对媒体怎么说不感兴趣。你只需要继续努力工作就可以了。不要抱怨，你是个男人。"这番话着实让我为之一振。

我来到曼联之后也得到了同样的支持，尤其是我初到曼联时，在开始获得奖杯之前的那段时期。1990年的足总杯上，我们去诺丁汉森林队的主场踢比赛，那场比赛被宣传成了我职业生涯中孤注一掷的一战。就在比赛前一天，马丁·爱德华兹给我打电话，他的话简单却又意义非凡："无论明天发生什么，你都不会丢掉教练一职。"

我是幸运的，无论是在阿伯丁队还是在曼联队，我的大老板都以球队为骄傲。在阿伯丁时，迪克·唐纳德1949年加入该俱乐部并于1970年成为主席。他绝不能容忍其他股东干涉球队的事务。他的年度股东大会通常会在3分钟内结束；最长的一次开了7分钟，是因为一位当地的商人挑起了一些事端。虽然迪克在年轻时也曾做过一阵子职业球员，但是他明白俱乐部老板和教练之间的分界线。我从未感觉到他试图证明自己在足球方面懂得比我多。这对我来说是莫大的幸事。对于那些最棒的老板来说，如果下属选择离开他们，他们会确保下属能够加入一个更大更优秀的团队，并引以为傲。迪克·唐纳德就是这样一位老板，1986年我告诉他我打算离开阿伯丁队，去更大的俱乐部迎接新的挑战。他很郑重地告诉我，我需要考虑的俱乐部只有一个：曼彻斯特联队。当时，我对于曼联是否对我感兴趣不得而知，但是迪克提及了这支球队，这不仅是他的个性使然，更使我信心满满。当我最后离开阿伯丁队时，我知道他并不想让我离开，但是我还是带着他的祝福离开了。那是一种无价的恩赐。

现在我会告诫那些正在寻找球队的教练，他们一定要确保俱乐部的主席明白他们工作的复杂性。拥有足够的时间去开发俱乐部或是去扭转局面，对于任何一位教练来说都是最大的奢侈品。无论是实施自己的想法，还是把球队结构落实到位，这都需要时间。如果这些教练很幸运，找到了一位理解他们工作并愿意给他们时间的老板（这样的人实属罕见），那么他们很有可能成功。否则，如果他们不能取得成绩就会被解雇。每一名足球教练都曾被解雇过，我也不例外。虽然并非因为足球——何塞·穆里尼奥、阿尔塞纳·温格和卡尔洛·安切洛蒂都曾被解雇过，只有那些刚刚进入这一行业的教练未曾体会被解雇的滋味。

确实有一些很棒的俱乐部老板，但是不幸的是这样的人真的是凤毛麟角。经营伊普斯威奇足球俱乐部（Ipswich Town）的郭保德家族（Cobbold family）堪称足球界的宝石。他们深深地植根于周围的社区之中，拥有数家酿酒厂和酒吧。阿尔夫·拉姆齐（Alf Ramsey）和博比·罗布森都曾在伊普斯威奇执教过，这样的老板对他们来说简直就是上帝的恩赐。如今在伊普斯威奇镇上有一家名为“郭保德俱乐部”的贵宾俱乐部，虽然该家族已经久未参与其中了，但是这也充分说明了其影响力。很多俱乐部都会忘记自己之前的老板。阿森纳的老板们也是有远见卓识的。几十年来，该俱乐部都由两个家族所有——布雷斯韦尔（Bracewell）–史密斯（Smiths）和希尔（Hill）–伍兹（Woods），接着是大卫·戴恩（David Dein），他是一位股东兼副主席，是他为阿森纳队招来了温格，并且是推动俱乐部长期发展的中坚力量。

我来到曼联时，马丁·爱德华兹是俱乐部主席，同时也是最大的股东。他继承了父亲路易斯·爱德华兹的职位和资产，他父亲于20世纪70年代初买下了曼联。

正如我之前所说，马丁跟迪克·唐纳德有很多相同点。他不会去试图证明自己的足球知识，他非常清楚老板和教练之间的区别，总体来说我们相处得不错。

格雷泽家族在买下曼联后饱受谴责。人们批评该家族向银行支付了高额利息来买下曼联，同时还有各种其他费用。还有一些人说曼联之所以再度成为公开上市公司，是因为格雷泽家族可以通过他们的投资赚钱了。我经常会接到一些球迷俱乐部打来的电话，他们要求我支持各种反对格雷泽家族的活动，逼迫他们下台。每当他们为之疯狂、闹得不可开交时，就会有人说如果我辞去主教练一职，那么格雷泽家族就不得不把俱乐部卖出去了。这在我看来是没有任何意义的。我告诉那些激进的球迷："如果我辞职了，你们认为周六曼联队会在没有教练的情况下比赛吗？"

在我执教曼联期间，格雷泽家族的成员从未给我找过麻烦。也许很多人都会感到惊奇，但是从一个教练的角度来看，他们确实是很不错的老板。一位教练希望从老板那里得到四样东西：不干涉球队、购买新球员所需的资金、支持和合理的薪水。当格雷泽家族买下曼联时，他们宣称这是一项长期投资，而令我感到欣慰的是他们那时已经持有美国球队坦帕湾海盗队（Tampa Bay Buccaneers）10年之久了。当他们接管曼联之后，并没有大张旗鼓地进行调整。相反，他们买下球队之后没有解雇任何人。他们很看重持续性。无论是球队的商业部还是教练组都没有出现人员改变，而且他们从不会在阵容和球队战绩方面给我施压。这很好地说明了他们的领导方式。

他们从不会对我说"不"，或者拒绝我所关心的事情。我可谓他们的天赐之物，因为我从不向他们索要高到离谱的金钱。当2012年我们以2400万英镑买下范佩西时，那是我们为了引进一名29岁的球员开销最大的一次，而格雷泽家族也仅仅问了一下范佩西的年龄。这是一个合理的问题，因为2008年，我们以3075万英镑从托特纳姆热刺队买来了27岁的迪米塔·贝尔巴托夫。虽然他在2010—2011赛季打进了21粒入球，并列英超射手榜榜首，但是贝尔巴托夫潇洒而又怠惰的方式并不适合曼联。于是在2012年，我们以300万英镑的价格把他卖给了富勒姆队。因此我理解格雷泽家族为什么会询问范佩西的年龄，这是完全可以理解的。但是当你有机会得到一位如此才华横溢的球员时，你就必须采取行动。

如果我是一名有抱负的足球教练，或是梦想着执教一家大型俱乐部，那么我会在接受这份工作之前对俱乐部所有权的构成进行谨慎的观察。伯明翰城足球俱乐部（Birmingham City）的前主席杨家诚（Carson Yeung）目前正在监狱里。曼城队的前老板他信·西那瓦（Thaksin Shinawatra）正在进行自我放逐，无法回到泰国。当然还有很多英国籍的无能的球队老板，他们来自哪里并不重要，因为他们都不懂足球。如果他们买下一支在英超垫底的球队，他们也会渴望能够赢得顶级俱乐部才能享受到的财政收入；如果他们去低级别联赛中买下了一支球队，他们就会奢望球队能够晋级英超联赛。

当某位球员和教练发生争执时，即使是最糊涂的老板也知道支持球员是一种疯狂的举动。因为一旦他们这么做，俱乐部中就会出现无政府主义者。虽然经常会有整支球队都与教练对抗的例子，但是那是完全不同的情形。据报道，2013年，当一群球员闯入首席执行官的办公室之后，保罗·迪卡尼奥（Paolo Di Canio）就被桑德兰队解雇了，但是这样的例子并不多。我只知道，就算一名球员被他的经纪人搞得自怨自艾，陷入了疯狂，这时老板们也不应该站在他那一边。

那些曾经当过球员，后来想当教练的人中，大部分跟我加入东斯特灵郡队时一样。他们都是那么孤注一掷，任何一份录用通知书都能把他们吸引走。他们无法忍受在家中等电话的感觉，而且那段失业的日子会让任何人都怀疑自己。但是这些教练总是太过于心急了，殊不知在他们签署新合同的同时，他们也签下了自己的“死亡证明”。他们得到的回报简直是可笑的。一只苍蝇的寿命都比英超球队教练的寿命要长。

虽然证据是如此明确，那种渴望和雄心总会压过残酷的现实。几年前，曼联的著名射手奥莱·索尔斯克亚正在跟卡迪夫城队磋商执教事宜，他曾经在1999年欧洲冠军杯决赛上打进制胜一球，帮助球队战胜了拜仁慕尼黑。他退役后曾经执教过曼联预备队，后来返回了他的祖国挪威去执教莫尔德队（Molde）并大获成功。在挪威度过了几个赛季之后，他开始渴望能够执教一支英超球队，我在读报纸时获悉他已经跟卡迪夫城队的老板陈志远（Vincent Tan）进入最后的磋商阶段，后者刚刚解雇了马尔基·马凯（Malky Mackay）。我暗自想道："他肯定没有仔细思考过这份工作——这一定会是一场梦魇。"于是我给他发了短信并且给了他一些非常坚定的建议。我告诉他："明天是你能够对老板表现得最为强硬的一天。所以你需要在合同中涉及所有可能会影响到你执教的事宜，哪怕是再小的细节。"9个月后，不可避免的事情发生了，陈老板决定换一位教练。而对于索尔斯克亚来说，好消息是他有一份滴水不漏的合同，而且一定会有老板欣赏他的才华。

还有一些教练也很倒霉，他们突然发现自己做报告的老板换人了。布莱克本队的主教练山姆·阿勒代斯在球队被拉奥家族（Rao family）收购后就遭遇了这样的事情。拉奥家族是V.H集团的主人，这是一家印度的运营鸡肉加工农场的公司。在他们买下该球队几周后，新任老板就解雇了执教2年的阿勒代斯。虽然阿勒代斯获得的资金援助很微薄，但是他始终让布莱克本在英超中保持着不错的位置。拉奥家族雇用了一位代理人杰罗米·安德森（Jerome Anderson）作为顾问，解雇了阿勒代斯，然后让原来的助理教练史蒂夫·基恩（Steve Kean）担任主教练。接下来，为了证明他们对足球管理的无知，拉奥家族甚至要求基恩坐飞机去印度参加董事会会议。2年后他们也炒了基恩，让一位曼联前球员亨宁·伯格（Henning Berg）担任主教练。亨宁·伯格后来打电话告诉我这件事。我警告他注意自己的老板，但是他在被挪威球队利勒斯特罗姆足球俱乐部（Lillestrøm）解雇后太渴望重回赛场了。57天后，他也被炒了，但是获得了法院判给他的220万英镑的违约费。

有的教练鞠躬尽瘁，但是从老板那里获得的待遇却非常糟糕。乔克·斯坦在凯尔特人队执教13年，带领球队赢得了25座奖杯，并于1978

年退休。你几乎找不出一个比乔克更优秀的领导者。他不抽烟也不喝酒，从不居功自傲，而且把所有的赞美之词都给了球员。但是尽管他做了这么多，董事们甚至不愿意给他一个董事会席位。他们告诉乔克，他可以去凯尔特人的商店工作。他们对乔克的助理教练肖恩·法隆也是如此，而他在俱乐部待了28年。他们为球队付出了自己的一切，而以这种方式对待他们实在让人震惊。

有时我的助理教练们会有离开曼联队的打算，因为他们知道我肯定不会离开曼联——我总会告诉他们一定要谨慎选择。史蒂夫·麦克拉伦代替了我的助理教练布莱恩·基德，但是3年后他也开始跃跃欲试，希望执教一支球队了。那时西汉姆联队和南安普敦队都对他抛出了橄榄枝，但是他最后选择了米德尔斯堡队，原因就在于该球队的老板史蒂夫·吉布森（Steve Gibson）的名声很好。他非常年轻，并且已经做好了投资俱乐部的准备。米德尔斯堡拥有一处非常棒的训练场，麦克拉伦很喜欢这一切。他选择了适合自己的老板。麦克拉伦的决定表明了花时间对形势进行评估的好处。他做了准备工作，花费时间去评估这个俱乐部，最重要的是他对自己是否能够从老板那里获得支持进行了判断。这证明了花费足够的时间去做重大决定的重要性，而不是见到机会就急于去抓住。

控制

我经常会被描绘成一个对权力充满渴望的暴君。对此我不敢苟同，这一点也不奇怪。我承认自己对于成功有着热切的渴望，并且很重视保持完全控制，但是——依我看来，这些都是有效领导的必要条件。那些无法控制航线、调整航速的船长是不能够安全抵达港口的。足球俱乐部也是一样。一位寻求控制的领导者跟渴望权力的人是完全不一样的。

控制和权力之间有很大的差异。任何集团的领导者都会有很大的权力，但是这种东西很容易被滥用。当一个人依靠恐惧感来领导时，滥用权力的副作用就出现了。随着时光的流逝，我学会了控制自己的脾气。其中部分原因是我的岁数越来越大，而更重要的是，我意识到了只有少发脾气，真正发起脾气来才会更有效。我认为如果你的部下始终都对你心存畏惧，那么你永远也不可能让他们发挥出最好的状态。

当你有正当理由时，发脾气并没有错，但是如果你因为一点儿小事情就动怒的话，会让整个团队都瘫痪掉。每当我发了脾气，那片阴云可能会持续一天左右。虽然对于我这种所谓的“大声宣泄”，有的球员毫不买账，但是我敢肯定很多球员，尤其是那些年轻球员都会在那里瑟瑟发抖。有时我并未注意到我的寥寥数语会给某名球员带来的影响。人们经常会告诉我，就算我动动眉毛或者只是看了某些球员一眼，他们都会被吓坏。我可以肯定很多领导者都没有意识到自己会把其他人吓跑，特别是如果他们很少提高嗓音或是把茶杯摔在地板上，就更难意识到这一点。他们可能会认为自己讲道理并且充满同情心。但是任何有权力涨工资或是解雇他人的人几乎都看起来很吓人或令人恐惧——或者两者兼具。但是我需要为自己做出解释，媒体的报道让我看起来总是一副坏脾气。但是如果你看看我的球员，你就会发现球员们都很享受比赛，并且会无拘无束地表达自己的想法。如果他们见到我就瑟瑟发抖，或者他们都不敢直视自己老板的话，是不会有这样的表现的。如果曼联队是这种情形，人们看到的将是一支专心于避免失败的球队，而不是一支追求胜利的队伍了。

我一直认为自己是一个不屈不挠而又公正的人，因此我一直无法理解为什么有人会把我看成一个怪物。但是随着时光流逝，曼联队也越来越成功，我逐渐开始明白了一个眼色、点头或是皱眉就可能扰乱一些球员的信心。当我对球队进行训话时，我会注意不去挑那些新入队的年轻球员，而是把目光放在敢于直视我的那些球员身上。如果我知道无论我怎样精心组织自己的语言，有一名球员都会因为我的话而彻夜难眠，我通常会让迈克·费兰替我传达这一信息。他后来成了曼联的助理教练。严厉的训斥和大发雷霆这两种方式，如果用得少还是有效果的，但是无论做任何事情这都是消极的具有破坏力的方式。让人们对自己有信心，对团队的方向保持信念，这样做要比像匈奴王阿提拉一样去统治好得多。

与此同时，我通常会非常谨慎地保证自己的控制力不会被人篡夺。这也就是为什么我会把那些尝试破坏我控制的球员卖掉。没有人是不可以替代的，说这话我有些犹豫，因为这很可能会被误解为麻木不仁。有人曾经说过："墓园里躺满了那些不可缺少的人物。"我觉得这是值得商榷的。

事实上，我只是无法让自己的俱乐部以某一两个人的未来或健康状况为中心。这样做的风险太大了。假如我从未跟一名球员在管理上发生冲突，而且他们也从未给我找过麻烦。如果他们长期受到伤病困扰，或是需要休赛很久，或是干脆结束了职业生涯。这时，我还是需要找到一个办法在没有他们的情况下让球队取得成功。幸运的是，在我执教曼联期间仅有少数几次重大的球员问题需要解决。C罗毕生的愿望就是去皇家马德里踢球，而当我们兑现对他的承诺时，我不得不面对的问题是我们失去了世界上最优秀的球员，我必须重建球队，在没有他的情况下展望球队的未来。我不愿意失去他，我知道他的离去肯定会带来很大的影响，可能会导致我们的进攻力量在一段时间内出现空缺，但是我同样也知道如果我做出了正确的决断，那么曼联队还会继续繁荣下去。

人们很容易认为控制的开始和结束由运营该机构的人说了算，事实并非如此。人们经常会把我说成一位控制癖，但是我并不这样看自己，因为这样是无法运作一个集团的。我当然希望能够了解俱乐部发生的一切以及那些跟我工作相关的事情，诸如：在训练过程中对球队或预备队进行观察、队医的最新报告、球探们的新闻、下一场比赛日的天气预报和球场情况。但是我不可能顾及所有的事情，我无须知道球队洗衣房用的是什么牌子的洗衣粉或者是比赛日节目中用的是什么字体，这些事会有人负责。我是操纵木偶的大师，而不是控制癖患者。

授权

控制和授权是同一枚硬币的两面。在我年轻时，我本能地想去控制一切。我自然而然地认为我自己亲力亲为就是完成任何事情最快最好的方式。

没有人告诉我与他人合作或者授权他人去做事是最有效的方式。当然，前提是他们知道你想要什么并且对你言听计从。我逐渐开始理解这正是管理和领导之间的差异。

我从未接受过正式的关于领导学的教育。显然，在我还是一名球员时我也会留心教练们的言行，但是在足球俱乐部里没有那种长达数十年之久的CEO培养计划，如通用电气或高盛投资公司。没有一个俱乐部会把一位心怀梦想的教练送去哈佛读行政工商管理硕士或是让他去其他商业学校就读。因此我只能在工作中学习并运用自己的智慧。我从未管理过别人，我无法理解为什么通过其他人帮你做事会让你收获更多并且扩大你的控制范围。

这个世界上有太多能干的管理者。抛开足球不谈，公司培养方案旨在批量生产数以千计的管理者。在曼联队，有很多人在某一领域的管理都比我强得多。球队草皮修理人员的管理者在土壤管理和灌溉方面比我懂得多。我们的队医所涉及的领域也不是我能不懂装懂的。我们青训队的教练比我更了解小伙子们的能力。于是我逐渐意识到自己的工作是不同的。我的工作是制定非常高的目标。我的工作是让人们相信自己能够做到之前认为自己做不到的事情。我的工作是画出一条之前从未走过的道路。我的工作是让每个人都相信世界上没有不可能。这就是领导和管理之间的区别。

在我执教之初，即在苏格兰的东斯特灵郡队和圣米伦队初试牛刀时，由于缺乏资源，我的那种天性在某种程度上被激化了。那时我没有足够的资金去雇用太多人，于是我会凡事都亲力亲为，我那时认为自己可以统治世界。我会去买清洁材料和草皮，确保比赛当天馅饼的供应量充足，而且十分关心比赛日节目的内容。我禁止那些长期支持者进入茶室免费享用馅饼和保卫尔牛肉汁，此举曾经引起轩然大波。当时我只是按照自己的本能去做事，我想到的事情就是对的，因为我实在不知道还有什么更好的方法。

正如我之前所说的，我在阿伯丁队和曼联队的助理教练阿基·诺克斯教会了我授权的好处。当你成为一名管理者时，注重细节是很重要的，但是同时你也要明白你没有足够的时间去照顾到每件事。有些教练简直就是狂热分子。在约翰·克鲁伊夫执教巴塞罗那时，他会在比赛前一天带着仪器去球场检查湿度水平，他甚至会要求将草皮修剪到一个指定的高度。在我执教生涯的后期，虽然我越来越擅长授权，但是有时我还是会去注意细节。有一件事我总是会非常关注，那就是球场的宽度。我的对手都知道，我喜欢宽的球场，因为我们可以依靠更大的跑动空间击垮对手。有一次我们在曼城队之前的主场缅因路球场（Maine Road）比赛，早上我去球场进行视察，发现球场管理员们正在按照命令缩短球场的宽度。这是不允许的，因为在赛季开始时各球队就已经登记过各自球场的规格。于是我去裁判那里进行了投诉，让他们把球场恢复到原来的宽度，最后我们以3：0横扫曼城。

这些都是特例。总体来说，你最好向周围的人解释清楚，告诉他们你在乎细节，而具体工作需要他们来做。

我信任那些我雇来做事的人，我相信他们能把工作做好，有任何问题也会来问我。在曼联时，我雇来做事的人就是教练组成员或球探，但是对于队医、运动科学家和录像分析团队就更是如此了。他们都接受过必要的训练，有技术背景，比我要专业得多。我不是医生、营养师或电脑奇才，因此虽然是由我来决定雇用那些非常有才干的人员，让他们运营各个部门，但是他们所遗忘的专业知识比我懂的还要多。如果一位医生说一名球员不能上场，我绝不会向他们施压，让他们改变建议。这些部门中不少人都是从各自领域的底层做起的，但是后来他们展露出了自己的才能，从而得到了晋升。史蒂夫·布朗最初只是一位试用的录像分析师。他逐步得到了晋升并开始崭露头角，他也开始承担更多的责任，不断获得涨薪机会并成为其团队的核心人物。

随着足球事业的发展，其团队成员也越来越多。这就要求足球经理进行更广泛的任命，并对其周围人员进行授权。如今所有的大型俱乐部都有首席执行官，由其负责全部的商业活动并确保账目平衡，这对于很多俱乐部来说，不至于太过失控。因此我让大卫·吉尔负责电视合同、拉拢赞助商、敲定球员合同的细节、管理财政和市场营销部、应付稽查员和律师、确保俱乐部遵守健康与安全条例以及适用于所有集团的法律法规，更不用说那座定期会有75,000人聚集在一起的球场了。因为我手头已经有太多跟足球相关的工作要去做了。

关于授权的力量，我这里还有最后一个例子，这个例子从我执教之初一直牢记于心。1972年我去德比观看一场赛季末的大型比赛——利物浦队对阵德比郡队。乔克·斯坦帮我弄到了门票，利物浦队的主教练比尔·香克利非常热情地邀请我去参观德比郡会议室。当时已经是晚上7点25分，7点30分比赛就开始了。于是我问比尔他是否需要跟自己的球员在一起。他说："孩子，如果在赛季的决胜局比赛中我一定要跟球员们在一起，那么他们肯定出了什么毛病。"

当我们走进球员通道时，所有的球员都已经站好队，除了队长汤米·史密斯（Tommy Smith）正在用头颠球。香克利对他说："汤米，让对手回家吧！孩子，你知道该怎么做。”这句话充分展现了香克利的领导方式。

决策

有效的授权依靠的是其他人做出决定的能力。有些人能做决定，而有些人则不能。如果你天生优柔寡断，可以允许事情处在暂停状态，那是行不通的。在我还是一名球员时，我的几位教练就经常改变主意。圣庄士东的博比·布朗会将首发队员名单钉在板子上，如果有人对此阵容怀有异议，半小时之后你就会看到一份新的名单。

像博比·布朗这样的人也许缺少的正是坚持决策的信心，而其他人则会一直去追求那几乎不可能到来的信息，并以此为借口不做出决定。在足球的世界里，我想对于其他领域也是一样，你做出决定所依据的是你目前可以使用的信息，而不是那些你渴望得到的信息。我从不会因为信息不完整而无法做出决定，因为这个世界就是这样的。

在曼联执教期间，我炒掉了一些优柔寡断不能做决策的人。对于那些稀里糊涂的人，那些根据自己最后一次的交谈做出判断的人，我无法跟他们合作。他们只会让我的日子更加不好过。1986年我来到曼联时，球队的球探是托尼·柯林斯（Tony Collins），他在唐·里维（Don Revie）执教利兹联队的黄金时期也担任其球探。托尼人很好，但是他无法就某一名球员给我提出建议。他经常会说“你自己去看看好了”或“你去瞧瞧嘛”。第二年夏天，我辞退了他，让莱斯·克肖替代他，这是我最为成功的一个选择。

有些人的性格更适合当二把手而不是领导者。这并非批判，虽然听起来有这种味道。我可能会是一个非常糟糕的二把手，因为在我的性格中有一种成为领导者的需要。其实要做好二把手并不容易，因为即使你跟领导者一样辛苦，最后你也无法获得他那样的荣誉和收入。布莱恩·基德担任我的助理教练长达7年，表现堪称完美。后来他曾尝试去做主教练，但是那段日子并不好过。后来他在曼城队担任助理教练却大获成功。

关于决策还有一个问题是时机，决策的时机也许只有两个——太早和太晚。如果我注定会犯其中一个错误，那么我宁可选择前者。但是这说起来容易做起来难。毕竟直到1990年我将近50岁时才完全领悟到这一点。那是我执教曼联的第4个赛季，我最终决定对球队进行大换血——而这件事在现在看来在几个赛季前就应该去做了。

如果一个人在为他人做决定时都举棋不定，那么当他为自己做决定时情况会更糟，因为其中会纠缠着情感和不清不楚的判断。在足球界，总会有人去做那些赔本的买卖。2008年当卡洛斯·奎罗斯第二次离开曼联去执教葡萄牙队时，我告诉他他疯了。我说："你只需要考虑两件事——你是否能够带领葡萄牙夺得世界杯冠军或欧洲杯冠军？然后你告诉我：葡萄牙是否夺得过世界杯冠军？"但是当时他满脑子想的都是执教自己的国家队，他后来也确实是这么做的。但是那真是一个糟糕的决定，为他带来了一场灾难。如果当年他没有回自己的祖国，现在很有可能接替我成为曼联主帅了。

在我年轻时，我做过很多冲动的决定。

我记得执教圣米伦队时，我在比赛开始仅7分钟时就换下了中场球员比利·斯塔克（Billy Stark）。那是一次愚蠢的换人。除非他被起诉、受伤或者因为入室盗窃而被捕，那么在比赛进行不到1/10时把球员换下场都是很愚蠢的，因为就在几分钟前你还认为他很不错，可以进入首发阵容。事实证明，那场比赛我非常需要比利·斯塔克。数十年后，当曼联队0：2落后于西汉姆联队时，正如我之前所说，上了年纪之后我会更加谨慎。那场比赛我让帕特里斯·埃弗拉首发，打左后卫。但是当时他正被国际税务缠身，不好的状态表现在了球场上。我耐心地等到上半场结束，换下了埃弗拉，让吉格斯去打左后卫，最后我们以4：2获胜。

在我进行球员买卖的过程中也做过一些非常欠考虑的决定，事后我非常后悔。正如我之前提到的，2001年我们把荷兰后卫雅普·斯塔姆以几百万英镑的价格卖给了拉齐奥队，这比1998年我们买下他的价格要高。斯塔姆那时已经29岁了，刚刚伤愈复出，并且拉齐奥开价不菲，于是我毫不犹豫地将他卖给了拉齐奥。6年后，他仍旧在阿贾克斯效力，并且在此期间曾经帮助AC米兰打进了欧洲冠军杯决赛。2010年，我们买来葡萄牙前锋贝贝（Bébé），那时我们还没有像平常一样做好侦察工作。贝贝在曼联过得很不好，从来没能够融入其中，我们在把他租借出去几次之后，最后还是把他卖掉了。

有时犹豫让我付出代价。2007年，我们从西汉姆联队借来阿根廷前锋卡洛斯·特维斯之后，我们就开始考虑跟他签长期合同了。但不幸的是特维斯也无法控制自己的命运，因为特维斯的所有权是属于不正当的第三方所有，由第三方控制。这让沟通变得很复杂，但是我们错过特维斯的主要原因在于当时我不清楚我们是否需要他。在2008年圣诞节前，我们本来可以以2550万英镑买下他，但是我想多观察观察他的表现。在我做出决定时已经太迟了，因为曼城队以4700万英镑的高价买下了他。

我尽量不想花太多精力去思考其他教练做出某些决定的原因和方式。因为我的时间很紧张，尤其是当你并未参加他们的讨论或者不熟悉他们的具体情况时，想要猜测别人的决定是很困难的。在我的执教生涯中对此深有体会。例如，当我1995年卖出因斯、休斯、坎切尔斯基时，很多人都批评我，但是他们未曾意识到有一大批颇具天赋的球员正在冉冉升起。如果一个顶级俱乐部签下了一位我们曾经拒绝过的球员，我就经常会感到迷惘，虽然私底下可能会有所抱怨，但我还是会对其他教练的英明决定备感钦佩，尤其是那些抢在我们前面下手的教练。无论怎样，说起决策来，没有什么能比古巴导弹危机时约翰·菲茨杰拉德·肯尼迪做出的决定更英明了——他的冷静、拒绝向压力低头（无论是内部压力还是外部压力），他在面临着巨大压力和无情的媒体时应对不完整信息的那种意愿，让其他决定都黯然失色。做出一个在周六下午让75,000人感到高兴的决定是一码事，而拯救亿万生灵免受核战争之灾是另一码事。

1975609a MUST CREDIT PHOTOS BY: Ian Hodgson/ANL/REX Shutterstock
Man Utd V Sunderland - Man Utd Sir Alex Ferguson And David Gill Re-name The North Stand In His Name. Pictures By Ian Hodgson/daily Mail Man Utd V Sunderland - Man Utd Sir Alex Ferguson And David Gill Re-name The North Stand In His Name. Pictures By Ian Hodgson/daily Mail

Leading

第十章

底线

任何一位领导者都是推销员，他必须向自己的集团内部和外部进行推销。任何希望成为优秀领导者的人都需要善于向他人推销自己的想法和愿望。有时你需要劝说别人去做他们不想做的事情，或是向他们推销一些想法，那些他们做梦都感觉做不到的事情。

买球员

在一个集团的运作中，非常重要的一件事就是能够说服人们加入你的团队，无论他们在别处的工资是否更高。在英超联赛中这种挑战变得更加艰巨，因为与其他体育项目不同——如美式足球——英超对于俱乐部给球员的薪水没有限制。所以教练和球探组成员需要将自己俱乐部的卖点展示出来，这非常重要。即使是曼联这样的球队，虽然我们可以获得高额的转会费用，但是我们从来不希望自己的支票簿成为成功的关键，因为这样做风险太大了，总有人可以比你的开价更高。

也许人们不认为足球教练是推销员，但是他们错了。1988年，我们希望签下保罗·加斯科因，那时的我尽了全力。我去了伦敦，在加斯科因的律师家跟他见了面。我告诉他如果他不来曼联，那么他在今后的20年里都会感到后悔。由于他来自纽卡斯尔，我还告诉他曼联队中也有不少纽卡斯尔人，如博比·查尔顿、史蒂夫·布鲁斯和布莱恩·罗布森。我以为这些方法会奏效，但是后来得知加斯科因去了托特纳姆热刺队之后，我感到很失落，当时该俱乐部为他的母亲在盖茨黑德买了一套房子。但是加斯科因只是个特例，通常情况下我们都能够得到自己想要的球员。

任何一位领导者都是推销员，他必须向自己的集团内部和外部进行推销。任何希望成为优秀领导者的人都需要善于向他人推销自己的想法和愿望。有时你需要劝说别人去做他们不想做的事情，或是向他们推销一些想法，那些他们做梦都感觉做不到的事情。通常情况下，这些推销工作都是面向在职人员的。但是在面对体制外人员时，这样做就有了挑战。以曼联为例，这些体制外人员包括三大部分：潜在球迷、可能的赞助商和潜在的球员，尤其是年轻球员。球队的商业部会负责前两项，而我则负责第三项。这也就意味着我工作的一部分就需要像公司中的推销员一样。

足球的现场销售团队就是其球探系统。我曾经组建过两个球探系统——一个是在阿伯丁，另一个则是在曼联。我们鼓励球探们像推销员一样做事：他们的固定薪水不高，但是如果他们发现的球员进入了我们的系统内，他们就会获得各种各样的奖金。我们给这些球探安排了各自需要负责的特定区域和校队，而且他们也明白我最喜欢的年轻球员类型。我也像销售经理一样，希望对每次“销售”的条款都进行审批，因为我不希望他们胡乱给我签下一些球员。我担心自己可能会得到6个门将、7个中后卫和4个左边锋。我来到曼联的第一周就举行了一次会议，会上我对全部的球探说：“我对你们街区最优秀的球员不感兴趣。我感兴趣的是你们辖区中最棒的小伙子。”

正如所有销售团队一样，我们的球探系统中也有佼佼者。当你看到一颗未经打磨的宝石，能够把它想象成三重冕头饰上闪耀的珍宝，这是需要真正的天赋的。曼联的星级球探是鲍伯·毕晓普（Bob Bishop），他负责的区域是贝尔法斯特（Belfast）。他就像一名花衣魔笛手。其最令人瞩目的成就就是发现并签下了乔治·贝斯特，而且他还发现了很多其他的优秀球员。

年轻时，我通过观察其他球探学到了不少销售技巧。博比·考尔德（Bobby Calder）是阿伯丁队的球探，在他希望签下我弟弟马丁时，我们便有了一面之缘。他来到我家时为我母亲买了一盒巧克力，为我父亲买了一箱香烟，送给我一个价值10先令的笔记本。他头戴一顶小巧的套叠式平顶帽，坐在那里时就像一个儒雅的天使。后来在我执教阿伯丁队时，有一次我们计划签下约翰·翰威特（John Hewitt），当时曼城、凯尔特人和流浪者队都希望签下他。我们和他的父母见了面，我口若悬河地讲述了自己的推销之词，告诉他们我对阿伯丁队的打算及俱乐部的光明前景。在我们离开时，博比对那名球员的母亲说："翰威特太太，明天我还会再来拜访您，告诉您关于那座海滨城市的一切。"我当时简直是怒不可遏，我认为他会把事情搞糟。但是事实证明他是对的，他教会我非常重要的一课，他告诉我要识别哪个人才是影响销售的决策者。对于年轻球员来说，决策者显然不是他们本人，同样，也不是他们的父亲，他们的父亲只是间接地能感觉到自己跟儿子在一起生活就好。决策者是他们的母亲，她们希望弄清楚哪条路是对自己儿子最有利的。在那次之后，我经常会告诉球探们要多做球员母亲的工作。

相对于其他年轻球员，我们在买进大卫·贝克汉姆时花费了更多的努力，但是总体来说这是一个颇为典型的例子。马尔科姆·费吉恩是我们在伦敦的球探，发现了12岁的贝克汉姆。大卫的父亲是曼联的铁杆球迷，而大卫也继承了父亲的喜好，这一点对我们很有利。但是显然还有很多其他球队也盯上了他，尤其是托特纳姆热刺队。于是我们对大卫保持密切观察。我认识了大卫的父母和兄弟姐妹，因为了解一个人的背景是大有益处的，同样也可以借此让他的家人明白我们非常在乎他。我们邀请大卫来到曼彻斯特，如果他参加夏季训练，我们就会送给他一套曼联的装备；我们在伦敦比赛时更是请他来到一线球队的更衣室参观，此举让他及他的家人感觉到了我们很在乎他，事实也确实如此。

如果你为一个很成功的集团工作，很容易会粗心或是为销售业绩自满。在我初到曼联时，大家都觉得任何曼彻斯特的男孩都会理所当然地来到曼联队，但是他们往往会选择曼城，甚至就连瑞恩·吉格斯也曾经在曼城队训练过。你不能指望世界上最富有天赋的球员手里攥着工作申请表自己送上门来，这绝非这个世界的运转方式，你必须去寻找那些天才。有时我们的球探会在周末去球场寻找那些最有天赋的球员，而我提前跟这名球员或其经纪人取得联系，他们属于其他俱乐部。因为这名球员显然也希望明白自己未来的教练是否热心于他。当事情进展到敲定最后合同条款时，我会让大卫·吉尔出面。这对我们大家都好，因为这样做，我就无须面对那些艰难的对话，而这对话很可能影响我跟球员之间的关系。

节俭

我不喜欢用钱解决问题，虽然有时钱能带来短期收益——比如2012年我们买下范佩西时的喜悦，他让我们的锋线阵容如虎添翼。但是我实在想不出有哪支球队依靠支票簿成为长期的赢家。1992年坎通纳来到曼联时也确实让我们为之欢喜——但是我们仅仅在他身上花了90万英镑。钱无法在短时间内创建出具有深度和广度的俱乐部，钱不能带来传承和历史，钱不能带来满看台做好准备迎接冰雨的球迷，钱也不能让年轻的小伙子们美梦成真。

虽然我喜欢看赛马，但是我一向很讨厌浪费钱。现在的球员们养成了与对手交换球衣的习惯，或是将球衣送给亲戚朋友，这简直让我抓狂。那些球衣很贵，当赞助商提供的球衣存量用完时，球队就不得不花钱买新球衣了。距离我退休还有6年时，器械管理员阿尔伯特·摩根告诉我，每个赛季我们都要损失数百件球衣。大部分送出去的球衣最终都落在了纪念品商贩那里或者是今天的易趣。我告诉球员们他们可以继续交换球衣，但是他们得自己支付这部分费用。

怀疑论者可能会指出我签下的一些球员是浪费钱。他们经常举出的例子是迪米塔·贝尔巴托夫，当年我们从托特纳姆热刺队以3075万英镑买下了他，但是后来我们将他卖给富勒姆队时仅仅收回约10%的费用；胡安·塞巴斯蒂安·贝隆以2400万英镑买入，1500万英镑卖出；我们在买路易斯·萨哈（Louis Saha）时花了1240万英镑，这位可怜的前锋饱受伤病困扰，在卖出他时几乎是免费的。但是如果你仔细研究一下我签下的球员，就会发现这些年来花的钱都是值得的。就算是我那些最失败的交易也和英超其他俱乐部的浪费不可同日而语。比如，2011年切尔西队在冲动之下以5000万英镑的高价买下了费尔南多·托雷斯（Fernando Torres），而在2015年将他辗转卖给马德里竞技队时，这些钱都打了水漂。

我在开销方面很吝啬，其中一部分原因跟我的成长环境有关。我的父母会保证我们兄弟俩不缺任何东西，但是在戈万我们租来的寓所里并没有太多的零花钱。我成为球员和教练之后情况也是如此。抛开我的苏格兰血统不提，我对待俱乐部的钱就像对自己的钱一样节省。

我作为球员得到的第一份薪水是在1964年的邓弗姆林，因为此前我的第一个俱乐部女王公园是属于业余性质的，所以没有薪水。我在邓弗姆林时的周薪是28英镑（约为今天的524英镑），但是由于当时我辞去了周薪为13英镑的工作，我每周的固定收入不到41英镑，所以赢得比赛并获得奖金对我来说很重要。当我在流浪者队效力时，夏季的周薪为60英镑（约为今天的998英镑），在比赛季时为80英镑（约为今天的1331英镑）。在我当上圣米伦队的教练时，我们第一场主场比赛是对阵汉密尔顿队（Hamilton），我们在一个可容纳25,000名观众的球场上面对着3000名观众进行比赛。当时球队可谓每况愈下。当时圣米伦队是苏格兰乙级联赛的球队，在比赛季球员们的周薪为12英镑，夏季则为7英镑。

我在阿伯丁队时，球队老板迪克·唐纳德非常关注球队的开支。他想拥有一个成功的俱乐部，但是并不追求把俱乐部做大，而且一再强调阿伯丁队应该盈利。他绝不容忍财政赤字。他总是打同一条领带，他甚至拒绝买新的鞋带。当一双鞋磨损得很厉害时，他会让人把鞋缝缝继续穿。1984年当阿伯丁队打进苏格兰联赛杯决赛时，我才发现没有人订香槟，于是我给球队秘书伊恩·塔格特（Ian Taggart）打电话，告诉他往球队大巴上装8箱（大部分球队会带20箱）香槟。伊恩惶恐地对我说："不行，唐纳德先生会发飙的。"当唐纳德看见那些香槟时，塔格特不得不告诉他只有2箱是随车走的，其余是要放到仓库里的。最后我们把其他的香槟藏在了大巴的厕所里。那天我们赢得了奖杯，香槟也派上了用场，这时唐纳德问我："弗格森先生，我们今天赢了几座奖杯？"

如果我想买一位左边锋，他会说："我们不是已经有一位了吗？"我回答说："是的，但是他才16岁，连进候补阵容都不够格。"他还总是向我抱怨给予球员的工资和奖金太高，他问我："你为什么给他们涨工资？"我回答他说："主席先生，我们是在足球的世界里。我们不走下坡路，我们需要往上走。而挽留住球队中最优秀球员的唯一途径就是在他们取得成绩时予以奖励。"迪克还非常惧怕自满情绪出现在球队，在一次决赛前他半开玩笑似的对我说："就算我们输掉了比赛，而球员们能因此不会自大自满，这也是不错的。"他经常说："我永远也不希望在我的足球俱乐部中看到财政赤字。"我执教阿伯丁期间购买球员花费最高的一次是在1985年以30万英镑的价格买入了吉姆·贝特（Jim Bett），当时我们用出售另一位球员的费用填补这笔交易。

说来也奇怪，我能得到曼联这份工作的部分原因就在于我的节俭。在我第一次跟马丁开会时，我们谈到了为球队开发获得天才年轻球员的渠道，我对他说："我不是一个花钱大手大脚的教练。"他说："这也正是当初我们看中你的原因之一。"我想对于任何老板来说，他们都不喜欢雇用那些花钱大手大脚的人。

在曼联时，当我第一次想买球员时，我只能从马丁那里获得约100万英镑。所有的钱都来自赛季套牌和门票收益，或是来自其他球员的转会费。没有哪些阔佬愿意在俱乐部乱花钱。我在曼联买来的第一位球员是维夫·安德森（Viv Anderson）——一个后卫。我们花了25万英镑买下他，后来花了85万英镑买下布莱恩·麦克莱尔。在我们减价出售了6名球员之后，包括谢斯柏·奥臣、戈登·斯特拉坎和保罗·麦克格拉斯，1989年我花费800万英镑买下了5名球员，其中最贵的是后卫队员加里·帕莱斯特。

整个20世纪90年代，曼联总共花费了6000万英镑来组建自己的阵容，最终在1999年夺得了三冠王——英超冠军、足总杯冠军和欧洲冠军杯冠军。而在后面的10年里我们仅花费了3.2亿英镑的转会费，在最高水平的赛事中进行角逐——但是这些还仅仅是支出，并未考虑通过出售球员获得的超过2.56亿英镑的收益。自从1986年我执教曼联以来到2008年，购买的最贵球员是23岁的里奥·费迪南德，2002年我们以2900万英镑的价格从利兹联队买下了他。此后他在曼联踢了12个赛季共455场比赛，并在此期间代表国家队踢了54场比赛。后来在我退休后一年，他去了女王公园巡游者队。虽然里奥的转会费很高，但是这笔钱花得绝对值得。里奥的转会费是分期付款的，每年俱乐部需要支付250万英镑。但是值得注意的是这笔开销在很大程度上被抵消了，因为2003年我们以2500万英镑的价格把当年免费得来的贝克汉姆卖给了皇家马德里。

除了里奥，我们几乎没有在后防线上花什么钱——550万英镑买来了帕特里斯·埃弗拉、750万英镑买来了内马尼亚·维迪奇，这2位球员都是在2006年签下的。我们在2008年签下了拉斐尔·达·席尔瓦与法比奥·达·席尔瓦兄弟，当时他们还未成为职业球员。直到2005年我们从富勒姆队签下埃德温·范德萨才解决了门将的问题，这个问题自从舒梅切尔离去之后已经困扰了我6年之久。我们当时以200万英镑的价格签下了34岁的范德萨。试想切尔西当年花费了多少钱。在我签下埃弗拉、维迪奇、达·席尔瓦兄弟和范德萨之后到我退休，他们总共为曼联踢了1049场比赛。

当我考虑买入一位球员时，我会对他的速度、平衡性和技巧进行评估。当然我也想了解他的可靠程度。有的球员每周都可以上场比赛，但是有的球员在领着不菲的工资的同时，每3场比赛就会受一次伤。我们没有理由买第二种球员。

我们对年轻人的重视能带来两种收获：为我们的一线球队输送天才球员和非常健康的副业。在我执教曼联期间，我们通过出售球员获得了1亿英镑，这些球员都是我们从小发掘并在青训系统中培养出来的。这些人中包括贝克汉姆、巴特、杰拉德·皮克和朱塞佩·罗西，罗西是我们从海外引进到青训队的球员。我们发现了这些球员，培养他们，当然也希望我们的努力能够得到回报，特别是他们当中很多人还能够保持10到15年的高水平足球生涯。弗雷泽·坎贝尔（Fraizer Campbell）、罗比·布拉迪（Robbie Brady）、丹尼·希金博瑟姆（Danny Higginbotham）、大卫·希利（David Healy）和约翰·柯蒂斯（John Curtis）都是曼联培养出来之后去其他球队踢球的。如果一位年轻人在足球精英学校中表现得很有潜力，那么我们签下他就不会有什么财政上的风险。我们签下16岁的凯斯·吉莱斯皮（Keith Gillespie），他代表曼联出场次数并不多，后来我们以100万英镑的价格将他售出，这也是作为买来安迪·科尔的合同的一部分。其中风险最大的情况是我们对某个男孩进行了错误的评估，而我们本应让一位更有天赋的球员踢他的位置。对于一些男孩来说，我们需要更久的等待才能看到他的真实潜力，因为每个人的身体发育速度是不一样的。如果我们选择卖掉他们，那么我们也会在谈判中表现得非常谨慎。

如果这些男孩通过层层考核最终进入青训队或者更好的话进入预备队，那时我们便有了很多选择。那些最优秀的球员，如丹尼·维尔贝克和阿德南·贾努扎伊，他们的天赋足以跳过青训队直接进入一线球队，但是其他球员还是需要接受评审的。直到球员们20岁或21岁时，你才能确切地知道他们是否达到球队的标准。如果那时我们还不能确定，我们就会把这些球员租借给其他俱乐部，这样一来他们也能够在一线球队得到锻炼。对待汤姆·克莱维利，我们就是这么做的，我们把他借给了沃特福德、威根和莱斯特城。我们还将乔尼·埃文斯借给皇家安特卫普足球俱乐部（Royal Antwerp）一次和桑德兰队两次，将维尔贝克借给普雷斯顿和桑德兰队。但是有时结果并不理想，比如当年我们把朱塞佩·罗西借给纽卡斯尔联队和帕尔玛队（Parma）或是把费德里科·马凯达（Federico Macheda）借给桑普多利亚队（Sampdoria）和女王公园巡游者队时，他们的上场机会很少，因此他们的发展也就停滞不前了。

有时我们等了很久之后发现一名球员仍不符合球队的需要，或者他因为受伤而贬值，这时我们就会把他卖出。但是这样的例子并不多，如詹姆斯·切斯特（James Chester），我们在他身上可能赔了钱。詹姆斯在很长一段时间里多次出现膝伤，最后我们在2011年以30万英镑的价格把他卖给了赫尔城队（Hull City）。在后面的4个赛季里，他总共出场了170次，这笔买卖真是便宜了赫尔城队。

我们经常会讨价还价，但是足球亦如生活，你付出了多少就能得到多少。除非你交了好运，比如当年利兹联队从我们这里买走丹尼斯·埃尔文之后，我们签下了埃里克·坎通纳。彼得·舒梅切尔也是如此，不知道为什么他28岁那年还在布隆德比队踢球。我至今仍不敢相信没有一家大俱乐部挖走他。2008年，卡洛斯·奎罗斯的一位朋友帮我做球探（免费），他在安哥拉发现了马努乔（Manucho）。我们给了他表演的机会，而他的左脚功夫也确实不错。后来我们以25万英镑的价格签下了他，这笔费用也确实不高。但是后来事实证明他并不具备那样的天赋，于是我们就以250万英镑的价格把他卖给了瓦拉多利德足球俱乐部。

这时我想起几个球队——皇家马德里和曼城，他们都是用支票簿打造冠军球队的。皇马向来喜欢以巨额资金购入极具天赋的球员打造自己的“银河战舰”，他们曾经买下巅峰时期的齐内丁·齐达内、路易斯·菲戈（Luís

Figo)、卡卡(Kaká)、克里斯蒂亚诺·罗纳尔多、格瑞斯·贝尔(Gareth Bale)和詹姆斯·罗德里格斯(James Rodríguez)。他们这么做确实能够取得成绩，这也说明了成功的方式有很多。但是我的成长环境让我更倾向于建设一支球队而不是购买一支球队。我想用我儿子马克那个行业的一个词来形容我，那就是“价值投资者”。

我还非常喜欢签下那些职业生涯已经进入暮年的天才球员。我们并不指望这些球员能够为球队长期效力，但是我们知道总会碰见一些能够满足我们需要的球员，而购买他们花的费用几乎可以忽略。2001年，我们签下了从国际米兰自由转会的洛朗·布兰克。当时布兰克已经35岁了，但是他是一位技术娴熟、经验非常丰富的球员，而当时我们正需要加强后防线。2009年我们希望加强锋线力量，在我们签下英格兰前前锋迈克尔·欧文时运用了同样的策略。欧文小时候就在曼联训练过，并且可以自由转会。于是我把他请到了我家并提议按照绩效给他发工资，当时他简直高兴极了。虽然欧文经常会受到伤病困扰，但是他表现得很不错，并且在2010年总决赛中首次亮相温布利球场就打进了追平比分的一球，就在那场比赛我们以2：1战胜了阿斯顿维拉，赢得了联赛杯的冠军。就在第二年，他赢得了13年来顶级联赛生涯中的第一块英超冠军奖牌。

对于我们密切关注的底线，有一种情况是需要特殊对待的，那就是卖掉为球队效力多年的球员时，他们可能已经为球队踢了十多年的球，如今受了伤，不能保证在一线阵容中的位置，并且他们余下的职业生涯也已经屈指可数了。在这种情况下，我们会走向另一个极端，我们会尽可能地去帮助他们，或是让他们自由转会（这样一来他们的新东家就会给他们支付更高的工资），或是为他们举办一场告别赛，抑或是两者兼有。我们卖出的这类球员中唯一在离队之后还有良好表现的是菲尔·内维尔，我们以300万英镑的价格把他卖给了埃弗顿队。回忆往昔，对埃弗顿来说这是一笔很不错的买卖，因为我们本可以继续使用内维尔的；我们也从未想到他还能再踢8年。丹尼斯·埃尔文、史蒂夫·布鲁斯、迈克·费兰和布莱恩·麦克莱尔都得到了自由转会的许可。当彼得·舒梅切尔要离开时，我们对他的自由转会仅开出了一个条件，那就是不能转会去其他英超俱乐部。他后来去了里斯本竞技队，但是几年之后他就回到了英超，加盟了阿斯顿维拉，后来又去了曼城。我们并未因此去质问他，虽然我们完全可以维护自己的利益，但是我们没有，因为这才是对待球员的正确方式。

报酬

我相信没有人会把足球教练们当成定价专家。定价通常是品牌经理的工作范畴，将由他们来决定一管牙膏或是一瓶伏特加卖多少钱。事实上除非球迷们对我的工作不满，我根本无须担心赛季票或是其他商品的价格，但是我确实花了些时间去应对球员们的定价——我们需要花多少钱去买他们，我们准备提供的薪资又是多少。

当你在报纸头条上看到球员们获得的丰厚薪水，很容易让人想到足球俱乐部都是喜欢乱花钱的。但是仅有少数俱乐部是这样的——那些俱乐部的老板或股东根本不把钱放在眼里。在欧洲仅有以下球队是这样的：切尔西、曼城和巴黎圣日耳曼（Paris Saint-Germain）。对于其他俱乐部，甚至是顶级联赛中的俱乐部来说，金钱和预算都是很重要的事情。由我儿子达伦执教的位于英格兰东部的甲级联赛球队彼得堡联队（Peterborough United）更是不能浪费一分钱。我不认为成功是买来的，成功需要努力去赢得。

对于苏格兰足球来说，资金上并不像英格兰这么充裕；早在我执教之初就已经习惯了用少量的资金创造最大的可能。我偶然想到，这对任何集团做任何事情都是一个很有用的方法，因为将资金挥霍掉总是很容易。不仅如此，我还需要回答老板们的问题，他们希望知道自己的资金用在了何处。

在执教阿伯丁期间，有不少球员都曾来过我的办公室要求加薪，队长威利·米拿则“身先士卒”。当时最高的周薪是250—300英镑，而米拿希望拿到350英镑。于是主席迪克·唐纳德希望把他卖掉，但是我劝他不要这样做，因为这样会导致大批球员的离开。后来他的队友亚历克斯·麦克莱什（Alex McLeish）和自己的妻子找到我要求加薪，最后我答应给他涨50英镑。然后，道格·罗格维（Doug Rougvie）也来要求涨薪，我告诉他：“道格，我有一块蛋糕，上面还有一颗樱桃。威利·米拿拿走了3/4和上面的樱桃。我需要把剩下的1/4分给每个人一份，你想让我怎么做？”他对我们的薪资不满，因此我们就让他去了切尔西。

数十年后，薪水成为足球界一个更加热门的话题——特别是对媒体来说。主要是因为普通工人的周薪和那些顶级球员的周薪之间拉大的收入差异，这些球员的周薪高达数万英镑。

在我还是一位职业球员时，“工资”或“薪水”通常被叫作报酬。这个名词绝非巧合，因为在那时几乎所有的球员都来自工人阶级。当时英格兰最著名的球员斯坦利·马修斯（Stanley Matthews）的父亲是一位拳击手。博比·查尔顿来自英格兰北部的矿业城镇阿兴顿。在我签约圣庄士东队时，其他球员的父亲都有着工人阶级的背景。在英国，足球是一项被工人阶级所选择的运动，那些踢足球的年轻人都来自工人阶级家庭，而这一点在雇佣条款中也有所体现。我如果不去踢球，就很可能去当一名工具工人，而我的队友则会在附近的船厂、轧钢厂或汽车厂工作。

关于球员的工资，也是几经起落。1961年以前，英格兰联赛对球员的周薪设定了上限，在比赛季的上限为20英镑。因此当时的球员比契约佣工强不到哪儿去，经常会感到被欺负，薪水过低。当时根本不会有针对薪水的谈判。老板给多少，你就拿多少，通常这就意味着在比赛季是一种薪资水平，而到了夏天薪水会更低甚至没有。任何对自己薪水不满的球员都会被辞退。如果你在工厂里罢工，厂里的机器会等着你回去开工，而在球场上如果你错过了一场比赛，那么你就再也没机会去踢那场比赛了。即使是在20世纪60年代初，对球员薪资和自由转会的限制有所放松，一些俱乐部包括曼联队，还是在努力对球员薪水进行非官方的限制，但是最终还是败给了市场的力量。

我并不是建议球员对自己的薪水漠不关心，或是他们的薪水完全保持一致，但是在那个没有律师、经纪人、会计师、业务经理和宣传人员的时代，这并非是一个有争议的问题，也没有那么多怨恨。在《博斯曼法案》出台之前，俱乐部拥有绝对的权力。那时的规则很简单。射手会比防守人员挣得多，而球队队长也会比其他人多挣一些。1957年我跟女王公园签约时，那是一支业余球队，因此我没有薪水。1967年到1973年是我球员生涯的巅峰时期，我的周薪是80英镑，而我职业生涯的最后一支球队艾尔联队支付我的周薪为60英镑。

虽然今天球员们的收入比50年前多出了好几位数，但是人性并未发生大的改变。我年轻时的那些球员也跟其他人一样，希望得到与自己价值相当的薪水。在我的执教生涯中，我发现了一条中庸之道。显然俱乐部不希望因为一些荒谬的需求而把自己搞破产，但是球员们应该拿到自己应得的那份薪资。我知道这听起来很简单，但是我发现如果遵循这一原则，那么薪资问题就能得到很好的解决。

我初到阿伯丁队时球员的周薪是120英镑，我认为那太低了，因此就给他们涨了工资。请记住第一位拿到100英镑周薪的是当时英格兰和富勒姆队长约翰尼·海恩斯（Johnny Haynes），他在1961年达到了这一薪资水平。除了平常的那些讨价还价，我第一次需要面对严峻的报酬问题是在1983年，阿伯丁队击败皇家马德里，赢得了欧洲冠军杯冠军。这在某种程度上对于俱乐部来说既是最好的事情，也是最为糟糕的事情，因为我们的球员从此会备受瞩目。球员们都希望多挣钱，其他俱乐部也希望签下他们。因此在短短2年的时间内，阿伯丁队里有一半的球员都转会去了更大的俱乐部，那里的薪水更高。我们把球队最优秀的球员的周薪涨到了350英镑，增加了赢得联赛和杯赛的奖励。迪克·唐纳德很谨慎地控制着资金，尽量避免将资金都用在一线球员身上而忽略了其他人。他总是希望我们的年轻球员也能够得到应得的薪水。

我丝毫都不羡慕现在的球员。事实上，我甚至认为现在那些最好的球员的薪水还不够高。这种说法也许在那些汽车修理师或护士看来是荒谬的，但是我是以不同的角度看问题的。那些足够优秀、能够跻身冠军杯顶级球队的球员比成千上万的其他小伙子都优秀，而其他人也同样如饥似渴地追求着相同的机遇。这些优秀的小伙子的天赋足以迎合全世界球迷的口味——而这些球迷在数量上要超过音乐或电影明星的观众，当然也比其他任何运动的粉丝都要多。

英超联赛的报酬系统的一个副产品就是导致奖金几近消失。那些顶级球员也许还能在赢得联赛或是欧洲主要赛事之后赢得奖金，但是那曾经的、复杂的、很多页的奖金制度在上层赛事已经销声匿迹了。按照曾经的奖金制度，球员们每次出场、每次胜利或进球都能赢得奖金。虽然没有人会嫌钱多，但是如今的财政奖励并不能像25年前一样激励顶级球员了。更加有利的鼓励措施是激起他们的竞争本能、他们作为职业球员的荣耀以及对冠军奖牌的渴望。奖金会被花完，但是奖牌却是永恒的。

每当球员们排队去对冲基金经理那里领取年薪时，像C罗和梅西这样的球员得到的报酬看起来简直是太可怜了。近来我看到世界上前25位对冲基金经理在2014年的收入为75亿英镑——这比英超、德甲、西甲和意甲的全部工资单加起来还要多。而当你读到他们当中很多人从股票市场那里得到的更多时，就会感觉这种事情更荒谬了。

如果一位球员的表现长期处在低谷，那么他就会坐冷板凳或者等待转会。如果你知道跟其他人相比，足球队员的巅峰收入仅能保持6到10年，这种不公平性更是昭然若揭。不要告诉我一位能够熟练操作电子制表软件的28岁年轻人（这样的人成千上万，甚至数以百万计）应该比斯旺西城队（Swansea City）或南安普敦队的中场球员挣得多。

有的球员在看完自己队友的合同之后经常会感到恼怒。但是也有些球员如加里·内维尔或保罗·斯科尔斯对其他球员的收入毫不在意，因为他们相信我们会给他们合理的报酬。即使是在他们职业生涯接近尾声时，加里、保罗和瑞恩·吉格斯都签的是一年的合同，他们也不会因此烦恼。他们都是现实主义者并且相信我们会公正地对待他们。但是总会有人感到烦恼，对此我表示理解。无论报酬的形式如何，是每周几十万英镑还是一包包的土豆片，最重要的是相对价值，因为很多人感觉，或是希望感觉自己比其他人更有价值。

有时一名球员会占据主动位置，而他自己也清楚这一点。2003年，在我和范尼斯特鲁伊之间就发生了这样的事。当时他已经在曼联效力了几个赛季，表现非常抢眼。他通过努力交涉，在合同中加入这样一项条款：如果皇家马德里队提供了足够多的资金，那么他就可以去皇马。这让他占据了主动，而我们也没有让这种事情再次发生。最后我们让他去了皇马，但是他仅仅是想要离开曼联的众多球员中的一员。当他真正离开时，他已经为曼联效力多年并且屡立战功，那时他已经30岁了，我们也已经收回大部分的最初投资。

我在跟球员洽谈合同时比签自己的合同都要谨慎。有些领导者绝不会为借机中饱私囊而内疚，而其他领导者却很腼腆，不愿意就薪资发生太多争执。我可能处于这两种极端之间，尤其是在20世纪90年代大量资本开始进入足球界之后。也许我错了，但是我意识到领导者往往忙于经营自己的集团而没能够照顾好自己。他们总是会寝食不安，或是缺乏足够的锻炼，同时他们还会养成忽视管理自己财政事务的习惯。他们会花费大量的时间去弄清楚别人的报酬的细节，而仅花费很少的时间进行个人安排。他们对自己的合同条款不够谨慎，如果他们有幸存下了一笔钱，他们也会为如何管理这笔财富而伤透脑筋。也许就是因为那些最优秀的领导者都是传教士一样的人物而不是雇佣兵。

在我执教阿伯丁之初，我的年薪是12,000英镑，相当于今天65,000英镑。我在苏格兰最后一年的年薪是25,000英镑，并且有着不错的奖金制度。此外我还通过做一些报纸专栏和公共演讲赚些小钱，但是这些钱也是买不了几箱酒的。当时球队中年薪最高的球员可以挣到15,000英镑，而那时赞助商提供的赞助跟今天顶级英超球队得到的赞助比起来简直是微不足道。当时我开始跟曼联进行对话，他们给我的薪水加上奖金不如我在阿伯丁最后一年的薪水高。

当后来曼联开始不断赢得各种大赛冠军时，我开始注意自己的报酬了。1989年，曼联的老板马丁·爱德华兹试图以2000万英镑的价格卖掉球队——这一数据以今天的标准来看是很可笑的，但是这在当时确实是一笔巨款了。后来由于买方未能筹集到足够的资金，这个计划搁浅了。在1991年曼联成为上市公司之后，曼联的价值已不再是秘密了，而我也不禁开始思考自己在其中的角色。1998年，鲁伯特·默多克（Rupert Murdoch）出价6.23亿英镑购买曼联，对马丁在球队股份的估值是8700万英镑。也许正是我那苏格兰工会的血统折磨着我，或者我只是觉得球队的价值被贬低了。

马丁是一位不错的主席。俱乐部深入他的骨髓，他也在乎俱乐部的福祉，但是每当我跟他要求涨薪就总会引起争论。我会去老特拉福德球场的办公室找他，他经常会把我的涨薪申请重重地拍在他那大个儿的台式计算机上面。就在几年前，为了证明我的报酬过低，我甚至把当时阿森纳主教练乔治·格拉汉姆的合同拿给他看。这种做法几乎没有什么作用，而且在某种程度上我是处在一个不利的位置上和他进行沟通的，因为马丁知道我最喜欢的工作就是在曼联当教练。后来在大卫·吉尔成为行政长官之后，这一问题得到了解决。大卫更为客观，而且我的薪水也被调整到了合适的水平。

2010年，格雷泽家族和大卫·吉尔同意大幅提高韦恩·鲁尼的工资，他们希望知道我的意见。我告诉他们我认为鲁尼的薪水是我的两倍这不公平，乔尔·格雷泽马上回答说："我完全同意你的说法，但是我们有什么办法呢？"这个问题其实很简单，我们都同意球员不应该比教练挣得多。我们对此的看法是一拍即合的。

我在曼联的最后15年里签的都是为期一年的滚动合约，并达成了以下协议：如果我被解雇了，我有权拿到2年的薪水，我甚至可以在被解雇的第二天就去执教曼城队。这对于我来说已经足够了。

我想大部分足球教练的薪水比自己球队中的明星球员要少，有时甚至要少得多。我想在顶级联赛中只有阿尔塞纳·温格和何塞·穆里尼奥能够比球队中最优秀的球员工资高。这也就解释了为什么关于教练的报酬没有什么好写的。但是如果一个球队中的大部分人比自己的教练挣得多，那么这将给球队传达怎样的信息呢?

谈判

买卖球员教会了我沟通的艺术。我最初对沟通有所体验是通过观察工厂里的工会领导。你最不希望做的事情就是出去罢工，但是他们似乎总是选择这样做。当你站在警戒线上时手里是否会有其他武器？如果有人不买账，把你一个人留下来守着火盆烤3个月，那时会怎样？这些情节在我脑海中挥之不去，因此每当球员之间发生争执时，我总是会选择独处。

在谈判期间很难保证头脑清醒并且不被追求的热情或情感所左右。谈判很容易让人精神过度紧张，而且对于一名足球教练来说，他总会觉得一两名新球员能够改变球队的命运。如果谈判未能得到纪律的约束，就会生起各种各样的事端。这不仅会导致某一次交易的价格很高，同时还伴有涟漪效应。足球界也跟其他领域一样，这意味着人们现在期望你能支付更多的金钱。这对球队中的其他人员也会造成影响，因为如果你的报酬体系因为一位新来的球员或一个新合同发生了改变，就会引起不安情绪。

如果每个人都能在谈判期间表现得彬彬有礼，那想必是极好的，但不幸的是事实并非如此。你会遇见一些人，一次握手就足以谈成一笔价格不菲的转会费。然而你也会碰见这样的人，你甚至不敢背朝着他，生怕他会做出些卑劣行径。多年来，我所经手的数百次谈判中，我学会了更好地识人。但是我也学到了，无论多少次合同的签署已经触手可及，总会有可能出现那令人厌恶的“惊喜”。

在我们试图获得一位球员时，我会确保自己不情绪化并且头脑清醒。

在我们希望签下菲尔·内维尔时，我们在此前曾希望签下他的兄弟加里·内维尔。我们知道他们兄弟俩的关系很近，我们也知道菲尔的天赋更高一些，也更为抢手，但是我们还知道一旦我们成功拿下加里，菲尔也会跟过来。有时卖方会利用情感的手段为自己服务。2004年8月在曼联与埃弗顿队在老特拉福德球场比赛之后，大卫·吉尔、莫里斯·沃特金斯（Maurice Watkins）和我一起面见了埃弗顿俱乐部的老板比尔·肯赖特（Bill Kenwright）和他们的主教练大卫·莫耶斯，我们讨论了购买18岁的鲁尼的事宜。他们对此是全力以赴。在我们拿出最终意向书时，肯赖特跟鲁尼的母亲通了电话，她告诉我：“你们休想偷走我的孩子。”我们最终征服了情感上的障碍并在第二天签下了鲁尼。

我经常告诫自己某一次谈判的失败并不代表着世界末日，我们的成功也绝不会取决于某一名球员的到来。如果你需要一个人去改变自己的命运，那么你所营造的绝不是一个扎实的团队。在塞尔吉奥·阿圭罗（Sergio Agüero）去曼城之前，我们是有机会买下他的，但是最后他的经纪人的要价超出了我们的接受范围。在我执教曼联的最后一段时间里，我们曾经想签下卢卡斯·莫拉（Lucas Moura），他是一名非常有天赋的右前卫，当时正在他的祖国巴西的圣保罗队（São Paulo）踢球。我们最初开价2400万英镑，后来涨到了3000万英镑，最后到了3500万英镑，但是巴黎圣日耳曼队却开出了4500万英镑的高价。大卫和我并没有打算给出这么高的价格。虽然有时与球员的谈判失败，但是我们经常会有更好的收获。1989年我们没能从佛罗伦萨队买来格伦·希森（Glenn Hysén），但是我们却得到了加里·帕莱斯特。我当初希望签下效力于AC米兰队的荷兰人帕特里克·克鲁伊维特，虽然最后没能成功，但是这似乎是正确的，因为后来得到了德怀特·约克。

谈判经常是不合理的。人们买东西的原因有很多，无论是一幢房子、一家公司、一只股票或是一名球员。我认为要想预知一次谈判结局非常困难并且颇具挑战性，因为我永远无法知道对手手里的牌或者是他们所面临的压力，但是我却知道自己拥有的选择越多越好。比如1989年我们在足总杯1/4决赛上输给了诺丁汉森林，赛后我告诉马丁·爱德华兹我们必须卖掉戈登·斯特拉坎。谢菲尔德星期三足球俱乐部当时想签下斯特拉坎，但是同时我也接到了利兹联队主教练霍华德·威尔金森（Howard Wilkinson）的电话，他也知道了这件事。我告诉斯特拉坎，利兹联队对他也有兴趣，但是由于某种原因，他还是决定去谢菲尔德星期三。我告诉他，出于礼貌他应该把自己的决定也告诉威尔金森，我还告诉他："你知道的，他们可能会给你一笔巨款。你永远也不知道别人会给你多少。"那时的利兹联队正处于上升期，当时还在乙级联赛，他们的主席莱斯利·希尔弗（Leslie Silver）也很乐意出高价钱。就在当天晚上，斯特拉坎打电话给我："老板，我只是想告诉你我签了利兹联队。他们给我的不是一笔巨款，而是两笔巨款。"32岁的斯特拉坎最后与利兹联队签约，他得到的薪水比在曼联高得多。

1989年8月，我从科林·亨德森（Colin Henderson）那里学到了关于谈判最好的一课。当时我们希望签下加里·帕莱斯特来巩固曼联的后防线。亨德森是米德尔斯堡的主席兼英国化学工业公司（ICI）的商务经理，他向我们展示了这名球员的价值。我当时非常希望，也许是极度渴望能够签下帕莱斯特，这样他就能够在两天后对阵诺维奇足球俱乐部时上场了，而我认为亨德森已经洞察到了这一点。我们甚至让帕莱斯特和他的经纪人在米德尔斯堡的酒店外的车里等着，这样我们就能把所有的文件都签好了。

我告诉马丁·爱德华兹和曼联的律师莫里斯·沃特金斯我们最多会支付130万英镑。在1989年这可不是一笔小数目，尤其是因为——在此之前——曼联队买下的最贵球员是在1988年以180万英镑买下的马克·休斯。莫里斯和我与亨德森就价格问题争辩了一整夜，我们最初报的价格是130万，但是最后我们以230万英镑成交，打破了英国球员的转会纪录。但是我还没顾得上喘一口气，亨德森便要求将款项一次性付清。这对我们来说是莫大的冲击，因为当时大笔转会费的支付惯例是分期付款。

我一直觉得在一年两度的转会市场尽早下手实为良策，这一转会市场是在2002—2003赛季开始的。其他教练可能会抱怨这些转会市场，但是我喜欢这种方式，因为这意味着我无须在长达半年的时间里跟经纪人打交道。你最不希望发生的事情便是靠着墙听着钟表嘀嘀嗒嗒的响声，而每个人都知道你正在为某一类型的球员踟蹰不决。但是我愿意承受这段时间的压力，因为这将为我换来一年中大块的自由时光。到了夏天，我们会在我6月去度假之前决定好希望签下的球员，虽然转会市场到8月底才结束。我们希望对方尽早知道我们的意向，而大卫·吉尔则会与我们希望买下的球员的俱乐部首席执行官取得联系。对于我们来说尽早下手非常重要，这样我们就不会遭受意外的打击了。2007年5月是引人注目的一段时光。当时大卫·吉尔在卡洛斯·奎罗斯（他会讲葡语）的陪同下去葡萄牙从里斯本竞技队签下了纳尼，从波尔图队签下了安德森。而这一切都发生在24小时之内。无独有偶，就在当月距离转会市场关闭还有10周时间时，我们还从拜仁慕尼黑签下了欧文·哈格里夫斯（Owen Hargreaves）。

谈判场地的选择也至关重要，正如我此前所说，我发现我和凯茜的度假地——法国南部的一家酒店就是个非常不错的选址，在那里你可以说服球员们把自己的命运交给曼联队。这里远离尘嚣，更有地中海阳光明媚的风景，较之于伦敦雨天里狭小的会议室或是酒店套房，这里更适合谈论光明的前景。菲尔·琼斯（Phil Jones）是那些把自己的父母和经纪人带到我们酒店的球员之一。我们在这令人愉悦的美景中进行了简短的交谈，合同也水到渠成地完成了。有时我也会借助曼联的氛围来帮助达成一项交易，我会让球员在球场中四处看看或是让他去看看我们卡灵顿训练基地的设施。当这些球员看到健身房之后，总会产生追星情结。

下面对比一下这种轻松的方式和在压力下进行的谈判。2008年，我们希望从托特纳姆热刺队签下迪米塔·贝尔巴托夫。当时他们的主席丹尼尔·利维（Daniel Levy）把我们逼到了绝境，他把事情拖到了转会市场开放的最后一天。贝尔巴托夫是托特纳姆热刺队的一名天才射手，我们对他心仪已久。当得知利维可能会把贝尔巴托夫卖给曼城时，我们也就卷入了其中。我们租了一架飞机把他带到了曼彻斯特，与球员就转会条款达成了一致，并且依我看来也同他的球队在转会费上达成了一致。但是后来利维又找到我们说他需要我们的年轻射手弗雷泽·坎贝尔，并将其作为贝尔巴托夫转会协议的一部分。这遭到了大卫·吉尔的反对，于是利维将贝尔巴托夫的转会费提高了一些。最后为了让这份协议更加过分，也是为了雪上加霜，我们将坎贝尔租给了白鹿巷球场（托特纳姆热刺队的主场），同时还支付了后来增加的费用。我们当时为了签合同和传送文件忙到了半夜，以确保所有的文书工作都能够在截止日期前完成。那段经历简直比我做髋关节置换手术更痛苦。

经纪人

如今的经纪人越来越像采采蝇。他们遍布当今的足球界，他们几乎无一例外都是在中饱私囊，离间球员和俱乐部及教练的关系。他们把很多的球员变成了商品，跟很多经纪人的谈话更像是在露天市场上讨价还价。

因此，对于妨碍我和球员之间发展密切关系的中间人，我都是深恶痛绝的。经纪人有着自己的打算，然而球员和俱乐部却要承担这一后果。当我阅读艾丽斯·施罗德（Alice Schroeder）所写的沃伦·巴菲特的传记《滚雪球》（*The Snowball*）时，我震惊了。巴菲特先生不信任那些投资银行家，而我对足球经纪人也有同样的感觉——他们就是巴菲特所谓的“洗钱者”。

在《博斯曼法案》出台之前，我们经常跟球员及其家人直接打交道。任何一位曼联所中意的小球员无疑也会得到其他俱乐部的垂青，这就意味着我们的出价最后会由市场的力量所决定。我们的消息会很灵通，通常情况下我们对于自己需要面对的困难也保持着高度敏感性。

事实上现在的球员很少有需要经纪人的，他们的生活很简单或者他们根本就不想成为名人。如果他们的收入全部来自俱乐部的合同并且他们并非赞助商和广告商所喜欢的类型，或是不具备所需要的魅力，那么他们只需要一位律师和一位会计师就够了。当然也有另外一些球员，这样的球员并不多。他们的生活更为复杂，受到众多企业的追捧，并且确实需要一个人帮他们处理各种关系。1997年的夏天，加里·内维尔和菲尔·内维尔在短短15分钟内就跟曼联签下了7年的合同。我非常喜欢他们的父亲关于为什么这样做所做的回答——“因为他们不会答应我们签10年。”

经纪人很精明也很狡猾地介入球员和俱乐部之间，试图提出更多的要求。他们宣称代表自己客户的利益，但是他们的终极动机是确保最多的钱能够流入自己的口袋。而足球队员们，尤其是那些年轻球员很容易被蒙骗，他们会认为如果没有经纪人他们就无法达成一笔公平的交易。而且他们还天真地相信达成公平交易的唯一途径就是在谈判中玩金钱游戏，这导致谈判需要花费很长的时间。然而事实正好相反，因为很少有球员会去计算在他们的职业生涯中会支付给经纪人多少钱。这一数据是令人惊愕的，一名经纪人将获得合同谈判中其客户基本薪资的5%。因此，在一次转会交易中，如果一名球员签了5年的合同，周薪10万英镑，那么其经纪人将得到130万英镑的报酬。这简直是耸人听闻。哈里·斯维尔斯担任瑞恩·吉格斯、布莱恩·罗布森和凯文·基冈的经纪人多年，一直拒绝从俱乐部按百分比收取球员的薪资，他只从自己参与的商业合同中按百分比收取费用。

我经常会使用一些德高望重的球员来担任合同谈判者。那些年轻球员和他们的父母通常会把球员看成自己天然的盟友，而大卫·吉尔和我则难免被当作管理人员，而且在谈判进入白热化时，我们会被当成敌人。我此前已经提到过，在这方面球队曾经的队长们，如布莱恩·罗布森、史蒂夫·布鲁斯和布莱恩·麦克莱尔，当然还有加里·内维尔，虽然我不得不承认有时我看到他就像看到一位足球经纪人一样恐惧。我们喜欢叫他“阿瑟·斯卡吉尔”，这是全国矿工工会的领导者，他以在几乎任何事情上都不妥协而著称。加里也是这样，他会领着一名球员闯进我的办公室大声说：“我认为你的出价简直就是垃圾。”他会为我们的一些出价而愤愤不平，并且会用非常粗鲁的语言让我们知道这一点。但是加里是一个公平的人，这对球员和俱乐部都是好事。与足球经纪人相比，我愿意在白天或晚上的任何时间跟加里进行谈判。

当然也有些非常好的经纪人，但是这样好的经纪人你用一只手都数得过来。豪尔赫·门德斯就是其中之一。他为一些顶级球员担任经纪人，包括C罗、安赫尔·迪马利亚（Ángel DiMaría）和迭戈·科斯塔（Diego Costa）。2008年C罗希望转会去皇家马德里，而我希望他能够再为曼联效力一年。在我与门德斯交涉期间，我始终都能感觉到他代表着球员的最佳利益。但是像门德斯这样的人真是凤毛麟角。

许多经纪人根本就不具备职业资格，他们只会逢迎讨好球员及其家人。我跟卡洛斯·特维斯并没有太多的矛盾，但是跟他的顾问起亚·霍拉布钦（Kia Joorabchian）则不然。我总感觉他在为特维斯策划着另一次转会，因此总觉得特维斯是不属于曼联的。霍拉布钦给人的感觉就是只要他能为特维斯达成一项更好的转会协议，那么特维斯随时可能离开曼联。

坦白说，有那么一两位足球经纪人我就是不喜欢，比如保罗·博格巴（Paul Pogba）的经纪人米诺·拉约拉（Mino Raiola）就是其中之一。在我们初次见面时，我就不信任这个人。兹拉坦·伊布拉西莫维奇（Zlatan Ibrahimović）在阿贾克斯踢球时，拉约拉是他的经纪人，后来拉约拉还成了18岁的博格巴的经纪人。后来我们跟保罗·博格巴签订了3年的合同，同时还有一年的续约选择权，我们非常希望他能够续约。但是这时拉约拉出现了，我们的首次会面也是糟糕透顶，我跟他简直是水火不容。

从那时起，我们的关系就无可救药了，因为拉约拉非常善于讨好保罗及其家人，所以后来保罗转会去了尤文图斯。

这种氛围使得教练很难跟球员建立亲密关系，同时也让教练的生活变得越发复杂。如果我能感觉到这些人心里装着球员的利益，那么我也许会有不同的看法。球员们不知道的是，如果他们以小时为单位雇用一名律师帮助他们办理合同，那么他们的生活，无论是财政上还是情感上，都会更好。保罗·斯科尔斯就选择了均富会计师事务所（Grant Thornton），他只需支付他们很少一笔费用就可以解决自己的问题。

足球经纪人已经成为足球生活中非常令人厌恶的一部分。我多么希望保罗·斯科尔斯和瑞恩·吉格斯这样的球员，以及其他当代足球巨星能够帮助教育年轻球员及其家人，告诉他们雇用足球经纪人是完全没有必要的。这样一来，他们不但帮了这些孩子，也是对足球界的一大贡献。

www.d3av.co.uk

Leading

第十一章

技术与信息

就像在其他运动中一样，在足球界也有很多数据迷。统计信息固然很重要，我也会去看这些数据，但是这并不能成为我组建球队的依据。数据更适合被用来衡量标准是否得以保持。没有任何一台机器能够告诉你一名球员是否偷懒，态度是否端正。这些证据往往就在我眼前：不在屏幕上，而是在球场上。

创新

在1986年到2013年，曼联队的商业部发生了重大变化。我在曼联队执教的最后一年，俱乐部的收入高达3.63亿英镑。虽然球队在赛场上取得的成绩为财政收入的上涨奠定了基础，但是我几乎很少参与俱乐部赚钱的细节。俱乐部的商业发展由主席和首席执行官来负责。他们负责和赞助商进行沟通并就赞助合同进行磋商；扩展我们的宴会、款待和活动项目；组织赛季前的旅行并为媒体和市场营销部提供素材，包括曼联电视台、网站、杂志和今天的Twitter、Facebook和Instagram。他们还建立了人力资源部，因为当你雇用着800名员工时，这个部门是必需的。然而这一切都随着俱乐部的发展发生了变化。

回顾过去，我想自己可能一直面临着这样的风险：我会被调离自己现在的职位，去负责俱乐部中更多的事务。但是俱乐部的职务总有着自然的划分，我实在想不出有哪个顶级球队的教练在执教足球的同时还能负责俱乐部的商业活动。足球界中的责任划分跟报社、时装商店或广告公司中的划分类似。你需要有人去负责各自产品的编辑、设计或创意。同时，你还需要一名首席执行官，总管全部商业活动——订阅和广告销售，开店和卖衣服，跑客户和控制收支平衡。无论怎样，我已经有太多的事情需要做，让球队保持竞争力，同时还要提前应对比赛中可能出现的变动。

在过去的40年里，技术上的进步和大量的信息让足球和其他体育运动都发生了变革。如果你对比一下刘易斯·汉密尔顿（Lewis Hamilton）开的一级方程式赛车和20世纪五六十年代初斯特林·莫斯开的赛车，克里斯多夫·弗罗梅（Chris Froome）赢得环法自行车赛时骑的自行车和20世纪70年代艾迪·梅尔克斯（Eddy Merckx）骑的自行车，或是对比罗德·拉沃（Rod Laver）和罗杰·费德勒的网球拍，他们的装备和训练方式都有着极大的差异。

很多领域的创新都在足球俱乐部中得到了运用。每支球队都在寻找一种能够战胜对手的优势。一旦抓住了这一优势，你就希望能够将之保密，虽然难免会走漏风声，其他球队也会争相效仿。在过去的30年里，曼联队的创新和信息技术可以说是齐头并进的。

饮食得到了改善；球员的职业寿命延长；球场——多亏了土壤技术——也有了更好的排水系统、地下供热和各种更结实的草皮，再也不会在第一场雨过后成为一片泥泞的沼泽了；足球也不像以前那样爱吸水了；球员们现在穿的球衣都是合成材料制成的，而在几年前他们还穿着棉毛制品。如今顶级足球赛事的节奏要比30年前快上很多，一部分原因是1992年出台的回传条例，但是更多的是因为球场质量得到了重大改进。这些球场给了当今球员一个绝佳的舞台。我敢打赌，其结果就是今天球员的跑动量要比20世纪60年代球员的跑动量高15%。

营养学、运动学、医药科学、数据和录像分析，特别是视光学，都在足球的进化过程中发挥了作用。每当有人靠近我，建议我们采纳一些新技术，我总是会持怀疑态度。很多商家会找到我们，推荐一些最新的花样或时尚产品。他们的一些销售技巧会让你觉得他们是否从卢尔德（Lourdes）装了些包治百病的泉水回来。我经常会让某个人去证明为什么一个新奇的点子对我们来说是有用的，这让我有时看起来有些守旧。但是如果这个新想法说得通，并且能够对曼联队有所帮助，我还是很乐于接受它的。我不想因为错失先机而让曼联落后于其他队伍。我绝对不希望错过未来。因此我们在日常项目中加入了运动科学和营养计划，并且对医疗护理和工作人员质量进行了重大改进。我们还对录像分析系统做了开发。

过去没有人在意足球队员的饮食。赛前的标准午餐包括三道菜。在苏格兰时，午餐包括粥、一块炖肉或肉酱和土豆，一块蜂窝糕作为甜点。我不知道是谁想出来的这个菜单，也许这个人希望球员们能在周六下午睡个好觉。这种午餐对我来说口味太重了，因此凯茜通常会在周五晚上和周六中午为我准备两片檬鲽、烤面包和蜂蜜。

当我首次在东斯特灵郡队当上教练时，我就非常注意饮食。那时我们即将对阵福尔柯克队（我非常希望战胜他们，因为我也曾在该球队效力过），于是我想要改变球队的饮食习惯。我告诉董事会，以后我会带领球队去用午餐，将其作为赛前准备的一部分。此举在当时引起了轩然大波，因为一顿午餐要花费28英镑，而在那时球员们是自理午餐的。我在比赛前一天到达福尔柯克的酒店，告诉那里的厨师为每一名球员提供两片檬鲽、烤面包和蜂蜜。厨师告诉我球员们会饿肚子的，我回答说："那很好。"后来我们以2：0取胜。后来在阿伯丁队时发生了同样的事情，当时阿伯丁队习惯在比赛前窝在酒店里，在赛前吃上一顿里脊牛排。当时酒店老板是阿伯丁前任教练比利·麦克尼尔的朋友，他在听到我对菜单的改进之后向俱乐部主席预言，说我这个主教练做不久了。于是我们很快就转移了阵地，从此之后球队在菲力酒店用午餐，那里的菜单包括蛋白质、碳水化合物和糖，或两片檬鲽、烤面包和蜂蜜。

英格兰顶级俱乐部在20世纪90年代开始意识到饮食带来的好处。在那个时代，进入足球领域的大部分年轻球员保持着一种不变的食谱：馅饼和薯条。对他们来说，营养饮食这一概念就像一碗意大利番茄牛肉面一样陌生。解决饮食的办法经历了数个不同的阶段。香蕉曾一度很受欢迎，然后就有人认为淀粉含量高的食物会很管用，如一大份意大利面。曼联队在1990—1991赛季开始重视这一问题，当时我们雇用了来自谢菲尔德的营养师特雷弗·利（Trevor Lea）。然而很奇怪的一点是，他年轻时曾经经营过一家报纸和杂志商店，同时销售糖果和巧克力。你无论如何也不会想到这是一位营养师的工作背景。

特雷弗明白在训练中心提供健康食品只能解决一部分的问题。于是我们在一天晚上跟球员的妻子和女友们召开了会议。特雷弗向她们解释了自己的目标，并强调球员应该在比赛前几天减少高脂肪食物的摄入。他对此非常严肃，因为他不想把时间浪费在那些不肯遵守他制定的饮食规则的人身上。后来当我希望减肥、降低自己的脂肪水平时，他对我也持同样态度。他会说：“你要么完全按照我说的来做，要么干脆不要做。我不想跟你浪费时间。”对此我总是说不出话来。然而他对我的劝告是正确的，在他的指导下，我们将球员们的脂肪水平从体重的百分之十四五降低到了8%。我们还在卡灵顿的训练场里为那些来自光照更为充沛的地方（相对于英格兰北部）的球员准备了日光浴床，帮助他们合成更多的维生素D。

大部分足球队员的视力很好，我也从未思考过这方面的问题，直到20世纪90年代盖尔·斯蒂文森（Gail Stephenson）医生突然写信给我谈及此事。她是曼联队的死忠粉丝，但同时也是利物浦大学的视觉专家。当时我们在客场比赛时会穿灰色球衣，并且输掉了最近5场客场比赛中的4场。她写信告诉我那种暗色的球衣不如平时的球衣鲜明，因此球员们很难找到自己的队友。于是我们改变了客场比赛服的颜色，然后便开始赢球了。通过这件事，我开始注意到盖尔。我邀请她来开会，她给我留下了很深的印象，从此也就成为我们幕后团队中可贵的一员。后来她还提出，如果球员们的周边视觉能够得以扩展，那么他们在赛场上会有更优异的表现。我跟很多人一样，认为周边视力是天生的，亦如头发的颜色或身高。经常活动在边路的球员（左后卫或右边锋）可能在一个方向上拥有很好的周边视觉，但是在另一个方向则不然。盖尔的一些工作是基于冰球运动员脑震荡恢复过程中进行的研究，然而我们的球员却从她的训练中受益匪浅。

对于运动科学也是如此。曼联队在2007年开始重视运动科学，并雇用了托尼·斯特鲁德维克（Tony Strudwick）作为我们首任运动科学总监。他大幅度改善了我们的健身训练、移动性和灵活性训练以及室内热身训练。我们的健身房里曾经有很多举重设施，突然之间新增了很多健身脚踏车、跑步机和大屏幕，这样一来，球员们就可以在训练时收看他们喜欢的节目了。他告诉我们如何衡量训练的强度，借此我们就能够监控球员们心血管系统和肌肉系统的负荷情况。与我踢球时不同，我们不再采用跑上几英里的训练方式，曼联队把重点放在了间歇训练上——短暂的、具有爆发力的（非常累的）突然加速。我们会把球员们的跑动距离控制在200米以内，这也是我们体能训练方面的革命性举措。托尼还很注重身体的核心训练，这也对我们帮助很大。后来当我们发现紧腿袜对球员的赛后恢复很有帮助时，我们也将其纳入了准备工作之中。

想到40年前，我们需要在训练完之后跑8000米，或是在汉普顿公园球场的台阶上跑上跑下，这简直是不可思议的。也难怪我们会连续很多天疲惫不堪。当我在流浪者队踢球时，那儿的训练简直乏味之极。每天早晨都是千篇一律。我们会在跑道上跑一圈，然后走一圈。之后我们来到球门后面做各种锻炼，最后进行比赛。那时根本没有技术训练可言。你只有在比赛中才能看见球，也根本不会有什么技战术的讨论。我们的健康检查也很简陋。我们不检查肺活量、肌肉质量，也没有压力测试、血液检查、电脑断层扫描、心电图或超声波心动图。

回顾过去，即使是在执教阿伯丁队时，我还是无意识地折磨着球员们。我们会让球员们在山上跑上跑下，并且围着高尔夫球场跑圈。那种方法简直太落后了，但是我不知道还有更好的方式。在曼联队时，新的技术和最新数据让我们能够确保球员们不至于累垮。在每次训练结束后，托尼都会给我一张总结表，上面会对每名球员的努力程度进行记录。这种表格是颇具启发性的，于是我们在比赛中也采取了这种做法——有时这份报告的结果会令人非常不满意。所有这些元素，包括那些我未提及的技术，让曼联队走进了21世纪。

数据过载

如今你能够获取大量的信息，这些信息简直可以把你淹没。但是在我执教之初却面临着一个相反的问题——信息太少了。当时俱乐部里没有统计师和数据科学家；球员们也不佩戴用于衡量他们在比赛中运动强度的心率监测器，或是记录他们比赛中跑动距离的GPS装置。当时没有对手比赛的电视录像，更不用说那些紧凑的视频剪辑了。当时作为一名年轻的教练，我收集球员和球队信息的方式就是每个赛季都亲自去现场看数十场比赛。我会在整个苏格兰跑来跑去，无论是什么天气，每天如此。我曾经看过帕尔蒂克队（Partick Thistle）、马瑟韦尔队（Motherwell）、希伯尼安队（Hibernian）和中洛锡安哈茨队（Heart of Midlothian）的比赛。我的车平均每年行驶的里程数达数万英里。

在获取球员信息时，通常我会努力保证信息的简约。我对球员的性格和他的成长环境很感兴趣。除此之外，我还希望了解他的速度、平衡性和球技，并摸清楚他对足球的热情。我们从不用秒表去测试球员50码或100码的速度。我们只需知道他的速度是快还是慢，对于我来说速度非常重要。但是我们还是很容易将事情复杂化。如果你看了布莱恩·麦克莱尔和卡洛斯·特维斯的训练，你一定想不到在比赛中他们简直是马不停蹄。如果有些电脑根据他们训练期间的数据对其赛场上的表现进行推测，那么结论无疑是错误的。拿范尼斯特鲁伊来说，我们知道他很善于短距离冲刺，那是他的强项。于是我们会争取提高他的强项，而不是提高他的整体耐力。

就像在其他运动中一样，在足球界也有很多数据迷。但是当天空体育开始大量播出足球节目之后，一切都发生了变化。在此之前，一位观看者所能获得的信息只有比赛结果、进球者姓名和进球时间。而如今，电视节目中充斥着控球率、助攻、射门次数，以及10年前就一文不值的数据。一位教练能够获得全部这些信息以及很多其他信息。统计信息固然很重要，我也会去看这些数据，但是这并不能成为我组建球队的依据。数据更适合被用来衡量标准是否得以保持。

教练组成员，尤其是门将教练们会执着于研究对手如何罚点球，尤其是金球制的淘汰赛中。他们会花费数小时去用心钻研数据，然后会预测球会飞向左侧还是右侧，抑或是球门的哪个上角。我一直认为这是徒劳的，而且我一再告诫我们的门将要站在球门中间，而不是偏向一方。直到最近有一位朋友告诉我，2005年某些以色列经济心理学家在对286例点球进行分析后，发表了一篇题为《精英门将的行动偏倚》的论文，其结论也是：守住点球最好的方法就是站在球门中间。

电视转播还酝酿出了另外一个专业：录像分析。如今任何一家合格的足球俱乐部都会有录像分析室和专门负责比赛视频剪辑的团队。也许因为在我执教的很多年里是没有录像可以分析的，所以我从不依赖于录像分析。虽然这样做很有帮助，但是观看一个又一个的比赛视频是很浪费时间的。在很大程度上，我还是相信自己的眼睛。没有任何一台机器能够告诉你一名球员是否偷懒，态度是否端正。这些证据往往就在我眼前：不在屏幕上，而是在球场上。我经常会去浏览数据，但是它们能告诉我的都是我已经得出的结论。有时我对数据持完全否定态度。1987年曼联队的主席马丁·爱德华兹找到我，当时我正在观看预备队的比赛。他告诉我史蒂夫·布鲁斯没能通过医学检查，那时我们已经决定从诺维奇队买来布鲁斯，而且已经进入了最后阶段。我说："他在过去5年里几乎一场不落地参加了比赛，身体还能有什么不妥吗？"于是我们最终买下了布鲁斯。

在20世纪80年代，我发现了一种非常有用的信息，这就是在赛季前进行的"体能测试"时收集的数据。这种测试是由一系列的20米短跑组成的，用来测量球员的身体状况。这种体能测试很残忍，但是也很精确——对于我和其他工作人员来说非常有用。我们通常会在赛季末测试球员的身体健康水平，然后在赛季前重新排兵布阵时，对球员进行再次测试。借此我们可以很快了解他们是否在暑假期间维持住良好的体能。

很多年前，你如果想观察一名球员或一支球队，唯一的途径就是长途跋涉去观看比赛。迄今为止，这仍旧是最好的观察方式，但是今天的摄像机可以把镜头拉得更近。在阿伯丁队时，我们使用的是原始的录像分析。其实就是由两三台摄像机拍摄下来的少数几场比赛的录像带。这些录像带的质量很差，而我们也没有相关的设备和人员进行剪辑。但是这些带子还是聊胜于无的——虽然强不到哪儿去。如今每一场比赛都会有摄像机去记录，从各个角度去录制。在曼联队，我们的录像分析团队会把那冗长的录像带编辑成精华片段。

曼联队首次安装专业的录像分析系统是在21世纪初。借此我们可以告诉球员们什么地方需要改进，也改变了我们计划未来的方式。同时我们还能通过录像分析了解很多对方球队和球员的信息及数据。这是计划程序中重要的一部分，而且当赛程排得很满时，球队需要面对密密麻麻的英超、欧冠、足总杯和联盟杯的赛事，这时录像分析的作用便得以彰显。

录像可以显示出对手在比赛中所采取的阵容、他们在特定情况下的换人选择以及他们角球和任意球的踢法。我可以借此挑选出最佳的阵容，因为我不得不提前安排出好几场的比赛——确保每一场比赛都能够派上最强的11个人。在我执教曼联的后期，我更加努力地做这项工作，我会让一些球员休息两场比赛，以便他们能在最重要的比赛中拥有最好的状态。

运动科学和录像分析团队总能够想出新的测量方式，这对我来说没问题，因为我总是对新鲜的事物很好奇。但是在我的那个年代，没有电脑能够为我提供运动员热图，或是告诉我一场比赛中球员的跑动距离是多少，因此我更多地去依靠日积月累的经验，这些经验则来自我观看的数以万计的球员的数千场比赛，而不是依靠那些计算机打印出来的材料。

随着时间的推移，我们会发现自己需要面对不断增长的海量信息。任何一位具有竞争意识的人直接的自然冲动便是将这些信息保密。但是我会把信息分为两类：我希望透露的信息和我连自己祖母都不会透露的信息。

领导者的一大特征就是乐于分享信息。一位优秀的领导者是很高兴分享自己的知识的——或者至少是他有的部分知识。在阿伯丁队进入欧洲联盟杯的比赛之前，博比·罗布森执教伊普斯威奇队，他告诉我分享信息这一概念。博比邀请我去看伊普斯威奇的训练，我甚至学到了一种传球训练的方式，将其化为己用。我相信博比知道我已经对他的球员耳熟能详了，因为我在现场和电视上都看过他们的比赛，于是我去了之后就只观看训练。我认为那真是一种慷慨的姿态，是他做人的标志，也是我值得学习的地方。

我非常乐意世界各地的教练们来我们的训练场参观并做些笔记，这让很多人感到惊讶，也许他们认为我是在教这些人如何使用玉米片、番茄酱和两杯面粉制作原子弹。1983年，沃特沙伊托尔队（Waterschei）的主教练恩斯特·库尼克（Ernst Künnecke）在欧洲优胜者杯半决赛之前来观看阿伯丁队的比赛。他在阿伯丁待了几天，在那期间我邀请他观看我们的训练。他当时简直是目瞪口呆，但是我们所做的无非就是一次普通的日常训练，注重控球、穿插跑位和结尾训练。尽管如此，我可以肯定他走的时候在想："我的天哪，这个俱乐部居然会让我观看训练。"

2011年，我们希望改善球队的医疗中心，当时拜仁慕尼黑队让我们去参观。于是曼联队的高级医师史蒂夫·麦克纳利（Steve McNally）和我前往德国去考察。拜仁队允许我们察看整个医疗中心。他们的医疗中心运营得就像一家医院，我们备受启发，并且借鉴了他们的很多想法。他们还有一个带有阶梯座位的录像分析中心，并且录像中还为不懂德语的球员加入了字幕。我非常希望曼联也能够这么做，因为我们的卡洛斯·特维斯和胡安·塞巴斯蒂安·贝隆不懂英语。

当我们在卡灵顿兴建医疗中心时也效仿了拜仁的做法，消息不胫而走，都说我们这里是英格兰最好的医疗中心，于是其他英超球队都希望来参观。我认为这没什么可惊慌的。每个人都知道我们有一支庞大的医疗队伍，包括物理治疗师、牙医和手足病医生。他们知道我们购买了哪一种机器，而且我敢肯定各生产商会很乐意把自己的宣传册拿给他们看。

有时我很好奇为什么人们对于信息念念不忘。这就像站在病房里盯着病床监护仪上的数字，而病人却因为吃鸡肉三明治而噎死了。你必须考虑生活中的人为因素，因为环境和偶然事件会改变任何事情，甚至是那些清晰报道的精确数据。知道一名球员的心率并且把世界上所有跟他踢一个位置的球员的录像拿来分析并没有什么用途，因为他可能会因为情绪失控而在比赛一开始就被罚下场了。

保密工作

虽然我认为自己很开明，也很乐于分享经验，但是对于有些事情，我还是很谨慎的。因为在任何一场激烈的竞争中，保守秘密和机密都是强有力的武器。透露自己的动向或是告诉对手你的打算，这样做一点儿好处都没有。对于任何我觉得很重要的事情，我都会将其严格保密——我们可以支配的用来签新球员的款项、我们中意的球员或是伤病情况。我的口头禅是："什么也不要告诉他们。"我永远都不会向任何人透露我想要签哪名球员，我也不希望其他教练知道我队员的身体健康状况。

在2009—2010赛季，鲁尼在欧洲冠军杯第一赛程的1/4决赛中受了伤，我让他一直穿着自己那双康复用的鞋子，这样拜仁就不知道他能够在第二赛程中出场了。这一计策很奏效，但不幸的是我们仍旧没能进入半决赛。秘密行动和保密工作是任何团队的有力武器。

以前我经常会在比赛的前一天向队员们公布第二天的首发阵容，但是这一消息总会泄露到媒体那里去。于是我改变了策略，我会告诉每一名球员他们是否会出场，但是我会确保在比赛当天早晨之前不透露完整的首发队员名单。2012年保罗·斯科尔斯首次退役后复出是在足总杯的一场比赛，我们对阵曼城。在斯科尔斯脱掉领带和夹克穿上队服之前，甚至连曼联队的其他球员都不知道他是否会出场。

足球经纪人经常会对自己的球员死缠烂打，试图获得比赛阵容信息。然后他们就可以用这些信息讨好记者们了，他们会坐在车里，在训练场外面等待自己客户的出现。他们会给球员打电话，然后进行狂轰滥炸似的盘问，如："今天过得如何？训练得怎么样？谁受伤了？你明天会上场比赛吗？教练说了些什么？"1分钟后，他们就会把这些信息传达给跟自己关系好的记者。

曾经有一段时期，曼联队的秘密总是会出现在同一家报纸上，而记者也是同一个人。这简直让我抓狂。我不知道发生了什么，但是后来我调查出这位记者住在阿尔德利埃奇（Alderley Edge），那是曼彻斯特城的一个郊区，我们很多球员也住在那里。原来，他会在周六晚上跟曼联的球员们一起喝酒，他确实是一个优秀的记者，能够运用某种技巧从球员们那里套出他们本应保守的秘密。在我弄清了事情的原因之后，我把所有住在阿尔德利埃奇的球员都召集在一起，义正词严地告诉他们："如果我再看到那些不希望看到的内容，你们就都完蛋了。我不管是谁泄露了信息，你们全都要被罚款。”这招果然很奏效。

格雷姆·霍格（Graeme Hogg）是曼联队20世纪80年代中期的后卫球员，他费了很大劲才明白保密这一概念。1987年我们对阵埃弗顿队，他们是当年英格兰顶级联赛的冠军。为此我们花费了一个星期的时间来排兵布阵，最后我决定仅用3名后卫队员去应对对方的2名前锋。就在比赛当天，我在报纸上看到了格雷姆·霍格协助完成的一个专栏，题目是《我们如何打败埃弗顿》。我简直不敢相信自己的眼睛。我当时告诫自己要冷静下来，不至于在见到霍格时杀了他。虽然那场比赛霍格上场了，后续也踢了几场比赛，但是不久之后的1988年我们就把他卖给了朴次茅斯队（Portsmouth）。

整体看来，与政界人士相比，我的处境还算不错的。在1997年大选之前，我跟托尼·布莱尔（Tony Blair）在曼彻斯特共进晚餐，当时我们谈到了让他的内阁大臣们都能够表现得中规中矩是多么难的一件事。因为这些内阁大臣都垂涎他的职位，他们会向自己最喜欢的记者透露一些机密，借此换取对自己的正面报道。我对布莱尔说：“如果你每天都能把他们召集在一间屋子里，那就无须操心这些了。但是他们可能会离你而去。”他笑着说：“也许你是对的。”我回答道：“我说的就是对的，不用担心。”

我的知己很少，我能够吐露真情实感的人只有凯茜，我的弟弟马丁、布里奇特（Bridget）和一位亲戚约翰·罗伯特森。除了我的家人，还有一些打小就认识的朋友和两位阿伯丁时期的朋友是可以信任的，我们的律师莱斯·达尔加诺（Les Dalgarno）和我们家的朋友戈登·坎贝尔（Gordon Campbell）也都是能帮我保守秘密的人。

在阿基·诺克斯回到苏格兰之后，我逐渐跟卡洛斯·奎罗斯和迈克·费兰建立了亲密的关系。虽然我会信任这两人，却始终没有达到跟阿基·诺克斯那样亲密无间的关系。但是话说回来，阿基和我曾经搭档了成百上千个小时，这也使得我们之间建立了一种更为深刻、与众不同的关系。在所有教练中，我感到关系很亲近的有约翰·莱尔、我非常崇拜的前英格兰主教练博比·罗布森和山姆·阿勒代斯。

但是正如我所言，圈内的知己真的很少。也许想要多交一些挚友是很难的事情，因为这种友谊是需要很长的时间和很多的共同经历为基础的。正如我父亲经常说的，你只需要6个人帮你抬棺材。随着年龄的增长，我越来越理解这句话的意味。

Leading

第十二章

竞争与环境

你不能根据自己的对手和竞争者定义自己，或是因为他们做了一些事情而改变自己的战略和方式。当你的竞争对手做出不理智的事情时，你也很难保持清醒的头脑。在商界，如果你的对手降低了价格，或是向电视广告投入了大笔的资金，那么你很容易就把这当成了正确的经营途径。

竞争对手

在足球的世界里有很多伟大的对手，他们中的很多人都深陷于狭隘主义之中，他们是时代的产物，因为在过去旅行并非像现在这么容易。要知道直到20世纪50年代英国的俱乐部才开始走向欧洲赛场，在那时每件事都具有浓郁的地方气息。报社记者们喜欢用“同城德比”作为标题，这一习惯也延续到了现在。无论一场比赛的双方是凯尔特人和流浪者、是埃弗顿和利物浦，还是托特纳姆热刺和阿森纳或是曼联和曼城。一个对手，尤其是同城的对手，总会为比赛增加些火药味。

对于一些球迷来说，足球甚至要大过宗教，他们甚至传承了家族对某支球队的喜爱，他们的父亲和祖父所支持的球队也是他们用一生的时间去支持的队伍。我们经常会收到很多很多婴儿的照片，照片里的小娃娃裹着曼联球衣，连他的名字都是根据曼联球员起的。这些孩子生下来就已经有了自己支持的球队，无论他们是否真的喜欢。

我对对手和竞争的思考从未停止过。当时的格拉斯哥分为两大派——现在仍旧如此——凯尔特人和流浪者（老字号德比）。几十年来，这种对峙蒙上了浓厚的宗派色彩，因为凯尔特人倾向于选用跟爱尔兰天主教有渊源的球员，而流浪者队则更钟爱苏格兰新教徒。在我执教阿伯丁时，我们的宿敌是流浪者队，但是后来又出现了新的敌人邓迪联队。

来到曼联后，我继承了球队传统，继续与几十年来的老对手较量。由于时代不同，这些对手多少会有些变化，但是有几支球队是我们的宿敌。对于曼联来说，与默西塞德人的利物浦队——他们的体育馆距离我们仅有32英里——和曼城的竞争最为激烈。当年处于巅峰时期的利兹联队也是我们的宿敌。这种竞争偶尔还会导致恶性事件的发生，比如，有一次利兹联的球迷把我们青训队的教练埃里克·哈里森当成了我，然后攻击了他。在过去的15年里，与切尔西和阿森纳队的比赛日期会在几个月前就在日记本上勾画出来。

足球就是为我的性格量身定做的运动，因为无论胜利还是失败，通常都能够很明确地加以界定。在我还是个孩子的时候，我就不喜欢被别人战胜。也许是由于我的格拉斯哥血统，或是我来自工人阶级家庭（这些留给心理分析学家去决定好了），但是在戈万时，总会有喜好打斗的孩子，他们是我的死敌。

这种与敌人做斗争的紧张气氛可以激励一支球队有更好的发挥。在我执教阿伯丁队时，我会把格拉斯哥大型球队的来访描绘成对我们男子气概的攻击。我会告诉球员们："流浪者队和凯尔特人队来了，他们认为可以彻底击败我们。"其中暗含的意思很明确。

在我执教曼联之初，被记录下来这样一句话："把利物浦踢下王座才是我最大的成就。"不知何故，这句话已经在民间广为流传，被无休止地重复着。然而奇怪的是我根本想不起来曾经说过这句话。但是无论怎样，这句话还是很有帮助的，因为这句话点明了曼联和利物浦长达一个世纪的竞争，当然在20世纪七八十年代，安菲尔德球场要风光得多。在1967年到1993年，曼联都与英超冠军失之交臂，而就在此期间利物浦队夺得了11个联赛冠军、3个足总杯冠军以及那最令人懊恼的4个欧洲冠军杯冠军。利物浦在那个时期所取得的成功是史无前例的，因为从来没有一支球队能够以这样的姿态主宰英国足球。我不知道曼联的球员是否有意识想去打破利物浦创造的纪录，但是我当然已经把这作为努力超越的目标。一想到所有的奖杯都跑去了利物浦，这一幕简直令人不堪忍受。

1988年，我们在安菲尔德球场跟利物浦3：3战成平局，比赛期间出现了好几次非常骇人的判罚。我对一名电台记者说："来安菲尔德球场作战的教练们一个个都会被自己的呕吐物窒息，甚至咬着自己的舌头不敢说实话，这一点儿都不奇怪。"

在我们即将面对宿敌时，我会使用一些戏剧性的手段激起球员们的斗志，但是很少有事情或人（除了裁判和边裁）让我在几个月里都感到气愤。对于足球俱乐部来说，拥有对手和敌人是很好的事情，因为这可以刺激他们最大限度地发挥自己的才能，但是我并不能确定痛苦的仇恨或是真实的敌人能够带来什么好处。对我来说任何一位教练——即使是在我们之间竞争最为激烈时——我也不会拒绝和他共进晚餐。我会把自己的想法藏在心中，因为这其中的秘诀就是不要显露出自己的弱点。最好的报复方式就是击败对方。我跟一些教练的争执经常被炒得沸沸扬扬，比如和阿尔塞纳·温格，但是这些争执并非永远存在，而且对于我们在欧足联的工作，他也帮了不少忙。

你不能根据自己的对手和竞争者定义自己，或是因为他们做了一些事情而改变自己的战略和方式。多年以来，曼彻斯特的另一支球队——曼城队就一直试图根据我们的举动来定义自己。他们的主席彼得·斯韦尔斯（Peter Swales）经常会把我们称作"马路对面的家伙们"，他就是无法将曼联抛之脑后。他本应寻找提高曼城队的方法，把精力集中在自己能控制的事物上，他却总是担心我们。这简直毫无意义。此外，我们还有一位支持者——诺曼·威廉姆斯，他会去看每一场主场比赛，也经常跟着球队去客场看球。他一辈子都在支持曼联队，但是从未踏入曼城队的体育馆。有一次我问他为什么。他答道："我怕沾染上那里的气氛。"

虽然如此，你还是可以从竞争对手身上学到东西，更重要的是在你努力去追赶或超越他们时，你提升了自己的档次。在1994年到1999年，意大利球队尤文图斯就是曼联队很好的楷模，他们当时的教练是马尔切洛·里皮（Marcello Lippi），他们当时的竞技水平是我梦寐以求的。我非常崇拜里皮。他是那么有个性，一头银色的头发，穿着皮夹克，叼着雪茄，总让我想起保罗·纽曼（Paul Newman）。最后，我终于享受到了做教练以来最棒的一个夜晚，那是在1999年的欧洲冠军杯的半决赛上。我们在开场11分钟时就已经丢了2个球，但是最后以3：2完成了逆转，淘汰了尤文图斯，与拜仁慕尼黑在决赛会师。

当你的竞争对手做出不理智的事情时，你也很难保持清醒的头脑。在商界，如果你的对手降低了价格，或是向电视广告投入了大笔的资金，那么你很容易就把这当成了正确的经营途径。我认为想要避免随波逐流是需要钢铁一般的意志的。在我执教期间，足球界也有类似的现象，有很多俱乐部的老板都希望用巨额的资金买通成功之路。在苏格兰，这样的球队就是流浪者。现在想来，我当年在那个时期离开阿伯丁还是比较幸运的，因为当时流浪者队买来了格雷姆·索内斯（Graeme Souness），也正值流浪者队消费热潮的开始，他们从英格兰和整个欧洲进口球员。然而即使我当时留在阿伯丁，我也不会追随流浪者队的脚步，去挥霍大笔资金，我会坚持自己的选择。

在英格兰，最能花钱的球队要属切尔西了，近年来曼城也加入了这一行列。虽然在我退休之后曼联队的开支也开始飙升，但那只是短期的。2004—2005赛季，何塞·穆里尼奥首次执教切尔西，便带领球队夺得了英超冠军和联赛杯冠军。这要归功于他的顽强、他追求胜利和平局的决心，而且他让自己的球员都相信自己就是救世主。虽然他在俱乐部的第一个赛季就花掉了1亿英镑，但是这也无伤大雅。他是一名伟大的领导者、一名杰出的教练，他在四个不同的国家都获得了巨大成功，在这一点上是无出其右的。

2008年谢赫·曼苏尔买下曼城之后，我从来都不认为“这会让我们的日子很不好过”。我只是把这件事当作我不得不去应对的众多挑战之一。然而在此后的几年里曼城队所做的几件事是我始料未及的——其中一些举措是直接针对曼联的，但是其中一些事情也很好地带动了曼彻斯特的经济。谁能想到他们发展规划的一部分，居然是在曼彻斯特较为落后的地方盖6000套新的住宅呢。曼城队从2008年开始到我退休，总共花费了超过7亿英镑，然而我的态度依旧没有变。因为无论他们花了多少钱，击败曼城队依旧是曼联队力所能及的事。毫无疑问，曼城队的疯狂挥霍，和他们为创造短期历史而付出的努力在英超的赛场上激起了忌妒。但是我还要重申一点，那就是，无论他们花了多少钱，买了多少名球员，他们在周六的比赛中也只能派上11个人。

全球市场

我从没学习过经济学，但是足球确实让我在这方面学到不少。虽然我一直对工会抱以同情之心，主要是因为我的父亲和他那一代人在造船厂里的遭遇，但是我更是一名自由市场的忠实信徒，因为自由市场给每个人以平等的机遇去竞争。虽然移民会引发一系列的社会和政治问题，但同时也极大地提高了英超比赛的水平。

在我刚进入足球界时，这是一项地方性运动。英国的俱乐部都是以地区、城镇和城市为核心而成立的。很多球员都可以从家里步行到比赛场，这种状态持续了很长时间。1967年，凯尔特人队成为第一支夺得欧洲冠军的英国球队，当时凯尔特人的球员清一色的都是格拉斯哥本地人，都住在距离格拉斯哥30英里内的地方。1968年，曼联队在马特·巴斯比的带领下夺得了欧洲杯冠军，当时球队中有7名英格兰人、1名苏格兰人、1名北爱尔兰人，还有2位代表爱尔兰共和国。20世纪70年代之前，英国仅有一两位外籍球员，在1978年世界杯结束后，托特纳姆热刺队买来了奥西·阿迪尼斯（Ossie Ardiles）和里基-维拉（Ricky Villa）。

在我来到阿伯丁时，队里没有外籍球员（当时的“外籍”包括英格兰、威尔士和爱尔兰），每一名球员都是苏格兰人。在我到曼联时，队里也只有2名外籍球员——约翰·塞维贝克（John Sivebaek）和谢斯柏·奥臣——他们都来自丹麦。而就在15年后，一切都变了。切尔西队是首个使用11名外籍球员作为首发阵容的顶级球队，那是在1999年12月，他们当时用了2名法国人、2名意大利人，乌拉圭人、荷兰人、尼日利亚人、罗马尼亚人、巴西人、挪威人和西班牙人各1名。2005年阿森纳在对阵水晶宫队的比赛时，成为英超赛场上第一支整场比赛未使用英国球员的球队。我首次尝试全部使用外籍球员是在2009年5月10日，那天我们主场2：0击败了曼城，当时阵容中的球员来自荷兰、巴西、塞尔维亚、北爱尔兰、法国、葡萄牙、苏格兰、威尔士、韩国、阿根廷和保加利亚。

外籍球员的涌入分为两个阶段。在1995年欧洲法院出台《博斯曼法案》之前，欧洲球员们在某种程度上还是受到俱乐部的限制的。在英格兰，由英国足球协会主持的法院于20世纪80年代投入使用，旨在解决转会费的争端。在欧洲法院宣布当球员合同期满，俱乐部便无须支付转会费用时，那时的场面简直是一团糟。俱乐部面临着更大的压力，需要在球员合同期满之前很久就开始重新协商合同，而对于球员来说——或者至少那些优秀球员来说——在谈判中更能占据主动。

20世纪80年代，英国开始加速引进外籍球员的进程，因为那时我们再也不能培养出多得不成比例的优秀球员了。一个很简单的标志就是英国球队无法晋级世界杯了。威尔士队自1958年以来一直未能入选世界杯，北爱尔兰队最后一次进世界杯是在1986年，苏格兰是1998年，而爱尔兰共和国是在2002年最后一次入围世界杯。这种情况主要有两方面的原因：玛格丽特·撒切尔（Margaret Thatcher）和英国天空广播公司。

我不知道撒切尔夫人是否有意识地要摧毁英国足球，因为显然（也是正确的）她对足球流氓和球迷骚乱的厌恶是直言不讳的，但是这也正是她应该解决的问题。很多老师在跟政府发生了劳资争执之后不再组织课外的体育活动，然后其结果是毁灭性的。以我的经验来看，男孩子们都非常尊重自己的老师，他们中的很多人是在学校里了解到训练的需要，学到一些重要的技巧和纪律，在严格又挑剔的关注下获得踢球的体验。然而这些很多都已不复存在，学校老师由父亲、叔叔和奶奶所替代。我可以肯定他们也都心怀好意，但是在他们的监护下，中学足球的水平每况愈下。多少年来，颇具竞争性的校园足球比赛培育出了很多足球队员，但如今却被男孩子们的足球俱乐部所取代，这些俱乐部只注重每个赛季踢球的场次。比如当时年仅14岁的瑞恩·吉格斯在索尔福德男孩俱乐部（Salford Boys）和帝恩FC（Dean FC）踢球的最后一年里踢了100场比赛。

后来足球协会在新的职业系统中加入了新的条例，禁止俱乐部对其青训队中球员的训练时间超过每周一个半小时，这使得情况变得更糟。这简直是无稽之谈。这就相当于告诉一个喜欢小提琴或钢琴的孩子，他可以继续渴望进入世界一流的交响乐团，但是他每周只能练习90分钟。任何一名伟大的足球队员和艺术家都不是每周90分钟能够塑造出来的。二战前，孩提时代的斯坦利·马修斯通常每天会踢6到8小时的足球。20世纪50年代，乔治·贝斯特的童年是在贝尔法斯特度过的，当时他几乎整天球不离脚。20世纪90年代在马德拉群岛长大的克里斯蒂亚诺·罗纳尔多也是如此。接下来我们就不得不面对另一项限制性的法令变更，那就是我们的青训队只能和那些从住处到老特拉福德球场通勤时间小于1小时的球员签约。如果这条规定在1991年实施，我们就得不到贝克汉姆了。这些法律变更对我们开发英国本土球员产生了极大的影响，迫使我们去国外寻找那些不受这些法令限制的球员。这对于球迷们来说却是福音，因为这意味着英国所有的顶级俱乐部都扩大了自己球探的搜索范围，而各俱乐部对于外籍天才球员的争夺也使得足球比赛的质量水涨船高。

1992年，英超时代伊始，大量的资金开始投入赛场，当时英超与英国天空广播公司签下了5年的电视转播合同，价值3.04亿英镑（相比之下，2015年最新签署的电视转播合同价值51.3亿英镑）。外籍球员分几批进入英超赛场。首批外籍球员来自北欧，接着一些步入职业生涯暮年的超级球星也被英超俱乐部提供的丰厚薪水所吸引，踏上了英超赛场。后来，阿森纳主教练阿尔塞纳·温格买下了数名法国球员。2003年罗曼·阿布拉莫维奇买下了切尔西，这标志着一场空前的球队消费热潮的开始。贝尼托·卡博尼（Benito Carbone）曾效力于谢菲尔德星期三和阿斯顿维拉，后来与布拉德福德队签约。在卡博尼加入布拉德福德时，该球队正挣扎在英超的保级线上。2002年，该球队终于宣布继续支付卡博尼每周4万英镑的工资会让俱乐部破产。于是卡博尼拿了332万英镑的违约金，便返回了意大利。当时俱乐部对球员追求的疯狂程度可见一斑。

1991年3月，我从顿涅茨克矿工（Shakhtar Donetsk）为曼联签下了第一名外籍球员安德烈·坎切尔斯基。在同年8月，从丹麦的布隆德比买下了舒梅切尔。而引起最多波澜的便是埃里克·坎通纳。埃里克出生于法国马赛，曾经效力于马赛队、波尔多队（Bordeaux）、蒙彼利埃队（Montpellier）和尼姆队。后来他横跨英吉利海峡加入了我们，当时他只会讲几句英语。坎通纳对曼联队产生了巨大的影响，其中很多影响来自他的天赋和毅力，但同样也来自他对待训练和健身的态度。坎通纳在1996年和1997年担任球队队长，年轻球员把他视为国王一般，对他说的话更是奉为圭臬。看到坎通纳在曼联的蓬勃发展，其他球队也想拥有属于自己的坎通纳。1997年坎通纳退役时，外籍球员已经成为英格兰顶级足球赛事的骨干力量了。

渐渐地，曼联的处境又发生了变化。我们一如既往地渴望发现那些来自曼彻斯特或英国其他地方的年轻球员，但是我们的球探系统扩大了。我们现在会去更多的地方搜寻球员，也具备了真正全球性的球探系统。在20世纪90年代后期，我们在意大利、西班牙、法国、德国、荷兰和葡萄牙都安置了球探，以增强我们和这些国家的联系。此后，在2000年我们开始雇用南美球探，主要是巴西的约翰·卡尔弗特–图尔敏（John Calvert–Toulmin）和阿根廷的约瑟·迈奥尔加（Jose Mayorga）。如今曼联队在墨西哥和智利也有了很不错的联系人网络。这些网络逐渐为我们带来了优秀的球员，如迭戈·弗兰（Diego Forlán）、来自巴西的达·席尔瓦兄弟和我们签下的首位墨西哥球员埃尔南德斯。

外籍球员的到来也带来了新的挑战。他们涌入了一个陌生的国度，在那里一切都是不同的：食物、天气和语言。我们会尽最大努力帮助他们安顿下来，帮他们找到住处并安排他们学习语言，我们甚至会确保他们能吃上自己喜欢的食物。巴里·莫尔豪斯（Barry Moorhouse）是曼联球员的联络官，由他负责这些事务。很多英国球员都为我的苏格兰口音感到苦恼，但是跟那些外籍球员遇到的麻烦比起来也就算不了什么了。巴西球员安德森和葡萄牙球员纳尼都是2007年来到曼联的，对他们来说，语言是一个不可逾越的障碍。但是值得称赞的是，他们都肯花时间去学英语，后来跟他们沟通时容易了许多。

然而有些队员的语言天赋令人称羡。帕特里斯·埃弗拉会说好几种语言，内马尼亚·维迪奇在几周之内就掌握了英语，在墨西哥长大的埃尔南德斯和出生于巴西的达·席尔瓦兄弟也都明白如果他们能学好英语，他们的足球生涯会大受裨益。其中最杰出的是迭戈·弗兰，他非常有语言天赋，甚至可以去联合国当翻译，因为他能够在西班牙语、葡萄牙语、意大利语和法语之间随意进行转换。2014年他与日本大阪樱花队（Cerezo

Osaka）签约，他在首次新闻发布会上竟然使用了日语，这让他的新东家震惊不已。

除了语言上的障碍，我认为让外籍球员融入球队也是非常困难的一件事情。我很欢迎这些外籍球员和他们为俱乐部带来的一切，多元化元素让球队变得丰富起来。比如德怀特·约克，他出生在多巴哥岛。在我们1998年把他从阿斯顿维拉买来之后，他就给球队带来了一种温暖的感觉和无忧无虑的欢乐，这对于球队士气是很重要的。我们在主场作战前都会下榻劳里酒店，在那里吃自助餐，这时本土球员和外籍球员之间的距离最为明显。球队的工作人员会坐一桌，英国球员坐一桌，他们用餐时都很严肃并且会低声说话。而声音最大、经常传来笑声的一桌则坐着塞尔维亚、荷兰、法国和葡萄牙球员。

外籍球员也为某些英国球员树立了榜样。外籍球员会远离酒精。其中部分外籍球员是出于宗教原因这么做的，但是更主要的原因是在他们的成长环境里，根本就没有周五和周六晚上喝个烂醉的习惯。他们不会在圣诞晚会上或在我们捧杯回归之际强迫自己酗酒，而且大部分的外籍球员很重视自己的饮食和训练。外籍球员另外一个鲜明的特点就是他们的体格。医疗检查发现，那些来自比英国更温暖地方的球员拥有更健康的关节。他们的膝关节和髋关节不会有早期关节炎的症状，而英国本土球员则不然，他们生活在阴冷潮湿的环境里。而在对待自己身体方面，外籍球员也更为明智。他们不像其他英国球员一样带伤上阵，冒着让伤病恶化的风险继续比赛，他们只是不想去证明自己可以征服痛苦。

对我来说，外籍球员的问题在于他们的思乡病，或是为了代表国家队出战而回国，并且在祖国待上很长时间。2003年到2005年，我们的喀麦隆中场球员埃里克·杰姆巴-杰姆巴（Eric Djemba-Djemba）就有这样的问题。

对于曼联队来说，我们一直以一种积极的态度扩展我们的球探网络、在新的国家开发天才球员并将其招至麾下。1999年，我们夺得欧洲冠军杯冠军的球队中有5名外籍球员，如果不算上爱尔兰人的话，但是在接下来的14年里我们取得的成功则是因为我们突破了原有的界限。

评论员们经常会提到英超赛场上外籍球员的数量，但是他们却经常忽略了教练们的国籍。在2014—2015赛季，英超中共有8位外籍教练。也正如外籍球员一样，外籍教练也使英超的比赛更为丰富，虽然1990年首位来到英国或爱尔兰的外籍教练——捷克人约瑟夫·万格罗斯（Josef Vengloš）博士，仅在阿斯顿维拉执教了很短一段时间，但是自此之后大批外籍教练开始进入英超赛场。事实上，那些为顶级欧洲球队效力或执教的外籍球员和教练为比赛增添了新的层次，因为他们接受的是不同的教育。我说的不单是教练们的穿衣风格，虽然他们看起来确实衣冠楚楚。来看看下面这些教练吧：罗伯托·曼奇尼、罗伯特·迪马特奥（Roberto Di Matteo）——在他执教切尔西那短暂的日子里——或罗伯特·马丁内斯（Roberto Martínez）。幸运的是，何塞·穆里尼奥证明了个性化的执教风格不是罗伯特家族的专利。

向英超赛场注入大量外籍元素对球迷们来说是极大的福音，虽然有时我会反对这些教练的技战术。从我手中夺走英超冠军的外籍教练仅有下面几位：阿尔塞纳·温格（法国）、罗伯托·曼奇尼（意大利）和卡尔洛·安切洛蒂（意大利）和当时执教布莱克本流浪者队的肯尼·达格利什（苏格兰）。另外还有一件事情令人震惊：1992年利兹联队的霍华德·威尔金森带领球队夺得英超冠军，这是英格兰教练最后一次带领球队夺得该项冠军。

说起有多少名苏格兰教练在英超赛场上有着出色的表现，那是堪称举世瞩目的，这也是我所关注的少量几组数据之一。不管你信不信，从1984年苏格兰教练来到英超开始，2015年阿斯顿维拉的教练保罗·兰伯特（Paul Lambert）是首位被解雇的苏格兰籍教练。就在4年前，20支英超球队中有7支的主教练在格拉斯哥地区长大。我知道我可能又无可救药地产生了偏倚，但是我认为肯尼·达格利什、大卫·莫耶斯、保罗·兰伯特、欧文·科尔（Owen Coyle）、比尔·香克利、乔治·格拉汉姆，当然还有马特·巴斯比，他们都具有一种顽强的精神、毅力和决心，这些传承让他们不同凡响。

Leading

第十三章

全新的挑战

如果一个人从自己曾经负责的岗位上退下来时还与曾经的团队保持联系，并试图保留自己当初握有的权力，这对于他的接班人来说是不公平的。你必须放手，让这位新人和新的管理体制去做他们认为最应该做的事。

初来乍到

一名新来的领导者总是热切地渴望能在组织中处处都留下自己的印记。我知道有这样一种广为流传的说法：一名领导者证明自己存在感的机会只有最开始的100天，但是我并不赞成这一说法。在进入一个新环境时，分正确和错误两种方式——尤其你是初来乍到的领导者。如果能有一支全新的自己信得过的团队，并且火力全开，这是非常诱人的。但是在足球界，这些行为往往是因为太过重视短期成绩。一位新来的教练明白，如果他不能取得短期成绩，即使他兜里揣着一份多年合同并且老板也承诺会保持耐心，他的执教生涯依旧不会太久。

在我当上圣米伦队主教练时就犯了这样的错误。那年我32岁，仅有4个月的执教经验，然而那时的我却太过于自信，总想着改变些什么。我带着太多的先入之见来到了球队，而并没有先去熟悉环境，对每件事情进行评估。我当时非常急躁，对工作充满热情，不希望任何人愚弄我。我可以肯定部分原因是我缺乏安全感和经验。我经常问自己："他们在想些什么？他们会怎么做？他们会做何反应？"当然，自我怀疑时期接踵而至，那时我总会怀疑自己是否做出了正确的决定，我非常渴望证明自己是领导，并且做出了很多草率的决定，也经常为自己做出的决定后悔。

史蒂夫·阿奇博尔德是阿伯丁队一名非常优秀的前锋，在我来到球队之初，他简直令我抓狂。他对任何事物都有自己的意见，并且不加遮掩。他也许更适合当一名教授，也确实给我找了不少麻烦。他能够不断地对任何事情提出疑问。但是他也是个顽强的人，渴望胜利，后来我找到了与他的相处之道。

1986年11月，我来到曼联时仅有阿基·诺克斯为伴。为了不影响孩子们的学业，凯茜和孩子们都留在了阿伯丁，某种程度上这对我来说是件好事，因为我只需要关注自己的工作就可以了。阿基跟我在阿伯丁一起合作了3年，我希望他能够跟我在曼联继续合作，因为我们有着相似的价值观，这让我们在很多事情上能够达成一致。他的工作做得很棒，吃苦耐劳，是一位可以信任的人。我并不认为跟我的前任主教练——罗恩·阿特金森的工作团队一起合作会有什么不利影响。我认为这对我来说是很有帮助的，因为他们比我更了解球队中的球员和我们当时在甲级联赛中的对手。这有点儿像一位刚来到唐宁街的首相，他不会换掉行政部门的全部人员，但是他会确定自己的日程并且明确哪些事情是需要优先去做的。

来到曼联时，我跟后勤人员和教练组成员相处得很开心，除了我来到球队第一个赛季就开除的那个首席球探。这些人具有不错的品格，踏实可靠，他们希望新的主教练能够做出成绩。这不仅关乎他们的个人利益，更是一种职业自豪感。

我知道要想对曼联进行全面的观察尚需时日，同时我也不会对可能取得的成绩做出愚蠢的承诺。我知道很多事情都需要去解决，但是我也知道我不可能在短时间内解决所有问题。我让自己融入球队，仔细研究他们过去的表现，查看他们赛季前的准备方式，调查他们的青训系统和球探系统，并且逐步了解每一位球员。我后来发现曼联队是多么依赖进攻的，这是球队的一种传承。在曼联队成立之初就采用了进攻足球的风格，这一传统贯穿第二次世界大战前后的很长一段时期。当今一代依旧知道博比·查尔顿、乔治·贝斯特和丹尼斯·劳的名字，但是像威利·摩根（Willie Morgan）、死于慕尼黑空难的大卫·佩格（David Pegg）、20世纪50年代早期的查理·米滕（Charlie Mitten）和20世纪初的比利·梅雷迪斯（Billy Meredith）这样的球员只有曼联的铁杆球迷才知道。曼联队的这一传统很适合马特·巴斯比的风格，对我来说也像是量身定做一样，因为进攻就是我的天性。

这一切都需要时间，然后还需要面对很多意外事件。比如，我万万没想到老特拉福德球场的地热设施会出问题。在足总杯第三轮中我们主场对阵曼城时，球场的地热设施停止了工作，后来我们发现是老鼠咬坏了地下的电缆。我们及时修好了地热设施，并在第四轮的比赛中投入使用。但是3周后，在对战考文垂队（Coventry City）的那天早晨，我们发现球场的一半已经冻结，另一半成了沼泽。这些事情都是你无法预料的，这表明在你试图建立金字塔时，总会有人撤掉一些砖头或石块。我敢打赌任何一支胜利的团队都不是在100天之内打造出来的。如果你希望打造一支胜利之师，那么必须做好每天都进行建造的准备。如果你停止建造，你就会停滞不前。我经常会说："汽车一刻不停地行驶，确保你要待在车上，不要被落在后面。"曼联队就是这样一辆不断行驶的汽车。

突然改变球员们都习以为常的规则是没有意义的，那样做只会适得其反，降低士气并且还会让球员们怀疑你的动机。一位初来乍到或者承接重要岗位的领导需要克服自己展现大男子主义的冲动。

如果给我一次机会重新进入曼联，我会在两件事上做出改变，因为其中一件事我做得太快，另一件事则做得太慢。在我来到曼联之前，就有人警告过我曼联的很多球员有酗酒的问题。而我非常清楚酒精是影响球员发挥的一大敌人，我不会放任这种事情的发生，于是我决定在短期内解决球员酗酒问题。我带领曼联打完第一场比赛之后，在星期一早上把俱乐部中的所有人都召集到了体育馆。当时来了大约40人，包括球员、教练组成员和后勤人员。我用很简单的话告诉他们："听着，我听说你们有酗酒的问题，你们必须改掉这个毛病。你们必须做出改变，因为我是不会做出改变的。”我可以肯定当时很多人都会默默地对自己说，这话我们早就听过了。当时的情况是，球员们并没有在我上任不久饮酒狂欢，我也没有确凿的证据证明一名球员违反了规定。我只是道听途说便做出了这样的举动，这是很不明智的。

如果以我今天的见识，当初就不会召开那次会议，我会在某一两名球员触犯规定之后拿出来单独举例，而不是对每个人都加以威吓之词。在这件事上，我太早地引起了正面冲突，但是长久看来这也无伤大雅。作为一名新来的领导者，给出自己的十条诫命也不为过，但是行动比言辞有效得多。如果我静静地开除一名继续酗酒的球员，那么这个问题处理起来将会更有效。结果我花了很长时间才解决球队中的酗酒问题，当我卖掉了几名罪魁祸首之后，人们开始意识到我不只是夸夸其谈，球队的各项事务也都有了进展。最后酗酒问题成功地得到了解决，球员们也只是偶尔喝一点儿罢了。

我犯的第二个错误是等了很长时间才对球队进行改造。其中有些事情是我无能为力的，因为我们用于购买球员的经费有限，而且我们的天才年轻球员储备也少得可怜。尽管如此，我还是让那些有可能出现的前景困扰了自己的判断，而并没有想到可能发生的事情。我心里很明白我永远也无法把一些球员打造成那种能够一直获得奖杯的球员。由于缺乏足够的证据证明他们不够优秀，我给了他们太多的机会，我想如果当初我早点儿做出改变，那么我们提前几年就能成为一支常胜之师。

如果你是一位新的领导者，初次登场时总会谨慎行事。你希望清除尽可能多的不确定因素，因为这些因素可能会让一个团队陷入瘫痪，然而你也不想许下你可能无法完成的诺言。在曼联时，我希望大家明白，尤其是球员之外的工作人员，他们的职位是安全的，我也不会把他们推到行刑队的枪口下。我只是希望能够看到他们的表现，只要他们都尽职尽责地去做了，那么他们都将是我们团队未来的一分子。

有的球员后来当上了教练，执教之初他们会向我征求意见，我通常会告诉他们不要主动引发正面冲突。每当你进入一个新的岗位时，用不了多久你就需要面对一些事情带来的烦恼和冲突。而你率先挑起这冲突对自己并没有什么好处，麻烦事很快就会找到你头上。

完美转身

离开绝非易事，几乎没有一种正确的离开方式。在大卫·莫耶斯从我手中接过曼联队的教鞭之后，各大媒体对他进行了浓墨重彩的报道。我理解那些批评家，尤其是在看到2013—2014赛季曼联队的成绩之后，他们说我们本应该更好地处理教练交接工作。那个赛季简直让人失望透顶，曼联队甚至没资格参战欧洲冠军杯，这是1995年以来第一次发生这种事情。那是一段令人不愉快的日子。但是很少有人提起在顶级俱乐部中寻找一位教练是怎样一种挑战，那真的不是一件容易的事情。

对于曼联队来说，由于我执教时间非常之久，这也让问题变得更加复杂。我并非自负，但是在第二次世界大战后还没有哪个教练执教一支球队的时间超过我执教曼联的时间。马特·巴斯比爵士执教曼联24个赛季（分为两个阶段）、比尔·香克利执教利物浦15个赛季、阿尔塞纳·温格自1996年起开始执教阿森纳。我可以肯定地说我那漫长的执教生涯肯定让曼联队的教练过渡问题变得更加棘手。我知道这让他们很难做。挑选一位继承者永远都不会是一件轻而易举的事情。

我可以肯定足球俱乐部能够从那些有着成功管理转型经历的公司中学到一些经验。比如，从来没有人问过我这个问题，而很多公司的首席执行官都被问过这一问题，那就是：“如果你出了车祸，那么谁将接替你的职位？”

这是个不错的问题，因为它迫使人们去关注这一问题。但是我并不认为这个问题会对曼联队产生任何影响，我并非在找任何理由，但是在英超联赛中挑选主教练确实有其独特性。

跟很多其他正在寻找领导者的组织一样，曼联队的董事会也拥有寻找的自由。我们既可以在俱乐部内部寻找人选，或者是把目光放得更远。但是无论如何，与公司相比，我们的候选人要少得多。足球俱乐部，尤其是那些英超、德甲、西甲和意甲的顶级俱乐部，它们的问题在于很少有教练具备执教这些球队的资格。球队老板和董事会经常会发现他们的选择还受到其他因素的限制，那就是他们需要寻找那些不受其他合同约束的人。

英超球队拥有成百上千的教练组人员候选人，但是主教练则不然。如果把曼联主教练的选择标准定为那些在最近5年执教过英超球队的人，那么大约有50位候选人；如果定为那些带领球队打进前6名的教练，那么这一数字则降到了12；如果你提出更为苛刻的要求——带领一支常胜的球队——那么也就剩下3人可以入选了，而他们正在执教其他顶级球队。那些保持着胜利纪录的教练的日子并不好过。大卫·奥莱利（David O’Leary）于1998年至2002年执教利兹联队，当时他带领球队打进了欧洲联盟杯和欧洲冠军杯的半决赛，并且一度夺得了英超第4名的好成绩。在那段时间里，几乎每一支球队都把他作为最佳候选人。但是此后，利兹联队萎靡不振，大卫·奥莱利的光芒也不复存在。自2006年起，他就再也没执教过任何一支顶级球队。

显然我们更偏爱那些具有在顶级俱乐部执教经验的教练，那些经历过艰难时期并且证明自己可以应付媒体的压力和经纪人无情诡计的教练。以我个人来说，我更喜欢那些真正当过职业球员的教练。虽然有很多教练并未踢过职业足球或仅仅在普通球队效力过（何塞·穆里尼奥和吉拉德·霍利尔就是两个最为突出的例子），但我更喜欢那些在球场上有过优异表现的教练，他们的经验更为丰富，在球员当中也更具说服力。

在曼联队中，我们并没有一个明确的内部教练继承者，虽然这并非我们故意而为之。早在格雷泽家族买下曼联之前，我就一直在思考我的继承人问题。在我执教曼联的这段岁月里，真正的教练候选人只有一个，那就是卡洛斯·奎罗斯。但不幸的是，他错失了良机，两次离曼联而去，第一次是去了皇家马德里，第二次是回到葡萄牙执教国家队。我经常会鼓励那些最优秀的曼联球员瑞恩·吉格斯、加里·内维尔、达伦·弗莱彻、尼基·巴特、德怀特·约克和安迪·科尔——去拿下教练资格证书，但是让他们在刚退役不久就来老球队当主教练也是不现实的。

曼联队也确实做过这样的尝试，威尔夫·麦克吉尼斯从1959年开始效力于曼联队，退役后于1969年接替马特·巴斯比成为主教练。那简直就是一场灾难。姑且不论巴斯比爵士还保留着自己的办公室，并且每天都会出现在俱乐部里，麦克吉尼斯或者任何面对这种处境的人，他们的日子都不会好过，因为他们管理着自己曾经的队友。瑞恩·吉格斯终将成为一名伟大的教练，他具有教练应有的智慧、气质和知识，但是我绝不会在他或者任何其他球员还能踢球时劝说他们来当我的继承人。任何一名足球运动员都应该充分利用自己最后的职业生涯，因为在退役之后有大把的时间可以去当教练。如果吉格斯在他30多岁而不是40岁时退役，在我执教曼联的最后5年里，他有很多机会能够和迈克·费兰一起成为我的助理教练。他可能会从较低层的教练团队职位做起，但是他绝对可以和我还有迈克一起学习教练知识。

但是助理教练们往往会很不安分，你很难把他们留住，尤其是他们知道主教练没有退休意向时。如今到处都可以看到曼联队曾经的教练们和球员们的身影。马克·休斯发展得不错，虽然他是一个不善交际的安静的男人，我一直怀疑他的性格是否能够当教练。他执教威尔士国家队期间有着不错的成绩，此后他曾短期执教过布莱克本，之后又去了曼城。这两支球队的老板解雇了马克·休斯，我认为这很不公平。现在他执教于斯托克城队，堪称如鱼得水。

助理教练们确实会出现这样的情况，因为他们不适合去做主教练。2001

年至2006年，曼联青训队曾经的技术教练雷内·穆伦斯丁希望执教一支球队，他没有听从我的意见，去了丹麦的布隆德比队。但是6个月之后，他做得并不成功，于是我把他请回来做一线球队的教练。后来他又离开了曼联，先后执教安郅·马哈奇卡拉队（Anzhi Makhachkala）和富勒姆队，但结果都很糟糕。我想他现在应该明白自己的天赋更适合去做一名优秀的一线球队教练。

同时我们也会密切关注其他球队管理圈发生的事情。比如，2012年我跟佩普·瓜迪奥拉在纽约共进晚餐，但是我无法对他发出直接的邀请，因为当时我还没有把退休排上日程。那时候他已经带领巴塞罗那取得了数量惊人的奖杯——2次欧洲冠军杯冠军、3次西甲冠军、2次西班牙国王杯冠军（西班牙杯）、2次欧洲超级杯冠军和2次国际足联世界俱乐部杯冠军，我对他也是钦佩有加。我告诉他在接受其他球队的任命之前先给我打个电话，但是他并没有这么做，而是在2013年7月去了拜仁慕尼黑。

那些最好的理论或是最美好的打算总是无法付诸实践，生活就是这样。相信我，曼联队无非是想要找一位能够长期留在球队的教练而已。因为我们都知道球队的历史、取得的成功和收益都来自稳定的领导。当我们开始着手寻找我的接班人时，我们发现几位非常理想的人选都不能来曼联。何塞·穆里尼奥承诺罗曼·阿布拉莫维奇会返回切尔西，卡尔洛·安切洛蒂将接任他成为皇马主教练。我们还得知尤尔根·克洛普（Jürgen Klopp）在多特蒙德很开心，即将签署新的合同。而那时路易斯·范加尔正在忙着带领荷兰队争夺2014年世界杯的冠军。

显然我们可以冒险尝试让一名年轻的、未经受考验的教练接替我的职位，但是最后，众所周知我们选择了大卫·莫耶斯。很多人似乎已经忘了他在埃弗顿的表现，那时球队虽然资金短缺，但是他依旧取得了很好的成绩。

不幸的是，事情并非像大卫和我们憧憬的那般顺利。无论人们怎么想，曼联的董事会只是希望自己的主教练能够取得成功。如果教练成功了，那么俱乐部也就成功了，一个新的良性循环就又开始了。当初大卫签下那份为期6年的合同时，俱乐部做出了最好的打算。每个人都希望他能够长期执教曼联，但是事与愿违。我非常了解格雷泽家族，知道他们最不愿意做的事情就是解雇大卫·莫耶斯。

我可以肯定，如果再给大卫一次重新执教曼联的机会，很多事情上他都会有不同的做法。比如，他会把迈克·费兰留下来，他能够就球队的情况提出非常有价值的指导，正如瑞恩·吉格斯今天能够帮助路易斯·范加尔。结果显然是令人失望的，但是当走出球员通道时，心里已经很明白球场中坐满了那些质疑你未来的人，那时候心中是怎样一种滋味，别人是很难体会到的。我曾经体验过这种感觉，那是一种非常孤独的感觉。当初曼联队是否能够将主教练过渡这件事情处理得更好，这显然是一个合理的问题。但是曼联确实做得不错，以专业的方式谨慎地完成了这一过渡。现在我希望路易斯·范加尔能够长期执教曼联，显然在吉格斯的辅佐下，一定会有一个健康、长期的继任计划。

在英格兰顶级球队中，主教练的继任工作只有一次是顺利进行的，那就是鲍勃·佩斯利（Bob Paisley）继比尔·香克利之后成为利物浦的主教练。当年比尔·香克利对俱乐部进行了重建，让球队重新晋级顶级联赛并赢得了3项顶级赛事的冠军、2次足总杯冠军和1次欧洲联盟杯冠军。1974年至1983年，佩斯利在执教期间带领球队达到了巅峰，赢得了3次欧洲冠军杯冠军。作为一名局外人，我万万没想到佩斯利能够取得这样骄人的成绩。事实上当初香克利推荐给佩斯利这份工作时，他最开始拒绝了香克利的好意。在他成为利物浦队的教练之前是球队的理疗师，后来成为一线球队教练。他是一个很安静的人，而香克利则是一个热情洋溢的人。在他继任后并没有对香克利的队伍进行改动，他知道球队的体系，并通过添加优秀球员逐步增强球队的战斗力，而且始终保持着香克利制定的那些原则。当初选中佩斯利的那个人真是慧眼识珠。

我曾经有两次想要辞去主教练一职，过退休的生活。第一次被我搞砸了，这也许正是我第二次成功退休的原因所在。我第一次试图退休可谓一个反面教材。当时我快60岁了，在我父亲的那个年代这是一个分水岭，但是在这个年代则显得没那么重要。不管怎样，我开始思考自己的年龄。曼联回应媒体采访时宣称，在我退休后将不会在球队中给我留一席之地，因为害怕马特·巴斯比当年退休的悲剧会重演，这种答复让我很懊恼。

我不禁想到了乔克·斯坦和比尔·香克利从凯尔特人和利物浦队退休后的遭遇，我下定决心不让这悲剧发生在我身上。更糟糕的是，当时我甚至没有打算好退休之后去干什么，就在2001—2002赛季伊始向球员们宣布了我退休的想法，在场的球员听得昏昏欲睡，就好像我把三氯甲烷捂在了他们的嘴上。在我下决定并向球员们宣布退休的想法时，我便意识到自己犯了一个错误。

直到2001年圣诞节，凯茜和我的儿子们都劝我回心转意。我很感激他们当初的做法，因为如果让我自己做决定的话，我不知道自己是否有勇气拨通球队律师莫里斯·沃特金斯的电话，告诉他我改变了想法。他当时只是对我说："我都告诉你了这个做法很愚蠢。"现在回想起来，当初这件事解决得还是很不错的，就好像我无意识地给了自己一次中场休息，而15分钟后，又渴望再次回到赛场上去。

如果凯茜的姐妹布里奇特·罗伯特森没有在2012年10月去世，我还会继续执教曼联。我真的很想再赢得一次欧洲冠军杯冠军，而且我也有更长远的打算。在我执教曼联最后一年的那个夏天，在球队从阿森纳签下范佩西时，他曾经问过我一个问题："你还会执教多久呢？"我如实答复了他。我还没有打算退休。我们与球队中的很多球员续签了合同，同时为了俱乐部的未来着想，还签下了18岁的鲍威尔（Powell）、18岁的亨里克兹（Henríquez）和20岁的扎哈（Zaha），并且承诺会跟很多颇具潜质的年轻球员签约。一切都在按部就班地进行。与此同时，我已经开始着手第二年夏天签约球员的准备工作了。如果我继续执教，那么这些球员是否能够成功签下来呢？这是一个有趣的话题。但是布里奇特的死是一个分水岭，我从来没有那么真切地感受到死亡，我感觉这些年凯茜都把我放在了第一位，也轮到我去照顾她的需要了。布里奇特是她的好姐妹，更是她最亲密的朋友。当我决定退休时，完全是出于自己的本能。

在我心中从未因为不能去工作而产生恐慌，我甚至已经把自己想做的事情列成了一份清单，所以我很难想象自己会感到无聊。也许事情只是顺其自然地发展，39年的执教生涯对我来说足矣。我感觉是时候离开了。我知道自己会想念那些球员和工作人员，我也不确定自己是否能适应那种不用全力以赴的生活，但同时我也得到了极大的解脱，因为我再也不用去应付媒体和经纪人了。在我下定决心时，我才发现自己是那么渴望退休。

我是很幸运的，因为我能够以一名足球教练的身份退休，大部分的足球教练是没有这样的机会的。他们中的有些人输掉了几场比赛就被炒了鱿鱼，从此再也找不到教练的工作了。他们就此消失了，从此杳无音信。也有一些教练像比尔·香克利一样，从利物浦退役后他发现那些对他的故事洗耳恭听的人都消失了。那时的他就像一个失落的灵魂，他经常会去特兰米尔流浪者队（Tranmere Rovers）和埃弗顿队看球队训练。他逝世时年仅68岁。

我想有些人会认为我放弃自己享有多年的权力会给自己带来麻烦，但是我非常清楚曼联队的董事、形象大使和教练之间的区别。如果一个人从自己曾经负责的岗位上退下来时还与曾经的团队保持联系，并试图保留自己当初握有的权力，这对于他的接班人来说是不公平的。你必须放手，让这位新人和新的管理体制去做他们认为最应该做的事。

我听过一些关于马特·巴斯比退休之后的故事。他在退休后还留在老特拉福德球场的办公室里，几乎每天都出现在球队中，成为球队幕后的操纵者。这些故事都有点儿牵强附会，但是我不希望自己每天都出现在我的继承者的工作环境中，这样会吓坏他的。因此，我很快就收拾干净了卡灵顿的办公室，除了去看球队比赛和参加赞助商举行的活动，我都会跟球队保持距离。卡灵顿训练基地是不对外开放的，因此我不会在比赛结束时跟其他董事会成员一起进入球员们的更衣室，我至今仍是这样做的。我不会去干涉其他人的工作。我发现在我观看曼联队的比赛时，电视导演总会让一台摄像机瞄准我，来捕捉我的表情。我知道他们希望我表现得像木偶大电影里面脾气极坏的斯塔特勒（Statler）或瓦尔多尔夫（Waldorf），这二位总是对台上发生的事情品头论足。我只是希望大卫和曼联能够赢得比赛——对于今天的范加尔，我也持同样的态度。当球队决定解雇大卫时，有些人希望我回来继续执教，但是我毫不犹豫地拒绝了，我已下定决心退休，我的时代已经结束了。

显然我在曼联的执教经历是成功的，也赢得了不少的奖杯，但是每当我在老特拉福德球场对面的看台上看到自己的名字时，我总会问自己：我是否配得上这一荣誉？这绝非虚伪的谦虚，但是有时我想，鉴于我拥有这样一支出色的球队，我们本应取得更辉煌的成就。

最令我感到失望的是我们在欧洲冠军杯上取得的成绩。在我执教期间，欧冠上曼联总共输了3场半决赛和2场决赛。截至我退休，曼联总共赢得过3次欧冠冠军，而我们本应赢得5次冠军的。皇家马德里拿过10次冠军（其中5次是连续获得的）、拜仁慕尼黑拿到过5次（其中3次是连续获得的），巴塞罗那、AC米兰和阿贾克斯队也都比曼联夺冠的次数多。但是最令人伤心的还是跟利物浦的比较，他们赢过5次冠军。虽然在我执教期间，他们仅赢得过1次，但这并不能令我感到慰藉，我的心还是很痛。

我可以争辩说其中3年的规则对我们是很不利的，但是各个俱乐部面对的是同样的限制，即关于外籍球员数量的限制。1994年我们夺得双冠王时，我们拥有一支非常强大的阵容，但是当时的比赛规则——直到1995年末才做出变更——只允许球队派上3名外籍球员，加上2名来自青训队的“同化的球员”。不幸的是我们当时的阵容中包括布莱恩·麦克莱尔（来自苏格兰）、丹尼斯·埃尔文（来自爱尔兰）、彼得·舒梅切尔（来自丹麦）、安德烈·坎切尔斯基（来自俄罗斯）、埃里克·坎通纳（来自法国），还有马克·休斯和瑞恩·吉格斯（来自威尔士）。

有几次，我们确实很不走运，但这就是足球（生活也是如此）。1997年欧冠半决赛上我们本来能打败多特蒙德，但是我们在比赛前一天的晚上失去了门将。2002年我们又在欧冠半决赛阶段因为客场进球制度输给了勒沃库森队，因为我们主场的比分是2：2，而客场的比分是1：1。在2009年和2011年的欧冠决赛上我们本能够击败巴塞罗那的。2009年那场决赛在罗马举行，由于安排不周，我们下榻在了一家非常破旧的酒店里，第二天好多球员都感到头晕眼花。2011年的决赛是在温布利球场举行的，巴塞罗那踢得非常聪明，他们通过保持控球权让我们备感慌乱。我们本应该保持耐心，按照原计划行事，但是一种恐慌的情绪蔓延开来，我们渴望进攻的冲动也成为我们的失败之源。我们是被自己的原始本能所打败的。

新的节奏

但那都是过去的事了，现在情况不同了。我这一辈子都是早上6点起床准备工作，现在我喜欢8点起床，跟凯茜一起吃早餐（最近30年来，我一直都没有这样做过）、看报纸，然后去购物区吃一顿午饭。我想对于一些人来说退休就好像丧亲了一样。在你退休之后会有很多事情要做，而且会有很多人围在你的身旁。通常情况下，在赛季末球员们都离去之后，我每天还是会去卡灵顿的办公室，直到 6月初我们去法国度假。2013年，我发现还有很多其他事情能够占满我的时间。在我退休之后得到了大量媒体的关注，同时我还要对自己的自传进行最后的润色。在那个夏天快要结束时，我经历了两次人生中的第一次，其中一件事比另一件要美好得多：乘船沿着苏格兰西海岸北上，在医院做髋关节置换手术。

我最初意识到自己已经退休是在6月去法国度假时。此前，在度假期间，我每天也要打好几通电话，通常是忙于处理我们买卖球员的事宜。大卫·吉尔也会多次来拜访我，球队的事总是在我脑海中挥之不去。我还会在度假时与球员及其父母见面，说服他们选择与曼联同呼吸共命运。如果在度假期间，我拿到下个赛季的赛程表，那时我就会抛开自己全部的爱好，心无旁骛地研究赛程了。2013年在地中海度假时，我第一次发现自己最迫切的愿望就是在玩Kaluki纸牌时战胜约翰·罗伯特森。

在我髋关节手术痊愈后便开始去老特拉福德球场看比赛了，那种感觉怪怪的。我从来没有在赛前去董事会休息室用午餐，我也第一次感受到观众的喧哗声。在我执教期间，我总能够屏蔽看台上传来的噪声，因此从未注意到这一点。

直到现在，在我生命新篇章开始若干年后，我才真正开始对环境中的改变心存感激。在我退休之前，我从来没有完全意识到自己不能控制自己的生活。我想这看起来会很奇怪，因为我是一个非常重视控制和纪律的人，但是当你成为一个集团的领导者之后，你就会被日程表和他人无休止的需求所限制。就算你24小时不停地工作，还是总会有人或事需要你去关注。

我经常会感觉到——我并非抱怨——仓鼠的轮盘永远都停不下来。我总会去看表——并非仅限于临近比赛结束。于是，在退休之后我第一次成为自己生活的主人，我需要做的就是待在家里，吃午饭和晚饭，而这样的生活自从我学生时代的暑假结束之后就再也没有体验过。这真的是一种释放，一种让人振作的体验，更能允许我去做很多执教曼联期间不能做的事情。

我尝试去寻找一种平衡，这样一来我既不会太累，也能活得充实，同时将我的生活带入另外一种节奏。除了去看曼联队的比赛，我的日程中还包括作为俱乐部董事会成员和形象大使代表球队出面，在哈佛大学讲课，作为欧洲足联教练大使需要做的一些工作。我是在日内瓦举行的一年一度的精英教练论坛的主席。我会提前和欧足联的约安·卢佩斯库（Ioan Lupescu）见面，制定论坛日程。参加该论坛的人员包括欧冠球队和欧洲联赛球队的教练，还有其他资深教练如吉拉德·霍利尔、罗伊·霍奇森和欧足联主席米歇尔·普拉蒂尼及其委员会成员。意大利退役裁判员皮埃路易吉·科利纳（Pierluigi Collina）也会参加，我们会跟他讨论裁判们的表现，但是我们通常会谈论上个赛季的比赛，并寻找提高比赛水平的方法。同时我还是欧洲冠军杯和欧洲联赛的技术研究组成员。我们会在决赛之后的那一天开会，分析前一天晚上比赛中的趋势和技战术。

在有赛马比赛的时期，我每周都会有很多事情去做。我跟其他几位伙伴对一些马匹具有所有者权益，我们在它们2岁时将其买下。能看到一位朋友买的马赢得比赛或是前往约克郡或唐卡斯特（Doncaster）参加赛马大会，在赛道上徘徊而不必急着返回曼彻斯特，这对我来说都是莫大的享受。

我喜欢浏览销售目录，希望了解马匹的种系和血统。有时我们买的马儿会胜出，我们也可以赚到不少钱，虽然这只是例外。我不会欺骗自己的，赛马比赛只是一种消遣，这并非一种长期的投资方式。我会去观看或收听自己马匹的比赛，而当比赛结束，电话铃声或短信声响起时我总是能笑出声。

我还迷上了史蒂芬·肯泽（Stephen Kinzer）的著作《兄弟》（*The Brothers*），描写的是杜勒斯兄弟的故事，一位是20世纪50年代的美国国务卿，另一位是中情局局长。我对这一领域并不了解，此书中对兄弟俩在冷战期间对各国无尽的干涉进行了大篇幅的描述，也深深地吸引了我。无独有偶，同时我还阅读了本·麦金泰尔（Ben Macintyre）的作品《朋友圈内的间谍》（*A Spy Among Friends*），这也是一本研究冷战的书籍，讲述了双面间谍金·菲尔比（Kim Philby）是如何背叛自己最亲近的朋友并在光天化日之下过着长达几十年的背叛生活。我非常庆幸杜勒斯兄弟和菲尔比没有为曼联效力。虽然我很少看关于足球的书籍，但是我发现自己还是回到了老本行，我迷上了两本关于苏格兰北部地区足球的书籍。第一本是《黑钻石和蓝色巴西》（*Black Diamonds and the Blue Brazil*），这是一本对考登比斯球队深情描写的书，作者是其长期球迷罗恩·弗格森（Ron Ferguson）。这位作者虽然姓氏跟我一样，但并不是我的亲戚。第二本书是凯尔特人硬汉肖恩·法隆的传记，作者是史蒂芬·沙利文（Stephen Sullivan）。法隆是乔克·斯坦在凯尔特人时期多年的得力助手，而这本书实际上是对他们二人生活的详细描写。

退休生活给了我很多远途旅行和短途旅行的机会，而这是我在曼联时期无法做到的。2014年我完成了自己的一个心愿，参加了在洛杉矶举行的奥斯卡颁奖典礼。我的愿望清单上还包括肯塔基赛马比赛和美国高尔夫大师赛。

其中还有一些非常特别的经历，例如去圣彼得堡冬宫博物馆的那次旅行，那里有世界上最丰富的绘画作品收藏。曼联队曾经的后防核心米卡埃尔·西尔韦斯特（Mikaël Silvestre）非常热情，在我和凯茜游览巴黎时邀请我们共进晚餐。我们当时在Le Taillevent餐厅用餐，那里云集着欧洲美食中的瑰宝。卡埃尔对我们的照顾无微不至，但是他还是忍不住搞了一次恶作剧，他指使餐厅里的酒师告诉我，非常不幸的是，他不能为我们提供酒品，因为我们选在了周二用餐，而餐厅在周二是不提供酒品的。我还在圣母大学（Notre Dame）度过了几天美好的时光，该大学就在芝加哥以南，阿伯丁和苏格兰前门将博比·克拉克（Bobby Clark）就在那里担任足球教练。博比带领我参观了圣母大学校园，那里的体育馆和健身房令人惊叹不已，甚至比英超很多球队的体育馆都要好。

跟米卡埃尔和博比分享故事和记忆时，我不由得想起那令人怀念的旧时光。我并非怀念那坐着敞篷大巴游行时的风光，发现一位极具天赋的年轻球员时的喜悦，或是一场难解难分的比赛带来的紧张感。我怀念的是跟一群人长期生活和工作在一起时的共同经历和友情。我怀念跟迈克·费兰进行的交流，每天都能看见我们的装备管理员阿尔伯特·摩根，给我们在老特拉福德球场和卡灵顿训练场的球场管理员托尼·辛克莱尔（Tony Sinclair）和乔·彭伯顿（Joe Pemberton）提出意见。我曾经每天都能跟洗衣部的工作人员以及餐厅的卡罗尔·威廉姆斯（Carol Williams）和丽塔·加斯克尔（Rita Gaskell）说上几句话，我很喜欢这种感觉。但是最令我怀念的还是跟那些敢于挑战不可能的年轻球员在一起的日子——无论是球员还是热心的录像分析人员。我现在只要想到这些人，想到胜利后更衣室里的那种气氛都会笑出声。但是正如我之前所说，这些都是过去的事情了，现在我会时刻谨记那句退休前别人给我的忠告，那就是："不要穿拖鞋。"我一直牢记着这句话，这也就是我会在早餐后马上穿上鞋子的原因。

Leading

—

致谢

本书的问世，依靠的是一支团队。对本书做出特殊贡献的有：约翰·默里出版公司（John Murray Press）的常务董事尼克·戴维斯（Nick Davies），他精明的眼光和敏锐的判断为本书的原稿增色不少，同时还有罗迪·布洛姆菲尔德（Roddy Bloomfield）和凯特·迈尔斯（Kate Miles）。霍德&斯托顿出版公司（Hodder & Stoughton）的其他成员——吉米·霍德–威廉姆斯（Jamie Hodder–Williams）、路西·黑尔（Lucy Hale）、凯伦·吉尔里（Karen Geary）和薇琪·伯芙（Vickie Boff）——也总是随叫随到。阿里斯戴尔·奥利弗（Alasdair Oliver）负责封面设计，阿曼达·琼斯（Amanda Jones）负责制作。在美国，莫罗·迪普雷塔（Mauro diPreta）、阿歇特图书（Hachette Books）的出版商和米歇尔·阿耶利（Michelle Aielli）确保我们在这样一个橄榄球风靡的国度也得到了很好的照顾。

阿伯丁的科林·达尔加诺（Colin Dalgarno）提供了坚定可靠的研究。在伦敦，杰克·哈格利（Jack Hagley）负责本书的插图。封面照片由肖恩·波洛克（Sean Pollock）拍摄。

我们的文学、法律、财务和宣传团队包括格纳特公司（Gernert Company）的克里斯·帕里斯–兰布（Chris Parris–Lamb）和大卫·格纳特（David Gernert）；均富会计师事务所的苏·奈特（Sue Knight）及其团队；英国伯尼斯堡（Burness Paull）的莱斯·达尔加诺（Les Dalgarno）、肯·戈登（Ken Gordon）及其团队；美国的安德鲁·科科斯（Andrew Kovacs）、桑迪·门德尔松（Sandi Mendleson）、大卫·卡斯（David Kass）、凯伦·瓦拉多（Karen Valladao）、皮特·拉博斯基（Pete Laboskey）和乔·麦克纳尔蒂（Joe McNulty）。

马克·达马泽（Mark Damazer）、沃尔特·艾萨克森（Walter Isaacson）、迈克尔·刘易斯（Michael Lewis）、迈克尔·林顿（Michael Lynton）、简·萨尔金（Jane Sarkin）、道格·斯通普夫（Doug Stumpf）和朱迪斯·瑟曼（Judith Thurman）在我们逐渐把想法写成一本书的过程中提供了建议和指导。曼彻斯特的林恩·拉芬（Lyn Laffin）和佐伊·迪奥皮（Zoe Diompy）以及加利福尼亚的塔尼亚·思齐雷吉（Tanya Schillage）确保我们总能够及时出现。哈里特·海曼（Harriet Heyman）协助了引言部分的工作。曼彻斯特的杰森·弗格森（Jason Ferguson）和纽约的马丁·奥康纳（Martin O'Connor）处处给予我们提示和帮助，他们2位的名字都应该用大号字体印在书的封面上。还有一个人，没有他的帮助，这本书也是无法问世的，他就是超级可爱的查理·斯塔利塔诺（Charlie Stillitano）。